**모든 것이
당신에게 유리하게
되어 있다**

이 책을 예수 그리스도께 바칩니다.
수술 중 숨을 거둔 뒤 예수님을 만났을 때, 그분은 제가 이 땅으로 돌아와
사람들의 소명을 일깨우는 일을 할 것이라고 말씀하셨습니다.
인생들을 향한 지극한 사랑과 관심으로
주님은 죽었던 저를 살리셨습니다.
그리고 이 땅으로 다시 보내셔서
사랑하는 자들의 부르심과 목적을 확고히 하셨습니다.

주님, 저의 간절한 소망은 주님이 다시 오실 때,
사람들이 저를 통해 드러난 예수 그리스도의 계시를 기억하는 것입니다.
제가 하늘의 부르심과 사명,
하나님의 자녀들을 향한 뜻을 이루는 일에
순종했다는 것을 사람들이 알기 원합니다.

_ 케빈 제다이

IT'S RIGGED IN YOUR FAVOR :)

" 모든 것이 당신에게 유리하게 되어 있다 "

케빈 제다이 지음 | 서은혜 옮김

IT'S RIGGED IN YOUR FAVOR :)

이 책의 시편 본문은 "도서출판 THE PASSION"에서
발행한 패션성경 본문을 인용하였습니다.

감사의 글

주님은 《천국 방문》Heavenly Visitation, 《초자연적 재정》Supernatural Finances, 《천사들의 행동 강령》The Agenda of Angels 등을 통해 제 이야기를 나누게 하셨을 뿐 아니라, 이 책도 쓰라고 하셨습니다. 이 책은 주님이 몇 차례 저를 찾아오셔서 보여 주신 계시들을 다루고 있습니다.

이 책을 쓰는 동안 격려하며 힘이 되어 주신 분들과 기도해 주신 모든 분께 감사를 드립니다. 특히 영적 부모님인 제시와 캐티 듀프란티스 박사님께 감사드립니다. 언제나 변함없는 사랑과 헌신으로 함께하는 아름다운 아내 캐티에게도 특별히 감사의 마음을 전합니다.

이 책을 근사하게 편집해 준 데스티니 이미지Destiny Image의 스태프들에게 감사드립니다. 또한 주님을 향한 깊은 사랑을 보여 준 시드 로스와 그의 스태프들에게 감사의 인사를 전합니다.

마지막으로 모든 것이 우리에게 유리하게 되어 있음을 알고 날마다 성령의 역사 가운데 살아가는 믿음의 친구들에게 특별히 감사드립니다!

■ 목차

5_ 감사의 글
8_ 서문
11_ 머리말

chapter 1 은총이 사로잡을 때 16
chapter 2 천국의 책 38
chapter 3 주님께서 친히 당신을 아신다 52
chapter 4 하나님이 당신의 여정을 계획하신다 76
chapter 5 임파테이션 102
chapter 6 주의 영이 당신을 인도하신다 122
chapter 7 스스로 계신 분이 당신과 함께하신다 140
chapter 8 주님이 당신을 창조하셨다 158
chapter 9 주님이 당신에 대해 기록하셨다 180

chapter 10 주님이 당신을 생각하신다   198

chapter 11 강한 용사가 당신을 보호하시다   216

chapter 12 주님이 당신의 마음을 살피신다   244

chapter 13 전능하신 하나님의 미리 아심   262

chapter 14 당신은 선택받았다   282

chapter 15 당신은 마귀보다 오래 버틸 수 있다   300

323_ 구원을 위한 영접기도

서문

내가 진행하는 TV 프로그램에서 여러 차례 케빈 제다이를 인터뷰하면서 우리는 좋은 친구가 되었다. 케빈을 특별하게 만드는 것은 그와 함께하는 영광, 곧 하나님의 나타나심이다. 그가 죽어서 천국에 다녀온 후 이러한 천국의 분위기가 그를 감싸고 있다. 그는 하늘의 영광을 담고 있을 뿐만 아니라, 하나님으로부터 인생에 대한 계시를 받았다. 그가 저술한 책들은 모두 이러한 계시를 담고 있다.

하나님은 케빈에게 다음과 같은 격려의 말씀을 모든 믿는 자에게 선포하라고 지시하셨다. "모든 것이 너에게 유리하게 되어 있기 때문에 너는 결코 실패할 수 없다!" 그러나 이 말씀은 오직 그분께 순종하는 자녀들에게 해당된다. 거듭되는 실패로 절망적인 상황에 처해 있다고 느낀다면, 좋은 소식이 있다. '은혜'의 진정한 의미는 죄를 이기게 하는 하나님의 능력이다.

나는 즉각적으로 회개하는 삶을 산다. 죄악된 생각이나 행동을 하고 있음을 깨닫자마자 회개한다. 그렇게 하여 악한 생각이나 행동이 견고한 진이 되지 않도록 하는 것이다. 내가 유일하게 두려워하는 것은 하나님을 실망시키는 것인데, 나는 이것이 성경에서 말하는 주님을 경외하는 마음이라고 생각한다.

나는 하나님이 요한일서 1장 9절에서 초기 그리스도인들에게 말씀하신 삶의 방식대로 살아간다. "만일 우리가 우리 죄를 자백하면 그는 미쁘시고 의로우사 우리 죄를 사하시며 우리를 모든 불의에서 깨끗하게 하실 것이요."

하나님이 "모든 것이 너에게 유리하게 되어 있다"고 말씀하신 것은 무슨 의미였을까? 그분은 생명책을 언급하고 계신 것이다. 경외의 날들(나팔절과 대속죄일 사이의 10일) 동안, 우리 유대인들은 서로에게 "당신의 이름이 생명책에 기록되길 기원합니다"라고 말한다. 이 책은 다니엘 12장 1절에 언급되어 있다. "네 백성 중 책에 기록된 모든 자가 구원을 받을 것이라."

나는 케빈처럼 천국에서 이 책을 본 많은 그리스도인들을 인터뷰했었다. 이 책에는 우리가 언제 죽을지뿐만 아니라 삶 가운데 이룩하게 되어 있는 모든 것에 대해서도 기록되어 있는데, 모두 좋은 것들이다. 그래서 하나님은 모든 것이 우리에게 유리하게 되어 있어서 우리가 결코 실패할 수 없다는 사실을 알려 주시려는 것이다. 그런데 우리에게 자유의지가 주어졌다는 것이 큰 변수이다. 또한 마귀는 우리가 육신이 아니라 하나님의 말씀을 믿음으로 기능하는 방법에 무지하다는 사실을 이용할 것이다.

이러한 이유로 하나님께서 우리에게 천사와 성경, 방언의 은사와 성령을 주신 것이다. 나는 우리가 방언으로 천국의 책에 기록된 우리의 사명에 대해 기도하는 것이라고 확신한다. 우리가 성경을 읽고 말씀대로 행하면, 우리를 당할 자가 없을 것이다.

케빈을 에워싸고 있는 바로 그 영광이 지금 더 많은 것을 갈망하는 자들 위에 임하고 있다. 에스겔 47장에 언급된 성전에서 흘러나오는 물처럼 처음에는 발목 정도에 미치다가 헤엄칠 수 있을 만큼 차오르는 것이다. 여기서 물은 영광을 나타낸다. 우리가 보고 있는 영광이 지금은 엄지발가락 정도이지만, 조만간 그 영광 안에서 헤엄치게 될 것이다. 이것은 우리의 삶과 이 시대를 변화시키는 전환점이 될 것이다. 하나님의 약속이 즉각 이루어져서 우리는 예수님이 행하신 모든 기적과 그보다 더 큰 일들을 행하게 될 것이다.

마귀는 우리의 삶과 사명 가운데 자신이 이겼다고 생각한다. 그러나 하나님은 이 위대한 영광 안에서 모든 것이 우리에게 유리하게 되어 있기 때문에 결코 실패할 수 없다는 사실을 알려 주고 싶어 하신다.

_ 시드 로스 〈It's Supernatural!〉의 진행자

머리말

　예수 그리스도와 천국의 영역에 있는 것은 인간의 이해를 넘어선다. 죽었다가 살아 돌아온 후, 천국 방문을 통해 알게 된 진리와 현재 내 삶에서 일어나고 있는 상황 사이에서 적응하기까지 시간이 제법 걸렸다. 때로는 두 개의 다른 세계가 있는 것 같아서, 이 둘의 경계를 정하고 양쪽에서 동시에 성공적으로 살아가는 법이 궁금했다.

　나는 성령의 능력으로 예수님이 가르쳐 주신 원리들을 삶에 적용하기 시작했고, 위대한 결과들을 얻게 되었다. 처음에는 쉽지 않았지만, 인내를 통해 커다란 돌파를 경험하면서 두 영역에서 동시에 살아가는 법을 깨닫게 되었다.

　순회하며 집회를 하던 어느 날, 나는 사역자 친구들과 함께 카페에 앉아 있었다. 담소를 나누며 커피를 마시다가, 친구들 뒤로 주님이 다가오셔서 서 계신 모습을 보고 깜짝 놀랐다. 하나님의 능력이 매우 강하게 임했는데도, 그들은 전혀 모르는 것 같았다.

예수님이 나를 똑바로 바라보고 계셔서 다른 곳으로 눈을 돌릴 수 없었다. 그분은 사역자 친구들에게 다음과 같은 질문을 해보라고 말씀하셨다. "만약 실패할 수 없다는 것을 안다면, 앞으로 어떻게 살 것인가?" 나는 주님의 말씀대로 친구들에게 질문을 던졌다. 그들의 이성과 사고로는 그 질문을 이해할 수 없었다. 타락한 이 세상과 지금까지 학습된 믿음의 방식 때문에 실패하지 않을 수 있다는 생각조차 할 수 없었던 것이다. 처음에는 예수님이 친히 나타나셔서 어려움에서 벗어나게 도우시는 것조차 불가능해 보인다.

친구들에게 생각할 시간을 준 다음, 모든 것이 우리에게 유리하게 되어 있다는 사고의 틀 안에서 삶을 계획해 보라고 제안했다. 우리는 살면서 수많은 실패를 경험하지만, 사실 하나님은 우리가 실패하는 것을 계획하신 적이 없다. 우리가 실패할 것이라고 생각하며 파송되는 천사도 없다. 그런데도 오늘날 수많은 그리스도인들의 삶에 실패가 만연해 있다.

오순절에 임하신 성령님은 단 한 번도 실패할 것이라고 생각하지 않으셨다. 예수님을 주님으로 고백하면, 우리의 영이 성령으로 거듭난다. 그러므로 우리 안에 계시는 성령님은 우리에 대해서도 결코 실패를 생각하지 않으신다.

우리에 대해 기록된 천국의 책이 이루어져야 한다. 그것은 우리에게 정해진 날들이 시작되기도 전에 이미 다 기록되었다(시 139:16 참고). 하나님은 우리를 향한 놀라운 계획을 가지고 계시며, 그것을 시행하는 것을 돕기 위해 천국의 천사들이 파송되었다. 그러므로 우리는 이 땅에서 하나님을 영광스럽게 하고, 두 영역에서 동시에 살 수 있게 되었다.

　　이제 동일한 질문을 하겠다. 당신이 실패할 수 없다는 것을 안다면, 앞으로 어떻게 살아갈 것인가? 천국의 모든 존재가 당신의 대답을 기다리고 있다. 하나님과 구름같이 허다한 증인들이 모두 당신을 믿고 있다. 하나님은 당신이 부름 받은 대로 역사를 바꾸는 자가 될 수 있게 삶의 여정을 인도하실 준비가 되어 계신다.

_ 케빈 제다이

> 하나님은 우리를 향한 놀라운 계획을 가지고 계시며, 그것을 시행하는 것을 돕기 위해 천국의 천사들이 파송되었다. 그러므로 우리는 이 땅에서 하나님을 영광스럽게 하고, 두 영역에서 동시에 살 수 있게 되었다.

chapter 1
은총이 사로잡을 때

여호와여, 당신께서 얼마나 놀랍게 의인을 축복하시는지요. 당신의 은총이 그들을 두르고 당신의 친절과 기쁨의 휘장 아래 그들을 덮으시나이다.

(시 5:12, 패션성경)

갑자기 상황이 바뀌며 내 삶에 놀라운 은총을 입게 된 날이 기억 난다. 바로 그날 원수를 향해 상이 뒤엎어지고, 더 이상 나는 피해자로 살지 않게 되었다. 이런 변화는 모든 믿는 자들의 삶에서 일어나야 하는데, 빠르면 빠를수록 더 좋다. 나는 성령의 계시로 더 이상 내가 피해자가 아니라는 것을, 이제는 원수가 피해자가 되었다는 사실을 깨달으며 서 있었다!

이 모든 것은 몇 년 전 어느 날 아침에 시작되었다. 잠에서 깨었을 때, 나는 영으로 상황이 변했다는 것을 알았다. 사탄보다 내가 우위에 있다는 것을 깨달은 것이다. 하나님의 말씀과 방언 기도로 내 영이 세워져 있었고, 그로 인해 내 삶의 특정 영역들이 완전히 정복되었다는 느낌이 들었다. 그것은 말 그대로 하룻밤 사이에 일어난 것 같았다. 모든 것이 나에게 유리하게 되어 있다는 느낌이 나를 압도했다.

나는 침대 옆에 서서 원수가 해야 할 것과 하지 말아야 할 것을 분명하고 확실하게 명령하기 시작했다. 원수가 나를 두려워하며 뒤로 물러나야 한다는 것을 알고 그를 노려보았던 것 같다. 그날 이후, 예수 그리스도 안에서 나의 위치에 대해 깨닫게 된 것으로부터 결코 물러서면 안 된다는 것을 알았다. 그 일이 있은 후 몇 개월 사이 나의 삶에 배가된 은총이 임하는 것을 보게 되었다. 내가 더 이상 피해자가 아니며, 크게 하나님의 은총을 받은 자라는 것을 분명하게 깨달았다. 하나님과 함께 동행하고 말할 때, 내 말에 더 큰 권위가 있음을 감지할 수 있었다.

이 모든 것이 하나님의 은총이 나의 삶을 사로잡는 과정이었다. 소리 내어 기도하지 않아도 기도가 응답되었다. 말로 하지 않아도 하나님이 내 마음의 소리를 읽고 들으시는 것 같았다. 묵상하고 기도할 때마다 하나님을 경험하게 되었다. 심지어 영광이 강해지면서 가정에 눈에 띄게 좋은 변화들이 나타나기 시작했다. 하나님의 영광이 나타나기 시작하면서, 내 삶의 모든 영역에서 은총이 배가되기 시작했다.

악한 영들은 결국 자신이 우리를 하나님 아버지의 영광으로 밀어 넣고 있다는 사실을 깨닫게 될 것이다. 그들은 더 이상 자신이 피해자가 아니라는 사실을 알고 있는 그리스도인을 계속 괴롭히는 것이 역효과라는 것을 안다. 나는 오히려 악한 영들을 피해자로 대하며 괴롭히기 시작했다. 주님이 나와 함께 일하기 시작하시며, 기적과 표적으로 그분의 말씀을 확증시켜 주셨다(막 16:20 참고). 나는 얼마나 많은 그리스도인들의 삶에 이런 일들이 일어나야 하는지 생각해 보았다.

하나님이 특히 좋아하시는 것이 있을까? 내가 아는 바는 다음과 같다. 하나님은 특히 한 사람 한 사람을 마치 그분의 가장 큰 사랑을 받는 유일한 자녀인 것처럼 느끼게 해 주신다.

1992년에 주님을 만났을 때, 어느 누구보다도 나를 사랑하고 믿어 주시던 것이 기억난다. 주님의 눈을 들여다보는 순간, 나는 그분의 사랑에 사로잡혔다. 그때까지는 각 사람을 향한 그분의 열정이 그렇게 대단한지 몰랐다. 주님이 값을 주고 사셨기에, 나는 그만큼 가치 있는 존재였다! 나를 향한 계획을 보이며 나를 얼마나 믿는지 설명하실 때, 내가 그분의 가장 큰 사랑을 받는 자라는 확신이 들었다! 하나님은 그분을 사랑하고 순종하는 모든 자녀들이 이런 경험을 하게 하신다.

나는 태어나기도 전에 이미 그분이 거부할 수 없는 존재였고, 그분은 나에 대해 책에 기록해 놓으셨다. 이 계시에 사로잡혀 내가 그분의 큰 사랑을 받는 자이기에 결코 실패할 수 없다는 온전한 확신 가운데 이 땅으로 돌아왔다. 이제는 그것이 다른 사람의 삶에도 마찬가지라는 사실을 확신시켜 주는 것이 나의 사명이다.

사랑의 하늘 아버지는 우리의 삶에 은총의 영역이 확장되는 방법을 알려 주신다. 압도적인 은총을 경험하기 위해 우리가 할 수 있는 몇 가지가 있다. 먼저 모든 것이 우리에게 유리하게 되어 있다는 것과 관련하여 주님이 알려 주신 몇 가지 단어의 의미를 확인하는 것부터 시작하겠다!

은총이란 무엇인가?

하나님의 말씀에는 은총^{favor}이란 단어가 많이 언급된다. 킹제임스 성경에는 '은총'이란 단어가 70번 나온다. 하나님이 특정 개인이나 사람들에게 호의적으로 관심을 보이실 때, 특권이나 혜택과 더불어 명성, 성공, 형통, 용서, 우정 등과 같은 몇 가지 특징적인 사건들이 일어난다.

하나님의 은총을 받는다는 것은 그분의 친구가 되었다는 의미이다. 이것은 단순히 위치나 지위적인 것이 아니라, 예수 그리스도를 통한 구원의 관계적인 측면을 말한다. 한 인간으로 희생하신 그분의 대속적인 행동을 통해 예수님이 우리를 위해 행하신 일의 위치적인 것과 관계적인 것에는 차이가 있다. 그것은 예수님을 통해 하나님이 이루신 일에 대한 우리의 반응이며, 역사를 만드는 자로서 이 땅에서 그 실재를 어떻게 행하느냐는 것이다.

웹스터 사전은 '은총'을 다음과 같이 정의한다.

> 친절함으로 대하는 것, 후원하는 것, 돕거나 도우려는 성향이 있거나 성공을 비는 것, 자비로운 것, 호의를 보이는 것, 친구가 되는 것, 격려하는 것, 당사자의 주장을 유리하게 해주거나 성공을 바라는 것, 또는 조언이나 적극적인 힘을 발휘하여 도움을 주는 것을 의미하기도 한다.

진정으로 누군가의 은총을 받는다는 것은, 단순히 성공을 빌어 주는 것 이상의 호의를 얻는 것이다. 친구가 되어 조언해 주고, 우리의 상황을 있는 그대로 받아들이는 것이다. 우리는 하나님의 은총을 받았는데, 갚을 길이 전혀 없다. 그분은 반드시 모든 것을 그분의 뜻대로 이루실 것이다. 그러므로 우리는 그분의 선하심으로 이기게 될 것이다.

우리는 보통 우리가 잘되길 바라는 친구들을 친절하고 좋은 사람으로 여긴다. 그런데 우리에게는 잘되고 성공할 수 있게 무언가 해줄 능력도 있는 친구가 계신다.

스트롱 사전은 은총을 다음과 같이 정의한다.

הצר라차(râṣa); 기본 어근(語根); 기뻐하다; 특별히 빚을 갚아주다; ~을 기꺼이 받아들이다, 성취하다, 애정을 품다, 인정하다, 승낙하다, (자신을) 기뻐하다, 즐거워하다, 호의적이다, 좋아하다, 주시하다, 용서하다, 즐거움을 갖거나 즐거워하다, 자신을 조정하다

1. ~를 즐거워하다
2. ~에게 호의를 베풀다
3. 호의적으로 받아들이다

(칼-단순 능동) 즐거워하는, 호의를 베푸는, 받아들이는, 기뻐하는, 결단하는, 받아들이기로 하는, 만족하는, 기쁘게 하는

(니팔-단순 수용) 받아들여지는, 즐거워하는

(피엘-강조 능동) 은총을 구하는

(히필-사역 능동) 기쁘게 하는, 갚는

(히트파엘-재귀) 누군가를 받아들이게 하거나 기쁘게 만드는

스트롱 사전의 정의 이면에는 사면과 면제의 개념이 있다. 그래서 하나님의 은총을 받는다는 것은 그분의 마음을 받았기 때문에 그분의 자비로 온전히 이겨낸다는 의미이다. 은총은 얻어내는 것이 아니다. 우리는 그것을 받는 법을 배워야 한다. 하나님은 우리를 기뻐하시고 마음에 들어 하시는 만큼 호의를 베푸신다. 우리가 자유롭게 살 수 있게 친히 용서하시고 우리의 빚을 갚아 주신다.

이제는 '(작동하게 또는 사용할 수 있게) 준비되어 있다'rigged는 말의 의미를 생각해 보자. 어반 사전은 이 단어를 다음과 같이 정의한다.

- 불공평하게 한쪽에 유리하게 된 상황을 표현할 때 사용된다.
- 불공평하게 유리한 위치에 있는 쪽을 말한다.
- 유리한 상황에 있다, 모든 것이 잘되다, 그 범위가 멋지고 근사하다고 말하거나 흥분하고 열광하여 탄성을 발하는 것을 의미한다.

하나님의 자녀에게 이것은 매우 기쁜 소식이다. 주님이 특별히 우리에게 유리하게 해 놓으셨다! 이 땅에서의 삶이 우리에게 유리하도록 준비되어 있다. 모든 것이 우리에게 유리하게 되어 있다. 하늘 아버지께서 우리를 그분의 가족으로 받아들이신다고 말씀하셨다(롬 8:15 참고).

주님으로부터 모든 것이 우리에게 유리하게 준비되어 있다는 말씀을 받은 후 우리가 그분의 말씀과 성령에 순종하여 행하기로 할 때 하나님의 자녀들이 어떻게 은총을 받을 수 있는가를 깨닫게 되었다. 여기에는 '믿음'이라고 하는 마음에서 우러나는 신뢰가 요구된다. 히브리서의 저자는 이것에 대해 길게 이야기했다.

기억하라. 믿음으로 하나님의 은총을 입는 선택권이 우리에게 있다. 우리는 의심과 불신, 불순종으로 하늘 아버지를 근심시켜 드릴 수도 있다.

> 그들이 불신의 죄를 지음으로 40년 동안 하나님을 근심하게 하다가 시체가 되어 광야에 엎드러졌다. 그러므로 하나님께서 맹세하사 그들이 그분께 순종하지 않았기에 그분의 고요한 안식의 장소에 들어오지 못하리라 하셨다. 그들의 마음이 불신에 사로잡혀 있어서 유업 안으로 들어갈 수 없었다는 것이 분명하다.
> 이제 하나님께서 확실한 믿음으로 그분의 안식의 영역에 들어가는 동일한 약속을 우리에게 제안하셨다. 그러므로 우리 모두가 약속의 충만함을 붙잡고 그것을 경험하는 것에 대해 실패하지 않을 것이라는 확신을 갖도록 특별히 주의해야 한다. 우리도 그들처럼 구원의 복음을 들었기 때문이다. 그러나 그들은 그 말씀에 믿음을 결부시키지 않았다. 그들이 들은 것이 그들에게 깊은 영향을 끼치지 못한 것은, 그들이 의심했기 때문이다. 믿는 자들은 믿음으로 약속을 활성화하여 확고한 안식의 영역을 경험하게 된다! 그러므로 그분은, "내가 그들로 인해 근심하여 '그들이 내 영의 고요한 안식에 절대 들어오지 못할 것이다'라고 엄숙히 맹세했다"고 말씀하셨다. (히 3:17-4:3, 패션성경)

하나님은 자녀들 안에서 특별한 성품을 보고 싶어 하신다. 히브리서는 우리가 발전시켜 하나님을 기쁘시게 할 특별한 성품에 대해 말한다. 그것은 믿음과 성실함으로 하나님을 찾는 것이다. 그것이 하나님의 주목을 끈다.

> 믿음으로 에녹은 이 땅으로부터 들어 올려져 하늘로 들려 올라갔다! 그는 죽음을 경험할 필요가 없었다. 하나님께서 그를 높이셨기 때문에 이 세상에서 그냥 사라졌다. 그가 하늘의 영역으로 이동되기 전, 그의 삶이 하나님께 기쁨이 되었기 때문이다. 우리 안에 살아 있는 믿음이 없으면 하나님을 기쁘시게 하는 것은 불가능할 것이다. 왜냐하면 하나님께서 살아 계시고, 모든 열정과 힘을 다하여 하나님을 찾는 사람들의 믿음에 상 주시는 분임을 우리가 알고 믿음으로 나아가기 때문이다. (히 11:5-6, 패션성경)

에녹과 그의 상황을 생각해 보라. 그에게는 오늘날 우리가 예수 그리스도를 통해 받은 언약이 없었다. 그럼에도 그는 하나님과의 친밀한 관계를 발전시켜 그의 삶에 가장 큰 은총이 임하게 되었다. 그의 믿음에 우주의 하나님이 주목하게 만들었다. 에녹은 하나님을 기쁘시게 함으로 은총을 입었다.

여기에서 말하는 것은, 하나님은 영적인 힘을 다하여 부지런히 그분을 구하는 자들에게 상 주시는 분이니 열정적으로 그분을 찾으라는 것이다. 하나님이 누군가를 이 땅에서 취하여 (죽음을 경험하지 않고) 하늘로 데려가시는 것은 그만큼 그를 기뻐하시기 때문이다. 하나님은 에녹과의 관계에서 기쁨을 경험하셨기 때문에, 그가 없는 것을 견디실 수 없었다. 에녹이 하나님을 신뢰함으로 발전시킨 믿음을 하늘이 거부하지 못하게 된 것이다!

오늘날, 하나님은 예수님을 구세주로 고백하는 사람들을 구속하셨다. 그렇게 구속받은 사람들 가운데 믿음으로 약속을 이행하여 신성한 성품에 참여하는 자들에게 하나님이 은총을 베푸신다.

> 하나님과 우리 주 예수를 앎으로 은혜와 평강이 너희에게 더욱 많을지어다 그의 신기한 능력으로 생명과 경건에 속한 모든 것을 우리에게 주셨으니 이는 자기의 영광과 덕으로써 우리를 부르신 이를 앎으로 말미암음이라 이로써 그 보배롭고 지극히 큰 약속을 우리에게 주사 이 약속으로 말미암아 너희가 정욕 때문에 세상에서 썩어질 것을 피하여 신성한 성품에 참여하는 자가 되게 하려 하셨느니라 (벧후 1:2-4)

하나님은 우리가 그분이 말씀하시고 공급하신 것에 헌신하기를 기다리고 계신다. 주님은 그분을 향한 신뢰가 우리 삶을 통해 나타나기를 기다리신다. 야고보서 2장 17-18절은 "이와 같이 행함이 없는 믿음은 그 자체가 죽은 것이라 어떤 사람은 말하기를 너는 믿음이 있고 나는 행함이 있으니 행함이 없는 네 믿음을 내게 보이라 나는 행함으로 내 믿음을 네게 보이리라"고 말한다.

믿음이 나타나야 한다. 하나님께서 관계 가운데 신뢰로 반응하는 것을 매우 중요하게 여기시기 때문이다. 그분은 믿음이 있는 자들에게 상으로 은총을 베푸신다. 반면 올바르게 반응하지도 않고 단순히 방관만 하는 사람들에게는 이 은총이 불공평하게 보인다.

우리의 입술이 하나님께 감사하며 예수님을 통해 우리에게 이뤄 놓으신 대로 행할 때, 그분은 놀랍게 우리의 삶에 나타나실 것이다. 하나님께도 인격이 있다. 그래서 우리가 믿음으로 하늘 아버지의 약속들을 실행하는 것을 좋아하신다. 하나님 아버지께서 우리를 신뢰하시면 은총이 임하는데, 이 은총은 설명할 수 없을 정도다! 우리가 날마다 열정을 품고 부지런히 하나님을 찾으면, 우리에게 상 주실 것이다.

또한 하나님의 은총으로 원수가 훔쳐간 것을 되찾아야 한다. 오직 믿음으로 구하고 반응하면, 하나님은 우리를 건져 주고 싶어 하신다. 시편 기자는 다음과 같이 말한다.

> 여호와여, 제발 속히 오셔서 나를 건지소서! 내게 주의 은총을 보이시며 나를 회복시키소서. (시 40:13, 패션성경)

하나님은 예수 그리스도를 이 땅에 보내셔서 우리를 구속하셨다. 그리고 예수님은 어떻게 두 세계 가운데 하늘 아버지와 교류해야 하는지 보여 주셨다. 주님은 온전하신 아들로서 구속받은 자녀가 이 땅에서 지녀야 할 특성들을 보여 주셨다. 주님이 이 땅에서 그러하셨듯이, 우리도 그러해야 함을 기억하라(요일 4:17 참고).

예수님은 이 땅에 계시는 동안 아버지가 주신 권위를 사용하셨다. 하늘의 권위를 사용하여 마귀가 훔쳐간 것을 다시 찾으실 수 있었다.

결국 예수님은 아버지를 위해 값을 치르시고 인류를 다시 찾으셨다. 마귀는 그 후로 자신의 소유를 잃어버리고 있는데, 성령께서 하나님의 자녀들을 통해 예수님의 사역을 계속하고 계시기 때문이다.

우리는 열정적으로 하나님을 구하며, 그분이 상을 주시는 분이라는 것을 기억해야 한다. 지금은 주님의 은총으로 들어가야 할 때이다. 손을 뻗어 예수님의 이름으로 우리에게 주어진 것을 취하라.

> 그분을 받아들이고 이름을 붙잡는 자들에게 하나님의 자녀가 되는 권세가 주어졌다! (요 1:12, 패션성경)

천사의 은총

한 가지 기억해야 할 것이 있다. 그것은 하늘 아버지께서 우리에게 은총을 베푸시고, 우리가 믿음으로 살며 열정적으로 그분을 구한 결과, 하나님의 사자인 천사들도 '큰 은혜를 받은 자'인 우리의 지위를 알고 섬긴다는 사실이다. 누가복음 1장 28절에서 동정녀 마리아에게 바로 이 일이 일어났다. "그에게 들어가 이르되 은혜를 받은 자여 평안할지어다 주께서 너와 함께 하시도다!"

천사들은 우리의 삶을 향한 하나님의 뜻이 무엇인지 안다. 그래서 우리가 주님의 말씀에 믿음과 순종으로 반응할 때, 은총을 베풀 준비를 하고 있다. 예수님은 어린아이들에게 아무 해도 끼치지 말라고 경고하시며, 그들의 천사들이 늘 아버지 하나님을 뵙고 있다고 말씀하셨다. "너희는 이 작은 자들 중 하나라도 더럽히지 않도록 주의하라. 너희에게 분명하게 말하는데, 그들을 지키는 천사들이 즉각 하늘 아버지께 나아갈 수 있다"(마 18:10, 패션성경).

우리는 여전히 하나님의 은총을 받는 어린아이, 곧 자녀들이다. 그러므로 천사들이 이 땅에서 우리의 삶에 대해 하늘 아버지께 계속 보고드리고 있다.

옳은 일

어떤 상황이든지 하나님의 말씀에 순종하기로 선택했다면, 그 결과로 주님이 주시는 상이 있다. 주님의 일들을 행함으로 은총을 경험하는 것은 참으로 놀라운 일이다. 이사야는 하나님이 다른 사람들을 섬기는 행위들을 얼마나 중요하게 생각하시는지 다음과 같이 말해 준다.

> 내가 기뻐하는 금식은 흉악의 결박을 풀어 주며 멍에의 줄을 끌러 주며 압제 당하는 자를 자유하게 하며 모든 멍에를 꺾는 것이 아니겠느냐 또 주린 자에게 네 양식을 나누어 주며 유리하는 빈민을 집에 들이며 헐벗은 자를 보면 입히며 또 네 골육을 피하여 스스로 숨지 아니하는 것이

아니겠느냐 그리하면 네 빛이 새벽 같이 비칠 것이며 네 치유가 급속할 것이며 네 공의가 네 앞에 행하고 여호와의 영광이 네 뒤에 호위하리니 네가 부를 때에는 나 여호와가 응답하겠고 네가 부르짖을 때에는 내가 여기 있다 하리라 만일 네가 너희 중에서 멍에와 손가락질과 허망한 말을 제하여 버리고 주린 자에게 네 심정이 동하며 괴로워하는 자의 심정을 만족하게 하면 네 빛이 흑암 중에서 떠올라 네 어둠이 낮과 같이 될 것이며 여호와가 너를 항상 인도하여 메마른 곳에서도 네 영혼을 만족하게 하며 네 뼈를 견고하게 하리니 너는 물 댄 동산 같겠고 물이 끊어지지 아니하는 샘 같을 것이라 (사 58:6-11)

이 말씀에 따르면, 은총을 경험하는 방법 한 가지는 어려움에 처한 자들에게 옳은 일을 하는 것이다. 속박의 사슬을 끊고, 짐을 덜어 주며, 예수님의 이름으로 사람들을 자유롭게 하고 멍에를 부서뜨리면, 상상을 뛰어넘는 은총을 입게 될 것이다. 주님은 또한 우리가 어려움에 처한 자들을 먹이고 입히며 외면하지 않으면, 돌파의 은총이 임할 것이라고 계속해서 말씀하신다!

돌파의 은총

돌파의 은총은 어떤 상황 가운데 계시된 하나님의 마음과 뜻에 따라 행동할 때 임한다. 그분은 압도적인 은총과 구원으로 응답하실 것이다. 하나님은 그분을 부지런히 찾고, 다른 사람들을 향한 그분의 마음의 소원을 이루는 자들에게 상을 주신다.

주님이 주시는 상들에는 다음과 같은 것들이 있다.

- 우리의 빛이 새벽같이 비칠 것이다.
- 치유가 급속하게 임할 것이다.
- 우리의 의가 앞서 갈 것이다.
- 주님의 영광이 우리 뒤를 호위할 것이다.
- 우리가 부르짖을 때, 주님이 응답하실 것이다.
- 우리가 부르짖을 때, 주님이 "내가 여기 있다"고 말씀하실 것이다.
- 우리의 빛이 흑암 중에 떠오를 것이다.
- 우리의 어둠이 낮과 같이 될 것이다.
- 주님이 항상 인도하실 것이다.
- 주님이 메마른 곳에서도 우리의 영혼을 만족시켜 주실 것이다.
- 주님이 우리의 뼈를 견고하게 하실 것이다.
- 우리는 물 댄 동산 같을 것이다.
- 우리는 물이 끊어지지 않는 샘 같을 것이다.

하나님은 돌파의 은총으로 우리를 실패하지 않는 자리에 세우실 수 있다. 우리는 하나님의 마음을 구하고, 끊임없는 열정으로 그분을 기쁘게 해 드려야 한다! 아래의 구절에서 예수님은 모든 것이 우리에게 유리하게 되어 있다는 것을 강조하신다.

그리고 예수님은 다음의 예화를 주셨다. "한밤중에 너희가 친구 중 한 명에게 가서 문을 두드리며 외치기를 '제발 부탁이네! 남은 음식이 있는가? 갑자기 친구가 방금 내 집에 왔는데, 그에게 대접할 것이 아무것도 없다네'라고 하는데, 너희 친구가 말하기를 '왜 이리 귀찮게 구는 건가? 문은 잠겼고 내 가족과 나는 모두 잠자리에 들었다네. 내가 일어나 음식을 주어야겠는가?'라고 한다면 어떤 일이 일어날지 생각해 보라. 그러나 잘 들어라. 아마도 한밤중이라도 부끄럼을 모르는 너희의 뻔뻔함으로 인해 친구가 잠자리에서 일어나 너희에게 필요한 모든 것을 줄 것이다. 기도도 마찬가지이다. 구하라, 그러면 받을 것이다. 찾으라, 그러면 발견하게 될 것이다. 하늘의 문을 두드리라, 그러면 언젠가 그 문이 너희에게 열릴 것이다. 끈질긴 사람은 누구나 구하는 것을 얻게 될 것이다. 끈질기게 구하는 자마다 필요로 하는 것을 발견하게 될 것이다. 그리고 끈질기게 두드리는 사람은 언젠가 열린 문을 발견하게 될 것이다." (눅 11:5-10, 패션성경)

또한 예수님은 사도 요한에게 보상 체계와 돌파의 성과에 대해 계시해 주신다.

주 하나님이 말씀하신다. "나는 알레프와 타브이며, 이제도 있고 전에도 있었고 장차 올 자 전능자이다." (계 1:8, 패션성경)

주님이 우리의 삶을 다스리고 통치하시도록 허락해 드리면, 모든 것을 그분의 권위 아래 두신다. 주님은 요한계시록 3장 13절에서 일곱 교회를 향한 그분의 뜻을 선포하시며 이렇게 말씀하신다. "그러므로 마음이 열린 자는 성령이 모든 교회에게 말씀하시는 것을 주의 깊게 들을지어다"(패션성경).

각 교회가 예수님의 권고를 받아들인다면, 메시아이신 예수님의 상과 은총을 받게 된다. 주님은 성령이 하시는 말씀에 순종하고 열정적으로 그분을 구하는 자들에게 은총을 베푸실 것이라고 선포하고 계신다. 그들은 이기는 자가 될 것이다!

> 네가 보는 것을 기록하여 에베소, 서머나, 버가모, 두아디라, 사데, 빌라델비아, 그리고 라오디게아 일곱 교회에 보내라. (계 1:11, 패션성경)

1. 에베소

> 이기는 자에게는 내가 하나님의 낙원에 있는 생명나무의 열매를 마음껏 먹게 해 주겠다. (계 2:7, 패션성경)

2. 서머나

> 마음이 열린 자는 지금 성령이 모든 교회들에게 하시는 말씀을 주의 깊게 들을지어다. 정복하는 자는 두 번째 사망에 의한 해를 받지 않을 것이다. (계 2:11, 패션성경)

3. 버가모

그러나 마음이 열린 자는 지금 성령이 모든 교회들에게 하시는 말씀을 주의 깊게 들을지어다. 승리하는 모든 자에게 내가 숨겨진 만나를 마음껏 먹게 하고 빛나는 흰 돌을 줄 것이다. 그 돌에는 그것을 받은 자만 아는 그의 새 이름이 새겨져 있다. (계 2:17, 패션성경)

4. 두아디라

승리하고 끝까지 나의 일을 계속하는 모든 자에게 내가 나라들을 다스리는 권세를 주어 왕의 규로 지키고 인도하게 할 것이다. 반항하는 자들은 질그릇같이 부서질 것이다. 이것은 내가 아버지의 권세를 받았던 것과 같다. 승리를 경험하는 자에게는 내가 새벽 별을 줄 것이다. (계 2:26-28, 패션성경)

5. 사데

그러나 사데에 아직도 순결한 사람이 몇 명 있는데, 그들이 밝은 빛 가운데 나와 교제하며 동행할 것이니, 그럴 만한 자격이 있기 때문이다. 승리를 경험하는 자에게는 흰 옷을 입혀 주고, 내가 절대로 너의 이름을 생명책에서 지우지 않을 것이다. 내가 내 아버지와 그분의 천사들 앞에서 네 이름을 인정할 것이다. (계 3:4-5, 패션성경)

6. 빌라델비아

그러나 내가 속히 올 것이니, 너희가 가진 것을 굳게 붙잡아 아무도 네 승리의 면류관을 빼앗지 못하게 하라. 승리하는 자는 내가 하나님 성전의 기둥으로 삼아 영원히 안전하게 할 것이다. 내가 하나님의 이름과 하나님의 도성, 하늘에서 나의 하나님으로부터 내려오는 새 예루살렘의 이름을 네 위에 기록할 것이다. (계 3:11-12, 패션성경)

7. 라오디게아

보라, 내가 문에 서서 문을 두드리고 있다. 네가 마음의 문을 열어 내 음성을 듣고 안에서 문을 열어 주면, 내가 네 안에 들어가 너와 함께 즐거이 먹고, 너도 나와 함께 즐거이 먹을 것이다. 정복하는 자에게는, 내가 정복하고 아버지와 함께 보좌에 앉은 것처럼 나와 함께 보좌에 앉는 특권을 줄 것이다. 마음이 열린 자는 성령이 교회들에게 하시는 말씀을 주의 깊게 들을지어다. (계 3:20-22, 패션성경)

은총의 계절

마음을 다해 하나님을 찾기로 결정하면, 그분을 발견하게 될 것이다. 하나님은 자녀들에게 오랫동안 얼굴을 숨기시는 분이 아니다. 그분을 찾을 때가 있으면, 그분을 발견하는 때가 있다. 마음을 다해 그분을 찾으면, 분명 발견하게 될 것이다. "그러나 네가 거기에서 주 너의 하나님을 찾으며 문의하고(필요에 따라 요구하며), 네가 (진정으로) 마음(그리고 생각)과 혼과 생명을 다해 그분을 찾으면, 그분을 발견하게 될 것이다"(신 4:29, 확대역성경).

또한 예수님은 새 언약 안에서 예외 없이 우리에게 "구하라, 그러면 선물이 너의 것이다. 찾으라, 그러면 네가 발견하게 될 것이다. 두드려라, 그러면 문이 너를 위해 열릴 것이다"(마 7:7, 패션성경)라고 분명하게 말씀하신다. 일단 믿는 자가 자신의 상황 가운데 피의 언약과 관련된 하나님의 능력을 온전히 이해하고 믿게 되면, 담대함과 확신을 가지고 부르짖어 주어진 약속을 받게 될 것이다. 하나님은 부르짖어 구하는 자들에게 은혜 베푸는 것을 좋아하시는 분이다.

그분은 에녹을 영적으로 승진시켜 주신 것처럼 사람들을 승진시켜 주고 싶어 하신다. "그는 하나님께서 승진시키셨기 때문에 이 세상에서 사라졌다"(히 11:5, 패션성경). 당신은 어떤가? 당신의 삶을 위해 기록된 하나님의 계획을 이행하기 위해 자신의 계획을 포기하고 하나님을 신뢰함으로 승리할 수 있겠는가? 에녹은 하나님에 대한 강한 신뢰로 자신이 승리할 수 있음을 알았다. 그는 계속해서 하나님께 부르짖어 도움을 구했고 주님의 위대한 선지자가 되었다(유 1:14 참고).

지금 우리 위에 은총의 때가 임하고 있다. 그러므로 우리가 성령의 운행하심에 순복한다면, 하나님의 선하심으로 계속 승리하게 될 것이다.

> 그러나 주여, 내가 끊임없이 주를 부르리이다! 주는 몸을 숙여 내 소리에 귀를 기울이심을 내가 아오니 지금은 주께서 베푸시는 은총의 때임이라! 나를 향한 주의 위대하신 사랑으로 내 기도에 응답하시리니 나의 구원이 확실하도다! (시 69:13, 패션성경)

우리가 하나님의 사랑을 받는 자녀(롬 8:15 참고)이며, 하나님이 열정적으로 그분을 찾고 경외하는 자에게는 아무것도 아끼지 않으신다는 진리를 붙들고 힘을 내라. 시편 147편 11절은 "주께서 그를 두려워하는 자들에게 은총을 보이시나니 그의 다정한 포옹을 기다리는 경건한 연인들에게라"(패션성경)라고 말한다.

이제 다음의 말씀으로 당신에게 예언한다. 지금은 은총의 때이다. 이제 비가 내리기 시작할 것이다. 지금 돌파의 은총이 임할 것을 놀라우신 예수님의 이름으로 선포한다. 모든 것이 당신에게 유리하게 되어 있다!

> 주 앞에 내려놓은 우리 삶 위에 주의 은총이 비처럼 내리나니 소나기가 땅을 소생시킴과 같으리이다! (시 72:6, 패션성경)

지금 우리 위에 은총의 때가 임하고 있다. 그러므로 우리가 성령의 운행하심에 순복한다면, 하나님의 선하심으로 계속 승리하게 될 것이다.

chapter 2

천국의 책

내가 태어나기 전에 주께서 나를 보셨나이다. 내 삶의 모든 날이 주의 책에 기록되었나이다. 한 날이 다 가기도 전에 모든 순간이 계획되었나이다.

(시 139:16, NLT)

It's rigged in your favor

    천국에서 예수님과 함께 있을 때, 나는 각 사람의 부르심과 소명을 기록해 놓은 책이 있다는 것을 알게 되었다. 그것은 우리 각 사람을 향한 하나님의 마음이 담겨 있는 책으로, 어떻게 자기 세대는 물론 이후 세대에까지 영향을 끼치게 될지를 보여 주었다.

    그런데 이 책에는 조건이 붙었다. 그것은 우리가 하늘 아버지의 뜻에 순복하여 책의 내용이 삶에 실행되도록 허락해 드려야 한다는 것이었다. 나는 성령님이 우리 위에 강력하게 운행하시며 하나님의 완전한 뜻으로 이끌도록 부름 받으셨다는 것도 알게 되었다.

    호주에 있을 때, 토요일 오전에 사람들로 가득 찬 건물에서 사역하고 있었다. 입구에도 사람들이 서 있어서 뒤쪽 벽에 추가로 의자를 놓아야 했다. 그런데 갑자기 한 줄기 빛이 비치더니 뒤쪽 벽에 기대어 있는 어느 부부 옆에 천사가 서 있는 모습이 보였다. 자연스럽게 그쪽을 살펴보는데, 주님이 그들 부부의 부르심과 사역을 확인해 주라고 말씀하셨다. 그래서 그들을 앞으로 불러내었다.

내가 그들에게 안수하자, 하나님의 권능이 그들을 덮었다. 나는 그들의 부르심과 사역에 대해 자세하게 확인시켜 주었다. 예언을 마무리하고 그들에게 무슨 일이 일어나고 있는지 물었다. 그들에게 임한 하나님의 능력이 매우 강력했기 때문이다.

그들은 이렇게 말했다. "오늘 아침, 우리의 사역에 얼마나 하나님의 확증이 필요한지에 대해 이야기하였습니다. 우리는 이 지역 반대편에 살고 있는데, 기도 가운데 비행기를 타고 아들레이드에서 열리는 이 집회에 참석하기로 뜻을 모았습니다. 하나님께서 당신을 통해 우리를 불러내어 초자연적으로 우리의 사역을 확증해 주실 것을 믿었습니다."

이것은 이들 부부에게 일어난 일을 목격한 모든 사람에게 큰 간증이 되었다. 그들이 기도하며 뜻을 모았는데, 하나님이 24시간 안에 그 기도에 응답하신 것이다. 참으로 주님은 우리의 책에 기록된 내용을 알고 계신다. 그래서 그분께 구하면, 우리의 부르심과 사역을 확인시켜 주실 것이다.

1992년에 치과 수술을 받다가 예수님을 만났을 때, 그분의 가르침을 받으며 그분의 눈을 들여다보던 것이 생각난다. 주님이 그분 안으로 걸어 들어가게 해 주셔서 나는 그분의 눈을 똑바로 들여다보았다. 그 순간, 내가 창조된 과정이 파노라마처럼 펼쳐졌다. 그분은 마음으로 나에 대해 생각하셨고, 나의 형상을 만드셨다. 그리고 나에 대한 책을 쓰셨다. 그 책이 하늘의 도서관으로 이동한 후, 하나님은 어머니의 태에 내 영을 불어 넣으셨다. 나는 내 몸이 어머니의 태에서 형성되는 과정을 지켜보았다. 출생 후 성장하는 동안 주님이 나를 보살펴 주셨고, 나는 그분이 생각하신 모습이 되었다.

이 모든 과정을 지켜본 후, 나는 다시 주님을 바라보며 서 있었다. 예수님은 조용히 미소 지으실 뿐이었다. 내가 그분의 기쁨이 되었기 때문이다. 그 순간 믿음 때문에 내가 영원히 그분과 함께 살게 될 것이라는 사실을 깨달았다. 우리는 그분을 믿기 때문에 이 땅에서 순종함으로 그분의 말씀대로 행하게 된다. 기억하라. 전능하신 하나님이 그리스도인의 영원한 집이다. 그러므로 이 땅에서 어려운 시간을 지날 때, 힘을 내라. 그럴만한 가치가 충분하기 때문이다.

영원을 생각할 때, 그 깊이와 심오함에 압도될 수 있다. 당신은 영원한 삶을 살 준비가 되어 있는가? 하나님은 절대 영적으로나 육적으로 인간을 죽게 하실 생각이 없었다. 죽음은 에덴동산에서 하나님의 피조물인 아담과 하와가 결정한 것이었다. 우리가 하나님 나라에서 영원히 살 것이라는 진리를 인식하면, 손해나 상실이 없다는 것을 깨닫게 된다.

나는 예수님과 대면하면서 창조된 모든 사람에 대한 기록이 있다는 것을 알게 되었다. 예수님은 아버지께서 어느 누구도 절대 실패하지 않도록 예정하셨다고 말씀해 주셨다. 아버지 하나님은 가족을 원하셨기에, 각 사람에 대한 책을 쓰실 때, 한 사람 한 사람을 향한 아버지의 완전한 뜻에 따라 기록하셨다고 설명해 주셨다.

하나님은 일어날 수도 있는 일을 기록하지 않으신다. 그분은 우리의 삶을 향한 참된 의도와 목적을 기록하시고, 우리는 그것으로 판단받게 된다. 하나님은 실패나 그분이 바라시는 것에 자유롭게 접근하는 방법이 아니라, 우리가 받아들이면 틀림없이 이루어질 하나님의 거룩한 계획을 기록하신다.

하나님의 완전하신 뜻이 이루어지는 것은, 우리가 얼마나 그분의 뜻에 동의하고 순종하는가에 달려 있다. 하나님은 사람들을 부르시지만, 사실 그 부르심에 응답하여 선택받는 자는 거의 없다(마 20:16 참고).

우리는 겸손히 천국의 책에 기록된 하나님의 온전하신 뜻을 구해야 한다. 이것은 우리의 노력이 요구되는 것으로, 대가지불이 따른다. 우리는 진정으로 자신을 부인하고 그분을 따라야 한다.

> 이에 예수께서 제자들에게 말씀하셨다. "너희가 진정으로 나를 따르고자 한다면, 즉시 철저하게 자기의 삶을 거절하고 부인해야 한다. 그리고 계속적으로 나의 길들에 순복하며, 나의 십자가를 나누어 지고, 그것을 네 자신의 것처럼 경험하길 원해야 한다." (마 16:24 패션성경)

주님은 우리가 하나님의 완전한 뜻을 분별할 때까지 성령 안에서 기도하고 그분의 말씀을 묵상하기를 바라신다. 우리는 말씀과 성령을 통해 소명의 책 속으로 들어가 하나님의 깊은 것들 안에서 성숙하게 된다.

우리는 방언으로 기도하고 하나님의 말씀을 묵상하는 거룩한 활동을 통해 날마다 하나님과 동행하며 세상과 구별되는 법을 알게 된다.

우리는 세상으로부터 분리되어야 한다. 로마서 12장 2절은 "너희는 이 세대를 본받지 말고 오직 마음을 새롭게 함으로 변화를 받아 하나님의 선하시고 기뻐하시고 온전하신 뜻이 무엇인지 분별하도록 하라"고 말한다.

하나님의 말씀과 성령은 하나이다. 그러므로 이 강력한 검으로 우리의 영 안에 있는 하나님의 뜻과 혼의 뜻을 분리할 수 있다. 인간은 세 부분으로 되어 있는데, 데살로니가전서 5장 23절은 다음과 같이 말한다. "이제 평강과 화합의 하나님이 너희를 구별하여 온전히 거룩하게 하시길 원한다. 그리고 너희의 온 존재, 영과 혼과 몸이 기름부음 받은 자이신 우리 주 예수 그리스도께서 나타나실 때에 온전히 흠 없는 상태로 있기를 원한다"(패션성경).

영은 영원히 사는 부분으로, 예수님을 구세주로 고백할 때 거듭난다. 혼은 생각과 의지와 감정이며, 몸은 이 땅의 물질적 영역에서 입고 있는 '의복' 같은 것이다. 거듭나면, 오직 우리의 영만 구원받는다. 성령과 하나님의 말씀으로 우리를 영적으로 세우면, 성령의 검이 삶에 대한 우리 자신의 의지와 성령의 의지를 나누면서 분리가 일어난다. 히브리서는 다음과 같이 말한다.

> 우리에게는 하나님의 살아 있는 말씀이 있는데, 그것은 활력이 넘쳐서 어떤 양날 검보다도 예리하게 뚫고 들어간다. 그것은 우리 존재의 핵심인 혼과 영과 및 뼈와 골수가 붙어 있는 곳까지 침투해 들어간다! 그것은 우리 마음의 진정한 생각과 은밀한 동기를 해석하여 드러낸다. (히

4:12, 패션성경)

우리가 태어나기도 전에 우리에 대한 책이 기록되었다. 이 책의 진리들은 우리를 이 세대의 역사를 만드는 자로 세워 줄 것이다. 성령님이 우리에게 그 진리를 계시해 주시도록 허락해 드리고, 말씀이 우리의 모든 부분에 스며들게 하라. 오늘날 많은 사람들이 하나님 나라의 권세로 다스리면서 이러한 일이 일어나도록 허락해 드리고 있다.

천국의 책에 무엇이 기록되어 있는가?

자신이 선택되었다는 계시를 받은 사람들이 있는데, 예레미야가 그런 사람 중 하나이다. 주님은 그에게 "내가 너를 모태에 짓기 전에 너를 알았고 네가 배에서 나오기 전에 너를 성별하였고 너를 여러 나라의 선지자로 세웠노라"(렘 1:5)고 말씀하셨다. 그래서 예레미야서에는 전능자께서 예레미야가 어머니의 태에서 잉태되기도 전에 '그를 아셨다'고 기록되어 있다.

이 말씀에 담겨 있는 계시를 묵상하는 것은 매우 강력하다. 예레미야처럼 이 땅에서 우리의 사명도 이미 정해져 있었다.

각자의 책에는 수많은 은혜와 시련의 시간들이 기록되어 있다. 그것은 우리 안에 무엇이 있는가를 보기 위해서이다. 하나님은 이 땅뿐만 아니라 장차 임할 세상에서도 그분과 함께 다스리고 통치할 수 있게 우리를 준비시키고 계신다.

예수님은 나에게 그분이 다시 오실 때까지 우리가 이 땅에서 단순히 살아남아 있는 것이 아니라는 사실을 말씀해 주셨다. 우리는 성령의 능력과 그분의 계시와 기록된 말씀 가운데 그분의 완전하신 뜻에 순복하면서, 삶의 모든 영역에서 번성하고 형통해야 한다.

천국 방문 중 예수님이 말씀하실 때, 그분의 영광이 나를 감싸며 "오는 시대의 능력"(히 6:5)으로 강건하게 하는 것을 느꼈다. 우리를 위해 예비된 것은 상상을 초월한다. "우리 가운데서 역사하시는 능력대로 우리가 구하거나 생각하는 모든 것에 더 넘치도록 능히 하실 이에게 … 영광이 대대로 영원무궁하기를 원하노라"(엡 3:20-21).

도미노 효과

하늘의 '도미노 효과'라는 것이 있다. 또한 하나님의 은총의 손길과 거룩한 천사들의 지지와 후원을 받는 개인에 대해 기록된 책들이 있다. 주님은 우리를 향한 계획을 가지고 계시는데, 거기에는 우리 세대에 영향을 끼치게 하는 것도 포함된다. 예레미야는 자기 자신과 개인적 딜레마라고 생각하는 것에 너무 집중해 있었다. 그래서 민족과 그의 세대를 향한 하나님의 계획에 자신이 얼마나 중요한지 분별하지 못했다.

여호와의 말씀이 내게 임하니라 이르시되 내가 너를 모태에 짓기 전에 너를 알았고 네가 배에서 나오기 전에 너를 성별하였고 너를 여러 나라의 선지자로 세웠노라 하시기로 내가 이르되 슬프도소이다 주 여호와여 보소서 나는 아이라 말할 줄을 알지 못하나이다 하니 여호와께서 내게 이르시되 너는 아이라 말하지 말고 내가 너를 누구에게 보내든지 너는 가며 내가 네게 무엇을 명령하든지 너는 말할지니라 너는 그들 때문에 두려워하지 말라 내가 너와 함께 하여 너를 구원하리라 나 여호와의 말이니라 하시고 여호와께서 그의 손을 내밀어 내 입에 대시며 여호와께서 내게 이르시되 보라 내가 내 말을 네 입에 두었노라 보라 내가 오늘 너를 여러 나라와 여러 왕국 위에 세워 네가 그것들을 뽑고 파괴하며 파멸하고 넘어뜨리며 건설하고 심게 하였느니라 하시니라 (렘 1:4-10)

예레미야가 스스로 너무 어리다고 생각하거나 사람을 두려워하는 것은 문제가 되지 않았다. 전능자께서 그를 여러 나라와 민족들 앞에 세우셨다. 그는 선지자로서 뿌리 뽑고, 파괴하고, 뒤엎을 뿐만 아니라 세우고 심어야 했다.

이제 선지자 다니엘에게 무슨 일이 일어났는지 살펴보자.

메대 족속 아하수에로의 아들 다리오가 갈대아 나라 왕으로 세움을 받던 첫 해 곧 그 통치 원년에 나 다니엘이 책을 통해 여호와께서 말씀으로 선지자 예레미야에게 알려 주신 그 연수를 깨달았나니 곧 예루살렘의 황폐함이 칠십 년 만에 그치리라 하신 것이니라 내가 금식하며 베옷을 입고 재를 덮어쓰고 주 하나님께 기도하며 간구하기를 결심하고 내 하나님 여호와께 기도하며 자복하여 이르기를 크시고 두려워할 주 하나님, 주를 사랑하고 주의 계명을 지키는 자를 위하여 언약을 지키시고 그에게 인자를 베푸시는 이시여 우리는 이미 범죄하여 패역하며 행악하며 반역하여 주의 법도와 규례를 떠났사오며 우리가 또 주의 종 선지자들이 주의 이름으로 우리의 왕들과 우리의 고관과 조상들과 온 국민에게 말씀한 것을 듣지 아니하였나이다 주여 공의는 주께로 돌아가고 수치는 우리 얼굴로 돌아옴이 오늘과 같아서 유다 사람들과 예루살렘 거민들과 이스라엘이 가까운 곳에 있는 자들이나 먼 곳에 있는 자들이 다 주께서 쫓아내신 각국에서 수치를 당하였사오니 이는 그들이 주께 죄를 범하였음이니이다 (단 9:1-7)

여기에서 중요한 점은, 다니엘이 예레미야 선지자가 기록한 하나님의 말씀을 읽고 있다는 사실이다. 예레미야는 다니엘이 태어나기 거의 200년 전 사람이었다. 다니엘은 예레미야서를 읽다가 매우 중요한 사실을 깨닫게 되었다. 예레미야 선지자는 자신과 이스라엘 백성이 바벨론에 포로로 잡혀가는 상황을 기록해 놓았다. 다니엘은 하나님의 말씀 안에서 자신의 소명을 깨달았고, 회개하며 하나님께 부르짖기 시작했다. 그리고 이스라엘 백성이 바벨론에 사로잡혀 온 지 얼마나 되었는지 계산하기 시작했다. 그는 이스라엘이 포로된 지 70년째 되는 시점에 있다는 것을 깨달았다. 이 순간 다니엘은 모든 것이 그에게 유리하게 준비되어 있다는 것을 깨달았다. 그는 이스라엘이 구원받아 약속의 땅 안으로 회복되기를 기도했다. 당시 다니엘이 읽은 구절은 다음과 같다.

여호와께서 이와 같이 말씀하시니라 바벨론에서 칠십 년이 차면 내가 너희를 돌보고 나의 선한 말을 너희에게 성취하여 너희를 이곳으로 돌아오게 하리라 여호와의 말씀이니라 너희를 향한 나의 생각을 내가 아나니 평안이요 재앙이 아니니라 너희에게 미래와 희망을 주는 것이니라 너희가 내게 부르짖으며 내게 와서 기도하면 내가 너희들의 기도를 들을 것이요 너희가 온 마음으로 나를 구하면 나를 찾을 것이요 나를 만나리라 이것은 여호와의 말씀이니라 나는 너희들을 만날 것이며 너희를 포로 된 중에서 다시 돌아오게 하되 내가 쫓아 보내었던 나라들과 모든 곳에서 모아 사로잡혀 떠났던 그곳으로 돌아오게 하리라 이것은 여호와의 말씀이니라 (렘 29:10-14)

은밀한 소명

아래에 주님이 다니엘과 그의 백성을 위해 계획해 두신 은밀한 소명을 일곱 가지 진리로 정리해 놓았다. 우리는 다니엘서에서 삶에 관한 많은 진리들을 찾아낼 수 있다. 하나님은 진정으로 모든 것을 우리에게 유리하게 예비해 놓으셨다!

1. 70년 동안 바벨론에 있을 것이다.

이스라엘이 사로잡혀 가는 것이 주님의 뜻은 아니지만, 하나님은 그것이 정해진 때에 끝나도록 계획해 놓으셨다. 하나님의 영이 예레미야 위에 운행하셔서 이전 세대에, 그 일이 일어나기 오래전에 이것을 기록하게 하셨다. 하나님은 우리가 그분의 뜻에서 벗어날 때에도 자비로우시다. 그분은 우리를 회복하고 구원하실 때를 정해 놓으셨다. 우리가 하나님을 신뢰하면, 포로기가 영원히 지속되지 않을 것이다.

2. 내가 와서 약속한 모든 선한 일들을 너희를 위해 행할 것이며, 내가 너희를 집으로 다시 데려올 것이다.

주님은 오셔서 이스라엘을 위해 오직 선한 일들만 행하실 것이라고 약속하신다. 그분은 이전에 그들에게 주셨던 고향 땅으로 그들을 데려오고 싶어 하신다. 하나님이 선하신 분이라는 것을 기억하라. 그분은 우리에게 약속하신 것을 잊지 않으신다. 성령께서 완전한 진리로 인도하시도록 허락해 드리면, 삶 가운데 다시 한 번 하나님의 선하심을 보게 될 것이다.

3. 너희를 향한 계획을 내가 안다. 그것들은 재앙이 아니라 선한 계획이고, 너희에게 미래와 소망을 주는 것이다.

주님은 그분의 백성이 불순종하더라도 그들을 향한 선한 계획을 분명히 가지고 계신다. 그분은 절대 그들이 포로로 잡혀가거나 재앙을 만나도록 의도하지 않으셨다. 그분의 계획은 선한 미래와 소망이다. 우리는 하나님의 말씀으로 생각을 새롭게 해야 한다. 하나님의 진리가 우리의 생각을 변화시켜 선하고 밝은 미래를 받아들일 수 있게 해야 한다. 우리를 향한 그분의 계획은 선하고 기대되는 결과를 얻는 것이다.

4. 그때에 너희가 기도하면, 내가 들을 것이다.

주님은 예레미야 선지자를 통해 다니엘에게 약속하신다. 그들이 기도하면 들으시겠다고 말이다. 자신의 감정이나 생각이 어떠하든지 기도해야 함을 기억하라. 우리는 항상 기도해야 한다. 그렇게 절망적인 상황은 없다. 하나님이 우리의 기도를 들으실 것이다.

5. 너희가 마음을 다해 나를 찾으면, 나를 발견하게 될 것이다.

이스라엘의 하나님은 그분의 백성에게 상기시켜 주신다. 그들이 마음을 다해 그분을 찾으면 발견하게 될 것이다. 하나님, 곧 우리의 하늘 아버지께서는 우리에게서 영원히 숨지 않으신다. 우리가 부지런히 그분을 찾으면, 그분은 붙들려 주신다.

6. 너희의 포로기를 끝내고, 재산도 회복시켜 줄 것이다.

주님은 때가 되고 이스라엘이 부르짖으며 기도하면, 그들의 포로생활을 끝내 주실 것이라고 선포하신다. 또한, 그들의 소유도 되찾게 해 주실 것을 약속하신다. 그분은 우리를 구원하시고, 사탄이 훔쳐간 모든 것을 회복하심으로 우리의 포로생활을 끝내 주신다. 그분은 우리가 형통하도록 계획하신다.

7. 내가 너희를 보낸 나라들로부터 모아서 본토로 다시 데려올 것이다.

하나님은 그의 백성이 여러 나라에 흩어져 있더라도, 그들을 모아 본토로 데려오신다고 약속하신다. 하나님은 우리가 있는 곳을 아신다. 그분은 우리를 사랑하셔서 그분의 완전하신 뜻 안으로 우리를 다시 데려오실 것이다. 지금 바로 그분을 신뢰하라.

> 주님께서 길을 예비하시러 내 미래로 가셨으며, 그 인자하심으로 내 과거의 모든 해로움에서 나를 지키셨습니다. 주님의 사랑의 손으로 내 인생에 안수하셔서 나에게 축복을 베풀어 주셨습니다. (시 139:5, 패션성경)

chapter 3
주님께서 친히 당신을 아신다

주여, 주는 내게 대해 아셔야 할 것들은 모두 낱낱이 아시오니 그 사랑의 시선으로 내 속사람을 살펴보셨나이다.
(시 139:1, 패션성경)

It's rigged in your favor

    이 장에서는 주님이 친히 당신을 아신다는 놀라운 진리를 나눌 것이다. 성령님이 오늘날 이 진리, 곧 하나님이 친히 그리스도인의 삶 가운데 개입해 주신다는 진리를 밝혀 주신 것은 참으로 기쁜 일이다. 전능하신 삼위일체 하나님께서 창세전에 결정하신 것들을 친히 우리 삶 가운데 이루기 시작하셨다.

    하나님이 우리를 이해하신다는 진리를 알고, 마음에 새기는 것은 참으로 근사한 일이다. 이해받는다는 것은 오늘날 사람들에게 가장 중요한 문제 중 하나이다. 그리스도인들은 자기 자신은 물론 서로를 이해해야 한다. 우리를 인정하고 이해해 주는 사람들과 함께하면서 진심으로 서로를 알고 공감해 주는 것은 굉장히 큰 위로가 된다. 내가 천국에서 예수님과 함께 있을 때, 그분이 나에게 그렇게 해 주셨다.

1992년에 예수님을 만났을 때, 나는 수술을 받고 있었다. 주님은 수술실에서 나를 기다리며 서 계셨다. 나는 몸을 벗어나 45분간 예수님과 함께 여러 곳을 다녔다. 그분이 나를 진정으로 사랑하신다는 것을 깨달았기에 죽음을 경험하는 것이 나에게는 대단한 일이 아니었다.

그날 예수님의 친밀한 손길이 내 영으로 전이되어서 그분이 나에게 얼마나 친절하셨는지를 항상 기억하게 되었다. 또한 전능하신 하나님이 내가 삶 가운데 잘되고 성공하도록 모든 것을 계획해 놓으셨다는 것을 알게 되었다. 천국의 책에는 우리의 삶에 일어날 선하고 긍정적인 일들이 기록되어 있다. 이 책에 의하면, 우리가 하는 모든 일이 성공하게 된다. 그것이 바로 하나님의 계획이다. 모든 것이 우리에게 유리하게 되어 있다!

그런데 이러한 일들이 삶 가운데 일어나길 바란다면, 특별히 노력하고 애써야 한다. 악한 영들이 우리를 대적하기 때문이다. 그들은 우리뿐 아니라 하나님을 대적한다. 이러한 악한 존재들의 계획이 성과를 거두면, 우리는 하나님의 계획과 현재의 삶 사이의 엄청난 격차를 깨닫게 된다.

천국의 책에 기록되어 있는 내용들은 충분히 기대할 만한 완전한 결과를 낸다. 하나님은 우리가 성공하고 형통하며 강건하도록 계획하셨다(요삼 1:2 참고). 하나님의 계획들은 예수 그리스도가 이 땅에 오셔서 인류를 구속하신다는 기초 위에 세워진다.

우리는 하나님의 말씀과 성령으로 주어진 계시를 통해 삶 가운데 그분의 계획을 실행해야 한다. 천국을 방문하고 돌아와서, 내가 하나님의 말씀 안에서 모든 정보를 가졌음에도 불구하고 그것을 실행하는 것이 쉽지 않다는 것을 깨달았다.

우리를 위한 선한 계획들

성경을 읽으면, 하나님이 우리에게 무엇을 주려 하시는지 알고 이해할 수 있다. 그러나 말씀을 읽는 동안 성령께서 계시를 주지 않으시면, 그것을 깨달을 수 없다. 천국에 있을 때, 우리에게 필요한 정보를 언제든지 하나님의 말씀 안에서 얻을 수 있다는 것을 알게 되었다. 그러나 성령이 적극적으로 계시에 관여하셔서 개념을 파악하는 법을 보고 이해할 수 있게 도와주시지 않으면, 그것은 그저 성경의 한 페이지에 불과할 뿐이다.

사람들이 우리에게 이야기할 때에도 마찬가지이다. 그들이 무슨 말을 하고 있는지 이해하거나 파악하지 못하면, 깨닫지 못하므로 행동으로 옮길 수 없다. 이 땅에서도 하나님이 말씀하고 행하시는 것을 사람들이 항상 이해하거나 깨닫는 것은 아니어서 이러한 문제가 발생한다.

나는 천국에서 사람들이 성취하게 될 아름다운 일들과 하나님께서 그들이 하도록 준비하신 놀라운 계획들을 보았다. 그러나 항상 천국에 기록된 대로 이루어지는 것은 아닌데, 사람들이 하나님과 동역하지 않기 때문이다.

주님의 천사들은 하나님이 계획해 놓으신 일을 살펴보고 있다가 도우러 내려온다. 그러나 그들은 사람들의 협조를 받아야 한다. 우리는 이미 사람들이 하나님의 뜻이나 삶에 대해 얼마나 제멋대로 이해하고 있는지 직접 목격하고 있다. 이런 사람들은 동기를 부여받아 나아가지만, 안타깝게도 잘못된 방향으로 가고 있다.

하나님은 우리 각 사람을 아시고 이해하신다. 그러나 이해한다는 것이 무엇이든 원하는 대로 하도록 내버려 두어야 한다는 말은 아니다. 사랑한다면, "그래, 너를 이해해. 하지만 여기 더 좋은 길이 있어. 이렇게 하는 건 어떨까?"라고 말해 줄 것이다. 예수님도 그런 분이었다. 그분은 놀라운 친구가 되어 나를 아껴 주셨다. 그러나 내가 그분이 가르쳐 주시는 진리를 이해하지 못하는 경우가 있었다. 그래서 결국 예수님이 내가 잘못 알고 있는 것들을 바로잡아 주셔야 했다.

예수님은 내가 이해하지 못하는 것들이 있다는 사실을 알려 주셔야 했다. 이런 일은 당신에게도 일어날 수 있으며, 이런 부분을 사각지대라고 부른다. 하나님은 항상 분명하게 말씀하신다. 그러나 내가 경험한 그분은 우리의 의지를 무시하지 않으신다.

우리는 자칫 하나님이 우리를 개인적으로 아시기 때문에 우리가 생각과 행동으로 저지르는 모든 것을 눈감아 주신다는 개념을 발전시키면서 미혹에 빠질 수 있다. 이런 식의 생각은 진리가 아니다. 하나님이 우리에 대해 알고 이해하신다 해도, 우리가 예수 그리스도를 통해 이미 선택하신 의로운 길들로 행하기를 바라신다. 그래서 우리 모두가 바른 길로 갈 수 있게 천사들을 보내시는 것이다. 우리도 날마다 하나님이 주신 소명 안으로 인도하시는 성령님께 순복해야 한다.

우리 삶에 두려움과 의심, 불신의 씨를 심으려고 원수가 우리에게 보내는 사람들도 있다. 그들은 우리를 대적한다. 사탄은 사람들이 우리를 대적하게 만들 것이다. 그는 또한 특정한 상황에서 우리를 파멸시키거나 지연시키거나 멈추게 할 사람들을 투입하려 할 것이다. 그러면 우리의 삶을 향한 하나님의 완전하신 뜻을 놓치게 된다. 그러므로 우리는 특별히 주의해야 한다. 주님의 천사들은 우리가 성장하고 성숙할 수 있는 환경으로 들어가도록 일하고 있다.

우리가 이해하지 못해서 또는 불순종하여 하나님의 완전하신 뜻 가운데 행하지 못할 수도 있다는 사실을 기억하라. 어쩌면 우리는 단지 허용되는 하나님의 뜻 가운데 행하고 있을지도 모른다. 받아들일 만한 또는 허용 가능한 뜻이 있고, 하나님의 완전한 뜻이 있다. 이것은 우리가 아는 것에 순종하는 정도를 나타낸다.

아는 것이 없으면, 삶의 특정 영역에 대해 행동을 취할 수 없다. 그러나 일단 알게 되면, 그것에 대해 책임을 지게 된다. 예수님이 친히 이런 것들을 가르쳐 주셨는데, 나는 이것들을 당신과 나누고자 한다. 우리가 행하는 모든 것이 우리의 의지와 관련이 있다는 것을 이해하는 것이 대단히 중요하기 때문이다.

하나님은 우리의 모든 것, 즉 은사와 성격까지도 창조하셔서 우리의 모든 것을 아신다. 그런데 특정한 상황 가운데 특정한 사람들과 함께 있는 것이 우리의 성격, 곧 행동하고 생각하는 방식에 영향을 끼칠 수 있다. 성령으로 행하려면, 사도 바울이 말한 것처럼 세상으로부터 분리되어야 한다. 하나님이 성령으로 우리를 구별하셨기 때문에 우리는 구별되어야 한다.

천국에 무엇이 있는지 보는 것은 매우 감격스러운 일이었다. 그러나 이 땅으로 돌아와서는 아는 만큼 살아내고, 사람들에게 "모든 것이 우리에게 유리하게 준비되어 있다"는 사실을 이해시켜야 했다. 대부분의 사람들이 이 개념을 알지 못하기 때문이다.

천국에서 돌아온 후, 나는 주변의 환경이 나의 정체성을 주관하지 못하게 하는 법을 배워야 했다. 이렇게 우리의 환경을 다스리는 과정은 원수가 미처 예상하지 못한 것이다. 원수는 끊임없이 사람들의 약한 부분을 찾아낸다. 그리고 악한 영을 통해 그들의 방어벽을 허물어 타협하게 하려고 애쓰고 있다. 나는 예수님과 함께 이 광경을 보고 이 땅으로 돌아오고 싶지 않았다!

악한 영들은 그리스도인들이 타협하도록 길들이고 조종한다. 원수는 날마다 우리를 무너뜨리고 불신하게 하여 자신이 마음껏 손댈 수 있는 존재가 되게 하려고 총력을 기울인다. 이러한 악한 영들이 침투하여 당신을 무너뜨리게 허락하지 말라. 계속 주님을 경외하는 마음으로 행하고, 예수 그리스도의 이름으로 당신의 권세를 행사하라. 하나님의 말씀을 앞에 두고 꾸준히 묵상하면서 하나님의 의로운 방법으로 원수가 넘보지 못할 탄탄한 경계선을 만들라.

예수님과 함께 있는 동안 그리스도인은 잠시 이 땅에 머물러 있는 것이며, 천국이 우리의 집이라는 사실을 깨달았다. 우리는 이 땅에서 권세를 가지고 모든 악한 영들을 쫓아내는 왕과 제사장으로 살아가야 한다.

이 세상의 제도나 체계, 악한 영들이 그리스도 안에 있는 우리를 주관하게 두지 말라. 우리는 그리스도 안에 감추어져 있고, 하나님의 말씀이 예수님과 맺은 우리의 언약을 주관한다. 이 땅에서는 항상 영적 전쟁이 치열하기 때문에, 거룩과 주님을 경외하는 마음으로 사는 것이 대단히 중요하다. 우리는 성령과 거룩한 불로 세례를 받았으므로 지혜 안에서 자라나야 한다.

나는 계속해서 나 자신과 다른 사람들을 위해 에베소서 1장 17-23절 말씀으로 기도한다. 사도 바울은 에베소에 있는 회중들을 위해 다음과 같이 기도하였다.

> (내가 항상 기도하는 것은) 우리 주 예수 그리스도의 하나님, 영광의 아버지께서 (깊고 개인적이고 친밀한 통찰력을 주는) 지혜와 계시의 영을 너희에게 주사 진정으로 하나님을 알게 하시는 것이다(우리가 아들을 통해 아버지를 알기 때문이다). 그리고 (내가 기도하는 것은) (너희 존재의 중심이며 핵심인) 너희 마음의 눈을 밝혀(성령의 빛이 넘치게 하셔서) 그의 부르심의 소망(하나님의 보증이며 확실한 기대)이 무엇이며 성도(하나님의 백성) 안에서 그 기업의 영광의 풍성함이 무엇이며 그의 (활동적이고 영적인) 힘의 위력으로 역사하심을 따라 믿는 우리에게 베푸신 능력의 지극히 크심이 어떠한 것을 너희로 알게 하시기를 구한다. 이것은 그의 능력이 그리스도 안에서 역사하사 죽은 자들 가운데서 다시 살리시고 하늘에서 자기의 오른편에 앉히시며, (천사이거나 인간이거나 상관없이) 모든 통치와 권세와 능력과 주권과 이 세상뿐 아니라 오는 세상에 일컫는 모든 이름 위에(주어진 모든 직책보다) 뛰어나게 하시는 것이다. 또 그분이 만물(모든 영역들)을 그의 발

아래에 복종하게 하시고 그를 만물 위에 교회의 (최상의 주권적이고 권위적인) 머리로 삼으셨는데, 그의 몸인 교회는 만물(믿는 자들) 안에서 만물을 충만하게 하시는 이의 충만함이다. (엡 1:17-23, 확대역성경)

실패하지 않기 위해

그러므로 나는 다음의 방법으로 당신을 도울 것이다. 먼저, 하루를 시작하면서 아직 실패한 적이 없으므로 백지 상태로 시작한다는 의식을 가져야 한다. 즉 일과 중에 잘못된 일들이 일어날 수도 있지만, 아직은 아닌 것이다. 이러한 의식과 함께, 주님은 당신에게 도움이 될 두세 가지 작은 일들을 보여 주셨다. 그분이 당신을 잘 아시기 때문이다. 우리가 실패하지 않도록 매일의 삶 가운데 행할 수 있는 특정한 일들이 있다.

예를 들어, 특별한 일을 하기로 헌신했다면, 정해진 시간과 장소에 있어야 할 것이다. 그렇다면 당신이 정해진 시간에 나타나길 기대하는 사람들이 있을 것이고, 그들이 당신에게 바라는 특정한 일이 있을 것이다. 매일의 삶 가운데 성취해야 할 책임과 의무가 있는 것이다. 그러므로 모든 사람에게 예정된 일들도 시간과 때가 중요하다는 사실을 잊지 말고 항상 기억하라.

반드시 통과해야 하는 기간이나 사건들을 제외하고는 천국에서도 이와 마찬가지이다. 하나님은 특정한 때와 개별적인 사건들 안에 당신을 예정해 놓으실 것이다. 그런데 사람들이 그런 때나 사건들을 향해 나아가기 시작하면서 늦어지는 경우가 많다. 늦어지면, 약속appointment을 놓침으로 실망disappointment하게 될 수도 있다. 약속과 우리 사이의 이러한 거리와 격차를 '실망'이라고 부른다. 어느 곳에 오전 9시까지 가야 하는데 9시 20분에 도착한다면, 정해진 시간에 이루어져야 하는 일과 관련된 사람들에게 영향을 끼치게 된다.

사람들이 기다리고 있다는 것을 기억하라. 예정보다 늦게 움직이기 시작하면, 당신의 하루에 연쇄적으로 영향을 끼치게 된다. 하루 종일 놓친 일정을 따라잡으려고 애쓰고 노력하게 된다. 일정에 맞추어, 적절한 시기에 중요한 약속이 있을지도 모르는 다른 사람들에게 피해를 주지 않도록 우리가 할 수 있는 일들을 주님이 알려 주셨다.

하나님과 동행하며 모든 약속을 잘 지키려면 훈련을 받아야 한다. 제시간에 맞추도록 훈련을 받아야 한다. 나는 성령의 도우심으로 모든 것을 일찍 하도록 훈련을 받았다. 제시간에 맞추기보다 미리 하려면 성격의 변화가 필요할 수도 있다. 약속에 늦는 것은 옳지 않다. 특정한 시간에 어느 곳에 있기로 약속했다면, 그와 관련된 사람들도 고려해야 한다. 성경은 그렇게 하는 것이 옳다고 말씀한다. "그들은 악과 악을 행하는 자들에게는 강력하게 반박할 것이며, 진리를 따르는 신실한 자들은 칭찬할 것이니이다. 그들은 굳게 결단하되 대가지불이 있을지라도 그것을 지킬 것이니이다"(시 15:4, 패션성경).

어떤 사람에 대해 "그건 그 사람의 성격이야"라고 말할 수 있다. 그러나 그것은 그들의 성격이 아니라는 것이 진리이다. 그들은 단지 스스로 약속을 지키도록 훈련되지 않았을 뿐이다.

예수님은 나에게 하루 동안 실패하지 않도록 우리가 할 수 있는 몇 가지를 알려 주셨다. 미리 하는 것이 그중 하나다. 우리는 멀리 바라보고, 다른 사람들이 신뢰할 수 있는 항상 신실하고 성숙한 사람이 되어야 한다.

예수님은 수술실에 있는 나를 찾아오셔서 여러 곳으로 데리고 다니셨다. 천국에 있는 동안, 많은 것을 가르쳐 주셨다. 특별히 나의 성품과 그분이 나를 어떻게 만드셨는가에 대해 말씀해 주셨다.

하나님을 닮은 자들

예수님은 내가 옳지 않은 것도 행하고 있다고 말씀해 주셨다. 그것은 실제 내 성품과는 관계가 없는 일들이었다. 주님은 우리가 훈련된 삶을 살아야 한다는 진리를 설명해 주셨다. 이것은 대단히 중요한 내용이니 귀담아듣기 바란다.

우리는 성장하고 성숙해야 한다. 그러면 말 그대로 하나님처럼 행하게 된다. 우리가 하나님을 닮은 자들이 되면, 예수님이 이 땅에서 행하신 것처럼 행하게 된다. "그러므로 사랑을 받는 자녀(아버지를 본으로 삼는 자녀) 같이 하나님을 본받는 자(그분을 모방하고 그분의 본을 따르는 자)가 되라"(엡 5:1, 확대역성경).

우리는 시간을 준수하고 사람들과의 약속을 지키는 법을 배워야 한다. 그리고 이것을 성품이 되도록 훈련하라. 하나님은 우리를 이해하신다. 그래서 훈련된 삶을 사는 것이 쉽지 않은 일이라는 것을 아신다. 그러나 특정한 일들이 우리의 삶에 일어나야 하기 때문에 성령을 보내셔서 우리의 연약함을 도우신다.

예수님은 내가 이 땅으로 돌아가서 각 사람이 탁월하게 이 세상에서 예수 그리스도의 본을 보여야 한다는 것을 전하기 바라셨다. 구원받지 못한 상사나 동료는, 우리가 처음부터 정해진 시간에 자리를 지키기로 약속했기 때문에 늦는 것을 이해하지 못한다. 그들은 그리스도인인 우리가 항상 시간을 잘 지킨다면, 성실한 사람이라고 생각할 것이다. 단순히 시간을 지키는 것 뿐인데도, 세상 사람들에게는 예수 그리스도를 위한 선한 증거가 된다는 것을 항상 기억하라.

우리의 성품과 특성은 하나님의 은사들과 함께 작용한다. 성령님은 각 사람의 성향에 따라 은사를 주신다. 사도 바울에 따르면, 그분의 뜻대로 각 사람에게 나눠 주신다. 이렇게 다양한 은사들은 우리의 성품과 결합된다. 즉, 우리는 하나님이 주신 능력대로 성품을 통해 사역하게 된다.

어느 곳이든 사역 현장에서 사람들이 성령의 은사에 순복하는 모습을 보면, 그 사람의 성품 때문에 조금씩 다르게 나타나는 것처럼 보일 것이다. 그렇지만 여전히 동일한 성령이며 은사이다. 바울이 에베소서 4장 11절에서 말한 교회의 오중직임 사역도 마찬가지이다. "그가 어떤 사람은 사도로, 어떤 사람은 선지자로, 어떤 사람은 복음 전하는 자로, 어떤 사람은 목사와 교사로 삼으셨으니." 이러한 은사들을 통해, 우리는 하나 됨 그리고 믿음과 그리스도의 몸이 세워져 아무 부족함 없이 성숙하게 되는 모습을 보게 될 것이다.

각 사람의 성품을 통해 성령이 다른 사람들에게 흘러가지만, 우리의 말과 행위가 항상 성령으로부터 나오는 것은 아니라는 사실을 모두가 알고 있다. 그것은 그 사람의 성격에 불과한 경우가 많다. 그러나 은사는 여전히 활동하며 작용하고 있다. 그러므로 자기 자신이 이해되지 않을지라도 실망하지 말라.

한 가지 기억해야 할 것은 우리 주변의 환경이나 자라온 배경이 성품에 많은 영향을 미친다는 사실이다. 때로 악한 영의 세력이 우리의 삶에 영향을 미치는 경우도 있다. 그것들이 우리의 성품에 영향을 미치려 하겠지만, 하나님이 이 모든 것에서 우리를 구해내고 싶어 하시니 좌절하지 말라.

우리의 참된 성품은 경건과 오래 참음 그리고 성령의 모든 열매와 관련이 있다. 우리에게서 흘러나오는 것들이 바로 우리가 누구인가를 보여 준다. 이제 우리의 환경에서 악한 영의 세력들을 제거해야 한다. 그런 세력을 중단시켜야 한다. 그렇지 않으면, 우리 삶의 방향을 되돌리기가 더욱 어려워질 것이다.

좋은 소식은 성령께서 지금 우리를 돕기 원하신다는 것이다. 여기에서 알아야 할 한 가지 비밀은 우리가 성령 안에서 기도하면, 우리의 영은 기도하지만 생각과 의지와 감정은 거기에 참여하지 못한다는 사실이다. 우리의 영이 성령으로 하나님께 기도하는 것이기 때문이다.

영적 훈련

유다서 1장 20절에 의하면, 방언으로 기도하는 것은 우리의 믿음을 세워 주는 영적 훈련이다. 그것은 가장 거룩한 믿음 안에서 자신을 세우는 것이다. 고린도전서 14장 2절에서 바울은 우리의 영은 기도하지만, 생각은 열매를 맺지 못한다고 말한다. 의식과 지각은 작용하지 않는다는 것이다. 그러므로 우리의 성품과 인격이 거룩하신 분께 지속적으로 순복하도록 성령 안에서 기도하는 것에 참여해야 한다.

성령님이 순종의 자리, 곧 하나님과 그분의 일들에 순복하고 따르는 자리로 이끄시게 해 드려야 한다. 생각을 향해 "너는 이것이 네가 관여하는 활동이 아님을 알고 있다. 지금 내가 성령 안에서 기도하고 있으니, 너는 잠잠할지어다!"라고 선포한다면 도움이 될 것이다.

마찬가지로 육신도 가서 육체적 활동을 하려 할 것이다. 방언으로 기도하는 것과 같은 영적 훈련이나 활동을 할 때, 몸은 반대 방향으로 가려 할 것이다. 그러므로 그런 충동과 욕구를 거부하고 거절하는 법을 배워야 한다.

성품은 하나님의 일들에 조금 더 적극적이고 의욕적으로 훈련되면서 형성되기 시작한다. 우리는 혼과 육이 협력하지 않는 것인지, 아니면 그것들이 영적인 활동에 실제로 참여할 수 없기 때문에 협조하려 하지 않는 것인지 분별하고 거부하는 법을 배워야 한다. 혼과 육은 영적인 활동을 이해하지 못하기 때문에 우리를 혼란에 빠뜨리려 할 것이다. 악한 것이 들어와 우리의 혼, 곧 생각과 의지, 감정을 혼란케 하여 영에서 끌어내려 할 것이다.

우리의 성품은 성령에 순복함으로 변화되어 좀 더 적극적이고 담대하며 분별력이 있어야 한다. 이를 위해 우리는 기도하기로 결단하고 골방으로 들어가서 성령 안에서 기도하며 아무 방해도 받지 않을 분위기를 조성해야 한다. 일단 그렇게 하여 자기 자신을 세우면, 하루를 잘 살 수 있다.

매일 아침 백지 상태로 새롭게 시작하라. 실패로 이끄는 일들을 하지 말라. 하나님이 우리를 성공으로 이끄시게 하라. 모든 것이 우리에게 유리하게 되어 있다!

매일의 나의 일과는 다음과 같다. 나는 지속적으로 기도하며 하나님과 의논한다. 하나님과의 관계가 다음 단계로 나아가게 하라! 방언으로 기도하여 자신을 세움으로 이렇게 할 수 있다. 나아가 이것을 하루 일정에 넣고, 상황이 얼마나 더 나아지는지 지켜보라. 일하는 중이라도 따로 시간을 내어 성령님께 순복하며 조용히 기도해야 할 필요가 있을 것이다. 나는 조용히 방언으로 기도하며 하루 종일 거룩한 믿음 안에 머물러 있는 법을 배웠다.

저녁 시간에도 마찬가지이다. 나는 성령 안에서 기도하며 하나님의 말씀을 묵상하는 시간을 갖는다. 이를 통해 하나님의 말씀을 읽고 그분을 더욱 친밀하게 알아가면서 분별력을 키울 수 있다. 그러면 주변에서 들려오는 말들과 이루어지는 일들이 옳지 않다는 것을 분별하게 된다. 이러한 활동은 잠자리에 들기 전 하루를 마무리하는 훌륭한 방법이다. 중요한 것은 잠들기 전에 주님을 묵상하며 하루를 마무리하는 것이다.

하나님께는 하실 말씀이 있다

하나님은 우리에게 말씀하고 싶어 하신다. 성령께서는 초자연적 임재로 우리의 삶에 전례를 만들려 하신다. 그분은 우리에게 "이것이 바로 네가 걸어야 할 길이며, 가야 할 곳이고, 해야 할 말이다"라고 말씀하고 싶어 하신다. 그분이 원하시는 모습 그대로 우리의 성품을 빚기 위해 적극적으로 삶에 개입하기 시작하실 것이다.

하나님이 좋아하시는 우리의 장점이 있다. 그분이 그것을 우리 안에 두셨다. 우리는 하나님께 속하지 않은 특정한 것들을 누리며 즐거워할 수도 있다. 그런데 그것이 옳지 않다면, 하나님이 우리에게 말씀해 주실 수 있다. 하나님은 수년 동안 나의 성품을 그분이 원하시는 모습으로 빚으셨다. 천국에 있을 때, 주님은 나를 대단히 귀하게 여겨 주셨는데, 내 안에 그런 경건의 모습을 주신 분이 바로 주님이었다. 그것은 성령의 열매들이었다.

하나님이 칭찬해 주신 성품들이 있었는데, 그것은 내가 훈련하며 하나님이 성숙시켜 주시도록 허락해 드린 것들이었다. 주님은 이로 인해 내가 천국에서 알려졌다고 말씀해 주셨다.

오순절에 성령님이 오시면서 많은 능력의 역사가 일어났다. 이런 능력은 오늘날에도 여전히 나타날 수 있다. 그러나 이 능력이 타락한 그릇인 우리의 몸을 통해 나타난다는 사실을 기억하라. 우리의 몸은 지금도 타락한 상태이다. 그리고 타락한 세상 때문에 지금도 죽어가고 있다.

우리의 혼이 계속해서 하나님의 말씀 대신 세상의 정보와 교육을 받으면, 우리의 결정에 영향을 미치게 될 것이다. 성령께서 '우리의 생각이 옳다'가 아니라 '하나님이 알고 계신 것이 옳다'로 바꿔 주실 때까지, 그분의 일들에 순복하는 법을 배워야 한다. 예수님을 만나고 수년 동안 내 삶에 이런 변화가 일어났다. 나에게 옳지 않은 부분이 있다는 것을 인식하게 되면서 하나님의 성품이 나에게 영향을 주기 시작했다.

예수님의 이름으로 무엇을 구할 때, 하나님이 이미 우리를 이해하신다는 사실을 기억하라. 그분이 우리를 창조하셔서 잘 아시는 것이다. 그분은 성령을 통해 우리의 삶에 들어오셔서 우리가 사명을 향해 나아가는지 지켜보신다.

자, 다음 단계는 무엇인가? 기억하라. 성령님의 온전한 목표는 우리에게 불을 붙이시는 것이다. 그분은 이 땅의 모든 믿는 자들을 거룩한 곳으로 데려가고 싶어 하신다. 그곳은 믿는 자들이 아는 것과 행하는 것이 일치하는 온전한 곳이다.

예수님은 신부를 위해 다시 오고 싶어 하신다. 우리는 모두 같은 것을 믿으며, 건전한 교리 가운데 행하고, 다른 사람들을 도우며, 그리스도의 사랑을 성취하면서 하나가 되어야 한다. 성령님은 계속해서 우리를 가르치고 도우며 격려하기 원하신다. 천국의 책에 기록된 것들은 우리가 아는 것보다 훨씬 더 좋다!

하나님의 완전하신 뜻

나는 천국에 있는 우리 가족의 책을 생각해 보았다. 천국에는 그들에 대해 어떻게 기록되어 있는지, 그들을 위해 어떤 것들이 계획되어 있는지 알게 되면, 그분의 계획이 훨씬 위대하다는 것을 깨닫고 더 많이 누리는 삶을 살았을 것이다. 중요한 것은, 오직 성령을 통해 이 놀라운 것들을 알 수 있다는 사실이다.

나는 가족과 친구들 그리고 나에 대해 기록된 이 모든 것들을 보았다. 그리고 하나님이 나를 위해 예비하신 것에 온전히 참여하지 않은 것에 대해 생각했다. 내 성품의 문제가 믿음과 예수 그리스도와의 관계를 방해하고 있었다. 사람의 성품은 세상 조직과 제도의 영향을 받아 온전하지 않을 수도 있다. 그러면 결국 하나님의 완전하신 뜻을 받아들이는 데 방해가 된다.

천국에 갔다가 살아 돌아온 사람들이라면 누구나 아버지 하나님의 완전하신 뜻이 그들의 삶에 이루어지기를 바랄 것이다. 그런 사람들은 "이제 나는 내 힘과 내 방식대로 하려고 애쓰지 않습니다. 성령께서 나를 붙드시고 도와주시길 원합니다"라고 말할 것이다. 천국에 갔다가 돌아온 사람들은 아무도 마음대로 하고 싶어 하지 않는다!

나는 하나님이 영 안에서 모든 것을 새롭게 하시는 것을 보았다. 그러나 혼과 육의 것들은 완전하게 하지 않으셨다. 이 땅이 타락한 상태이기 때문이다. 이 세상의 제도와 조직은 타락했고 사탄이 장악하고 있다.

삶 가운데 그런 상황들을 내버려 두며 "나는 원래 그런 사람이야"라고 하면서 성격이나 자라온 환경을 탓한다면, 변화가 없다. 그 문제를 해결하기 위해 아무것도 하지 않는 것이다. 그것이 문제라는 것을 분명히 인식하는 것이 가장 좋은 방법이다. 천국에 있을 때, 예수님이 내게 이것을 보여 주셨다. 나는 그것을 문제로 보고 인식하자마자, 성령님께 그리고 그 문제에 대해 하나님이 하시는 말씀에 순복하기 시작했다. 그러면 성령님이 조언자가 되셔서 승리 가운데 행하도록 인도해 주시는 모습을 보게 된다. 이것이 바로 우리의 다음 단계이다.

기억하라. 모세와 이스라엘 백성은 불이 붙은 산을 지켜보는 가운데 십계명을 받았다. 당시 이스라엘 백성들은 불신을 품고 광야에서 방황하고 있었다. 백성의 지도자로 세워진 여호수아는 모세가 멈춘 곳에서 다시 시작하여 광야를 배회하지 않았다. 이제는 약속의 땅으로 들어가야 했다. 무슨 일이 일어났는지 읽어 보라. 여호수아는 싸워야 했다. 약속의 땅으로 들어가서 성읍 전체를 정복하여 이스라엘을 세워야 했다.

여호수아는 하나님이 운행하시기만을 기다리지 않았다. 그가 순종하는 마음으로 움직이자, 가나안 땅의 모든 성읍들을 정복하는 동안 하나님의 영이 모든 길에서 승리를 주셨다. 우리도 마찬가지이다. 하나님은 우리가 담대함과 정복 정신을 소유하기를 바라신다. 이것은 우리의 성품이 변해야 한다는 의미일 수도 있다. 믿는 자의 부르심에는 담대함의 영에 순복하는 것도 포함된다. 모든 사람이 마귀를 쫓아내고, 아픈 자에게 손을 얹으면 그들이 회복되는 모습을 보도록 부름 받았다.

이것이 모두가 해야 하는 일이다. 모든 사람이 죽은 자를 일으켜야 한다. 이 모든 것이 하나님 나라를 나타내는 것이다. 믿는 자들이 죽음을 꾸짖으면, 죽은 자가 일어나는 모습을 보게 될 것이다. 우리는 그러한 것들로부터 물러날 수 없다. 복음을 선포하며 담대해야 한다.

우리의 정체성

이제 겨우 그리스도 안에서 우리의 정체성에 대해 겉핥기만 했을 뿐이다. 그리스도 안에서 자신이 누구인가를 성령으로 계시받기 시작한 사람은 누구나 이 땅에서 평범한 사람이 되기를 거부할 것이다. 그는 세상을 초월하여 두려움에서 벗어난다. 아버지 하나님의 사랑 안에 완전해져서 원수에게 두려움의 대상이 된다.

사도 요한은 다음과 같이 말했다. "영접하는 자 곧 그 이름을 믿는(붙어 있는, 신뢰하는, 의지하는) 자들에게는 하나님의 자녀가 되는 권세(능력, 특권, 권한)를 주셨으니"(요 1:12, 확대역성경). 이것은 하나님 아버지와 우리의 관계에 대한 놀라운 진리의 말씀이다.

우리에게는 지극히 높으신 하나님의 아들과 딸로서 유업 안에서 행할 능력과 권세가 주어졌다. 스트롱 사전에서 '능력'이라는 단어는 원수에게 우리가 누구인가라는 점에서 매우 중요하다.

ἐξουσία exousia(엑수시아); (능력 면에서); 특권, 즉 (주어로) 힘, 능력, 자격, 자유, 또는 (목적어로) 지배(실제적으로, 치안판사, 초인간적인, 주권자, 지배

의 상징), 위임된 영향력-권위, 사법권, 자유, 능력, 권한, 힘

- 선택의 능력

- 원하는 대로 할 자유

- 허가 또는 허락

- 물리적·정신적 능력

- 어떤 것을 소유하거나 행사할 자에게 부여된 능력 또는 힘

- 권세(영향력)와 권리(특권)의 힘

- 통치와 다스림의 능력(다른 사람을 굴복시켜 따르게 하는 의지와 명령을 내리는 힘)

예수님은 아버지 하나님의 권세를 우리에게 그대로 주셨다. 주님은 열두 제자에 이어 칠십 인에게 가서 복음을 전하고, 병든 자를 치유하며, 마귀를 쫓아내라는 사명을 주셨다. 그리고 믿는 자들도 동일한 일을 하게 될 것이라고 말씀하셨다. 예수님은 에베소서에 기록된 오중사역자들만 성령의 일을 하도록 교회에 위임하지 않으셨다. 이러한 오중사역의 은사들은 하나님 나라와 교회의 행정 지부일 뿐이다.

사도 바울은 다음과 같이 말했다.

그가 어떤 사람은 은혜와 함께 사도로, 어떤 사람은 은혜와 함께 선지자로, 어떤 사람은 은혜와 함께 복음 전하는 자로, 어떤 사람은 은혜와 함께 목사로, 어떤 사람은 은혜와 함께 교사로 삼으셨다. 그리고 그들의 부르심은 모든 믿는 성도들이 자기 자신의 사역의 일들을 하도록 양육하고

준비하는 것으로, 이렇게 하여 그리스도의 몸을 확장하고 세우게 될 것이다. 이런 은혜의 사역들은 우리 모두가 믿음 안에서 하나가 될 때까지, 하나님의 아들을 아는 것의 충만함이 무엇인가를 경험하기까지 역사할 것이며, 마침내 우리가 온전한 한 사람이 되어 그리스도의 영적 성숙과 장성한 분량이 충만한 데까지 이르는 것이다. (엡 4:11-13, 패션성경)

이러한 오중사역의 은사들은 우리 자신의 사역의 일들 가운데 우리를 세우는 것이다! 하나님께서 이러한 방법을 택하여 우리가 하나 되게 하셨다. 참되게 믿는 자들은 원수에게 위협이 된다. 이런 사람들이 성령 안에서 사랑과 믿음, 연합으로 행하면, 아무도 그들을 멈출 수 없다.

예수님은 모든 믿는 자들이 이적과 표적과 기사를 행하며 살기 원하신다. 주님은 다음과 같이 말씀하셨다.

"믿는 자들에게는 이런 기적적 표적이 따를 것이다. 곧 그들이 내 이름으로 악한 영들을 쫓아내고, 방언으로 말하며 뱀과 무슨 독을 마셔도 초자연적으로 보호받고 병든 사람에게 손을 얹으면 그들이 나을 것이다." 주 예수께서 이 말씀을 하신 후에 하늘로 들어올려지사 하나님 우편에 있는 존귀의 자리에 앉으셨다! 그러므로 사도들이 나가 두루 복음을 알리자, 주께서 친히 지속적으로 그들과 함께 일하시며, 그들에게 따르는 기적적 표적으로 그들이 전파하는 메시지를 확실히 증언하셨다! (막 16:17-20, 패션성경)

주님은 위 사명을 중단시키지 않으셨다. 요한복음에서는 하나님의 성령으로 더 나아가셨다. 여기에서 우리의 제한이 사라진다. 이제 우리는 예수님의 제한 없는 말씀에 책임을 져야 한다. 그분은 우리가 상상할 수 없는 것을 말씀하셨다.

> 내가 진실로 진실로 너희에게 이르노니 나를 믿는 자는 내가 하는 일을 그도 할 것이요 또한 그보다 큰일도 하리니 이는 내가 아버지께로 감이라 너희가 내 이름으로 무엇을 구하든지 내가 행하리니 이는 아버지로 하여금 아들로 말미암아 영광을 받으시게 하려 함이라 (요 14:12-13)

이제 하나님의 계획이 계시되었기에, 하나님 안에서 우리가 누구인가를 발견하게 된다. 우리는 살아 계신 하나님의 아들과 딸들이다. 예수 그리스도의 대사들이며, 원수에게 위협적인 존재들이다. 우리가 예수님보다 더 큰 일들을 행하기 시작하면, 모든 것이 우리에게 유리하게 되어 있음을 알게 된다.

> 하나님 아버지, 예수님의 이름으로 지금 즉시 사람들에게 담대함을 주시기를 기도합니다. 지금 제가 원수의 능력을 파합니다. 그리고 용기를 주실 것을 기도합니다. 주님, 당신의 모든 백성이 당신께서 그들에게 주신 주님의 성품을 원합니다. 지금 역사하는 성령의 능력의 사역으로 인해 감사드리며, 모든 하나님의 백성이 "예"와 "아멘"으로 화답합니다.

> 우리는 성장하고 성숙해야 한다. 그러면 말 그대로 하나님처럼 행하게 된다. 우리가 하나님을 닮은 자들이 되면, 예수님이 이 땅에서 행하신 것처럼 행하게 된다.

chapter 4
하나님이 당신의 여정을 계획하신다

주여, 당신께서 나를 소상하게 아시나이다. 당신은 내 마음을 열린 책처럼 읽으시고 내가 첫 문장을 시작하기도 전에 내가 하려는 말을 다 아시나이다! 당신은 내가 인생의 여정을 시작하기도 전에 내가 취할 모든 발걸음을 아시나이다.

(시 139:3-4, 패션성경)

It's rigged in your favor

    1986년 여름, 나는 학부 과정을 마치고 오클라호마 털사에서 2년 과정 훈련 프로그램에 참석 중이었다. 그곳에서 첫 학기를 마무리하고 수영장에서 쉬다가 잠이 들었는데, 총천연색의 생생한 꿈을 꾸었다.

    꿈에서 나는 오클라호마 털사의 비행장에서 사우스웨스트 항공사 소유의 활주로에 있는 제트 비행기 쪽으로 걸어가고 있었다. 그런데 비행기 조종사가 창밖으로 머리를 내밀더니, 내가 사우스웨스트 항공사에 일하러 온다는 말을 들었다고 했다. 나는 그에게 "예! 2년 안에 그렇게 될 거에요"라고 말한 뒤, 돌아서서 걸어 나왔다.

    참으로 이상한 꿈이었다. 당시 나는 다니던 학교를 졸업한 후 전임 사역을 할 계획이었기 때문에 사우스웨스트 항공사에서 일하고 싶은 생각이 없었다.

2년 후 졸업을 앞두고 한 사역 단체와 함께 여행을 하려고 준비 중이었다. 그런데 주님이 꿈을 생각나게 하시며 내가 사우스웨스트 항공사에 가게 될 것이라고 말씀하셨다.

그러던 어느 날 놀라운 일이 일어났다. 당시 나는 사우스웨스트 항공사 승무원들이 숙박하는 호텔에서 일하고 있었다. 그런데 2년 전 꿈에서 본 조종사가 그날 밤 그 호텔에 묵으러 온 것이다. 나는 그 꿈 외에는 그를 본 기억이 없었다.

그는 내가 비행기 승무원으로 일하는 것에 관심이 있는지 알고 싶어 했다. 나는 그에게 한때는 관심이 있었지만, 지금은 전임 사역을 준비 중이라고 말했다. 그에게 이 말을 하고 있는데, 내가 사우스웨스트 항공사에서 일해야 된다고 하신 주님의 말씀이 기억나서 다시 항공사 일에 관심이 있는 것 같다고 말했다. 그러자 그는 본사가 있는 달라스에 가서 개인적으로 친분이 있는 인사담당자에게 알아보겠다고 하였다. 나는 그에게 내 연락처를 주었다.

그는 그날 오후 달라스의 인사과 사무실에서 나에게 전화하여 항공사에서 나를 고용할 의향이 있다고 하면서 빨리 지원서를 보내라고 했다. 나는 즉시 특급우편으로 지원서를 보냈고, 그 다음날 인사담당자의 연락을 받았다. 그리고 이틀 후에 비행기를 타고 텍사스 휴스턴으로 가서 면접을 봤다. 사우스웨스트 항공사는 그날 750명의 지원자들의 면접을 보고 33명을 채용할 예정이었다. 솔직히 나는 항공사에서 일할 생각이 없었다. 하지만, 주님이 말씀하셨기 때문에 순종하는 마음으로 그곳에 갔던 것이다. 합격할 가능성도 거의 없어 보여서 나는 그 상황을 가볍게 여기며 마음을 비우고 있었다. 그러나 최종 면접을 마치고, 결국 1988년 7월 22일에 직원으로 채용되었다. 사우스웨스트 항공사 꿈을 꾼 지 정확히 2년 후의 일이었다!

나는 주님이 은퇴하라고 말씀하실 때까지 29년 동안 자리를 지켰다. 그분이 나의 여정을 계획하셨고, 나는 그것에 감사 드린다. 또한 주님은 당신의 여정도 계획해 놓으셨다! 내가 사우스웨스트 항공사에서 일할 것이라는 사실은 천국에 기록되어 있었다. 사우스웨스트 항공사는 재정적으로 매우 안정적인 곳이라서 아내와 나는 퇴직 연금만으로도 여생을 보내기에 부족함이 없게 되었다. 이 모든 것이 시작부터 우리에게 유리하게 되어 있었던 것이다. 당신도 마찬가지이다. 하나님이 이미 당신의 여정을 계획해 놓으셨다.

이제 나는 우리의 의식과 지각 가운데 무엇을 조정하고 변화시켜야 하는지에 대해 나누려 한다. 우리에게 필요한 것은 큰 변화가 아닐 수도 있지만, 그것은 대단히 중요하다. 이렇게 하면, 곧바로 삶의 방향이 바뀔 것이다. 이것은 시편 139편에 모두 숨겨져 있다. 당신이 시간이나 거리의 제한이 없는 영원한 세계에 있어서 어디든지 신속하게 갈 수 있다고 상상해 보라.

이 땅에서 천국의 삶을 살아가려면 모든 것을 버려야 하는데, 그것은 그럴 만한 가치가 있는 일이다. 우리의 육체를 매일 십자가에 못 박는 법을 배우는 것이 가장 좋은 방법이다. 우리의 육신이 방해하지 않으면, 우리의 영적인 세계는 대단히 빨라진다.

천국의 영역에는 제한이 없다. 성부와 성자와 성령님은 시간이 시작되고 세상이 창조되기 전부터 그곳에 계셨다. 하나님은 항상 계셨다. 이것은 우리가 헤아릴 수 없는 영원한 진리이다. 예수님은 요한복음에서 다음과 같이 말씀하셨다.

> 이제, 아버지여 창세전에 내가 아버지와 함께 가졌던 위엄과 영화로 당신의 임재 안에서 아버지와 함께 나를 영화롭게 하시고 회복시키옵소서. (요 17:5, 확대역성경)

천국에 있을 때, 거기에 얼마나 오래 있었는지는 중요하지 않았다. 내 몸은 수술대 위에서 수술을 받고 있었지만, 예수님이 나와 함께 계신다는 사실이 중요했다.

당시 내 몸은 수술을 받는 것이 중요했지만, 내 영은 예수님과 함께 있었기 때문에 그렇지 않았다. 천국에 있는 동안은 완전히 다른 존재 같았다. 물리적 영역의 법칙은 영적인 영역에서 작동하지 않았다. 어쩌면 수술대 위에 있는 동안 육이 속한 세계에서는 시간이 흘렀을지도 모르겠다. 그러나 예수님과 함께 있는 동안에는 일주일 내내 함께했던 것 같은데도 시간이 흐르지 않았다.

하나님은 그분의 나라를 온전히 주관하신다. 그러므로 그분은 우리가 받는 제한에 묶이지 않으신다. 이제 우리가 조정하고 변화시켜야 할 두어 가지 영역을 나누겠다.

우리가 성장하려면 천국의 개념들을 붙잡아야 한다. 우리는 성숙하여 다음 단계로 나아갈 준비가 되어 있다. 하나님의 영은 그분의 백성을 믿음으로 하나 되게 하시며, 매일 효과적인 삶을 살도록 성장시켜 주신다. 예수님도 이 땅에서 사역하시며 이것을 경험하셨기에 우리도 그러기를 바라신다.

예수님은 아버지를 믿으셨고, 그분이 무엇을 원하시는지 아셨기 때문에 기적을 보셨다. 삼위일체 하나님은 처음부터 함께 계셨다. 예수님은 우리를 구속하여 성령 안에서 살아가는 법을 보여 주시기 위해 이 땅에 오셨다.

하나님께서 우리를 잘 아신다

주님은 우리의 모든 것을 아신다. 이것이 바로 우리에게 필요한 첫 번째 의식의 변화이다. 아버지 하나님은 우리의 모든 것을 알고 이해하시며, 진정으로 우리를 아끼고 사랑하신다. 이제 이 사실을 받아들이고, 그분의 사랑이 마음 깊은 곳을 만지도록 허락해 드리라.

하늘 아버지는 우리의 마음을 속속들이 다 아신다. 시편 기자는 하나님이 우리가 말하기도 전에 무슨 말을 할지 이미 아신다고 하였다.

두 번째 변화되어야 할 것은 우리의 말이다. 말할 때는 하나님이 명하신 말씀을 선포하듯이 해야 한다.

> 누구든지 (회중에게) 말하는 사람은, 하나님의 계시(말, 그 말씀)를 말하는 것처럼 하라. 누구든지 (회중에게) 봉사하는 사람은, 하나님이 (풍성하

게) 공급하시는 힘으로 하는 자같이 하여, 범사에 예수 그리스도로 말미암아 하나님이 영광을 받으시게(영예롭고 광대하게) 하라. 그에게 영광과 주권이 세세에 무궁하도록 있노라. 아멘! (벧전 4:11, 확대역성경)

예수님은 오직 아버지께서 말씀하고 행하시는 것만 말하고 행하셨다. 이 땅에 계시는 동안 그분은 어떤 것도 스스로 하지 않으셨다. 그래서 사탄이 광야에서 예수님을 유혹하여 아버지께서 그분을 통해 하지 않으시는 일들을 행하게 하려 했던 것이다. 그러나 예수님은 하나님이 말씀하시는 것을 사탄에게 말했다. 말씀으로 선포하며 물리치셨다.

우리도 그렇게 하는 법을 배워야 한다. 사탄, 마귀의 말이 아니라 하나님의 말씀을 선포하며 싸워야 한다. 하나님은 우리가 하려는 모든 말을 아신다. 그렇지만 우리의 모든 말이 다 옳고 정확한 것은 아니다. 그러므로 무엇보다 말을 조심하고 살피는 훈련이 필요하다.

마태복음 12장 36-37절은 입에서 나오는 모든 무익한 말에 우리가 책임을 지게 되며, 우리의 말로 우리가 의롭다 함을 받고 정죄함도 받는다고 말한다. 주님은 이 원칙을 나에게 확인시켜 주셨다. 말에는 능력이 있다. 야고보서에서는 혀를 배의 방향을 결정하는 키에 비유한다.

우리는 자신의 말을 잘 살펴야 한다. 예수님은 입으로 선포하는 것이 이루어질 것을 마음으로 믿고 산을 향해 명하면 그대로 될 것이라고 말씀하셨다. 그래서 기도하면 받은 것으로 믿으라고 하시는 것이다 (막 11:23-24 참고).

세 번째로 필요한 인식의 변화는 하늘 아버지께서 우리의 말을 들으신다는 것을 알아야 한다는 것이다. 예수님은 "아버지여, 항상 내 말을 들으시는 줄을 내가 압니다"(요 11:42)라고 말씀하셨다. 하늘 아버지께 기도할 때, "당신께서 지금 내 말을 들으시고, 내가 예수님의 이름으로 기도하면 그에 대한 응답을 받을 것을 압니다"라고 말하라.

하늘 아버지께서 우리를 사랑하신다. 그러므로 우리가 원하고 바라는 것을 구하면, 이루어질 것이다. 하나님은 우리가 그분께 구하여 우리의 기쁨이 넘치기를 바라신다(요 16:24 참고). 하나님은 자녀의 기도를 듣고 응답하신다. 성령께서 당신을 도우시도록 허락해 드리는 것을 잊지 말라.

예수님은 나에게 믿는 자는 항상 지금 있는 곳이 아니라, 갈 곳에 대해 말해야 한다고 하셨다. 현재의 상태가 아니라, 목적지를 향해 명하라. 문제 자체를 이야기하기보다는 그 해결책을 말하는 것이 가장 좋은 방법이다. 또한 우리는 말을 다스리고 통제해야 한다.

우리가 하려는 말을 하나님이 아신다고 해서 잘못된 말을 해도 된다는 것은 아니다. 성령께서는 우리가 잘못된 말을 하는 것을 막지는 않으신다. 그러나 적절하지 못한 말을 함으로 성령님을 근심하시게 만들 수 있다. 이 모든 것은 하나님이 우리 앞에 예비하신 여정과 관련이 있다.

믿고 거듭난 자의 말에는 권세가 있다. 바로 그 권세 때문에 우리는 지혜롭게 말해야 한다. 말하고 기도할 때, 분별력을 가지고 올바른 결정을 내려야 한다. 특정한 방식으로 말하지 않기로 결단하라. 그것이 가고 싶어 하는 방향이 아니라면 말이다.

하나님은 우리의 미래를 아주 잘 아신다. 그러나 일이 잘되지 않았다고 하나님을 비난할 수는 없는데 그것이 우리, 곧 우리의 의지와 관련이 있기 때문이다.

성령의 인도함을 받아 말하고 행하기로 선택하라. 하나님은 성령을 통해 우리의 삶을 주관하셔서 이제 이전의 방식이 아니라 나아갈 곳을 향해 선포하라고 말씀하신다.

하나님은 우리를 위한 선을 바라신다

시편 139편 3절(패션성경)은 인생의 여정을 시작하기도 전에 하나님이 우리의 모든 걸음을 아신다고 말한다. 이것은 우리가 걸음을 떼기도 전에, 이미 모든 여정이 면밀하게 계획되었다는 의미이다. 이렇게 생각해 보자. 여행을 가기 전날 밤, 우리가 잠들어 있는 동안 하나님이 이미 여행 계획을 세워 놓으셨을 뿐 아니라, 관련된 모든 것을 세밀하게 알고 계시는 것이다. 아직 출발도 하지 않았는데 말이다! 이것이 내가 천국에서 본 것이다.

예수님이 나를 돌려보내신 것은 하나님이 우리의 여정을 어떻게 계획하시는지 알려 주기 위해서였다. 그 여정의 주의 사항을 들을 필요는 없지만, 주님은 우리가 어떻게 할지 이미 알고 계신다. 우리는 다른 길을 택하여 가다가 길을 잃을 수도 있는데, 그 결과는 하나님이 계획하신 것이 아니다.

하나님은 우리에게 좋지 않은 일이 일어나도록 계획하지 않으신다.

그분은 우리가 그분을 위해 하는 일마다 성령의 인도하심을 받아 성공하기를 바라고 계획하신다. 우리를 진심으로 깊이 사랑하셔서 자녀들에게 불리하게 역사하지 않으신다.

예수님은 두루 다니며 선한 일을 행하시고 마귀에게 눌린 모든 사람을 고쳐 주셨다(행 10:38). 여러 도시를 다니며 아픈 자들을 계속 치유하셨다. 왜인가? 그것이 하늘 아버지의 마음이었기 때문이다. 예수님은 오직 아버지의 뜻을 행하셨다. 하나님은 어느 누구도 아프게 하지 않으신다.

아버지이신 하나님은 예수님을 통해 사람들의 문제를 그분의 마음에 합하게 바로잡아 주셨다. 예수님이 치유의 능력을 가지고 손을 내밀어 사람들을 만져 주신 것은 마귀가 행한 것을 바로잡아 주신 것이었다. 예수님은 "내가 치유해 주길 원하는데, 네가 이것을 믿느냐?"(막 9:23)고 물으셨다. 그분은 아버지의 일을 하고 계셨다.

하나님은 지금 성령을 통해 우리의 삶 가운데 그분의 일을 이루고 계신다. 따라서 우리는 마귀를 대적하고 삶 가운데 하나님의 일들이 아닌 상황들이 벌어지고 있는지 분별해야 한다. 하나님을 믿는 데 방해가 되는 것들은 무엇인가? 지금 우리를 가로막고 괴롭히는 문제들은 무엇인가? 하나님을 신뢰하라. 우리는 그런 상황들을 분별하고 그것에 맞서야 한다.

우리는 시행착오를 겪을 필요가 없다. 실패를 경험할 필요가 없다. 하나님이 이미 우리의 여정을 계획해 놓으셨기 때문이다. 태어나기도 전에 우리의 삶이 천국의 책에 기록되었다(시 139:16 참고). 이것이 우리의 인식을 바꿔 삶을 변화시켜 줄 것이다. 이 진리 안에 거하라. 하나님은 우리가 하려는 모든 말을 이미 알고 계실 뿐만 아니라, 우리의 마음도 속속들이 다 아신다.

이 진리를 온전히 이해하고 마음에 새기라. 시간이 조금 걸릴 수도 있지만, 이런 작은 변화가 시작되면, 우리를 강력하고 확고하게 바꾸어 사람들이 그 변화를 깨닫게 될 것이다. 왜인가? 그들이 우리가 다르게 말하는 것을 듣고, 다르게 행하는 모습을 보게 될 것이기 때문이다.

예수님은 우리의 마음을 책처럼 읽고 계신다. 우리가 이 계시를 깨달으면, 육신이나 악한 영이 아니라 성령의 조언을 받는 단계로 넘어가게 된다. 육신이나 생각에서 나오는 말을 하지 않게 된다. 믿음이 있는 마음의 말을 영으로 말하게 될 것이다. 성령으로 충만한 그리스도인은 진리를 말하기 때문이다.

이제는 우리가 가려는 곳을 예언적으로 선포하며 나타내야 한다. 그러면 주변 사람들이 우리가 어디로 가고 있는지 분명하게 말하는 소리를 듣고, 어떤 모습으로 행하는지 보게 될 것이다. 세상에 나가면, 사람들은 우리가 자신들과 다르다는 것을 깨닫게 될 것이다. 그리스도인은 한몸이기에, 하나처럼 행하고 말해야 한다.

하나님의 비밀 기도하기

예수님은 벌써 우리의 책을 읽으셨다. 그분은 "내가 이미 너의 마음을 읽었고 너를 이해한다"(시 139:3-4, 패션성경)고 말씀하신다. 그분의 말씀을 들으면, 우리의 정체성을 온전히 깨닫게 되면서 담대해질 것이다. 하나님의 일들에 두려움이 없어지고, 사람들이 우리의 말에 귀기울이는 것을 깨닫게 될 것이다. 그래서 마귀가 다른 무엇보다도 방언으로 기도하지 못하게 방해하는 것이다. 방언이 우리 안에 내주해 계신 성령께서 영으로 기도하시게 허락해 드리는 것이기 때문이다. 우리의 참된 자아가 말하게 해야 한다.

사도 바울은 이것을 "성령으로 비밀을 말하는 것"이라고 했다. 방언은 말로 표현되어 전달된다. 방언으로 하는 언어는 우리의 것이 아니다. 그것은 다른 누군가의 언어이다.

오순절 날, 행인들은 각자가 태어난 나라의 언어로 말하는 소리를 들었는데, 정작 그것을 말하는 사람들은 그 언어를 알지 못했다. 성령님은 우리를 통해 하나님의 비밀들을 기도하고 싶어 하신다. 우리가 성령님께 순복하면, 초자연적인 세계를 경험하게 된다.

성령님은 우리가 천국에 기록된 대로 기도하도록 도와주신다. 그분이 우리를 이끌어 주시는데, 먼저 우리의 혀를 붙잡아 복종시키신다. 나는 영 안에서 성령님이 우리의 입을 통해 우리의 상황에 진리를 선포하시는 모습을 보았다.

성령님이 항상 우리를 통해 기도하시게 해야 한다. 우리는 성령님께 순복하고 영 안에서 행함으로 영적인 사람이 된다. 성령에 사로잡혀 성령 안에서 말하고 행하는 법을 배우게 된다. 성령님은 우리가 삶의 주도권을 그분께 맡겨 드리기를 바라신다. 천국에 기록되어 있는 것이 우리에 대한 절대적 진리이다. 그러므로 다른 것을 바라지 말라.

천국에 있을 때, 나는 모든 사람에게 일어날 일을 경험했다. 나는 주님께 "주님, 제가 당신을 위해 훨씬 더 많은 일을 할 수 있었군요"라고 말했다. 나에게는 생명과 경건에 필요한 모든 것이 있었다. 성경의 약속들로 나는 이 땅에서 충분히 승리할 수 있었다. 성경 한 권이면 충분했다.

뿐만 아니라 거듭나면서 성령을 받아 넘치도록 충만해지는 경험도 했다. 하나님의 말씀과 성령, 이 두 가지만 있으면 이 땅에서 승리하고 예수 그리스도를 통해 하나님의 나라에서 다스리는 데 부족함이 없었다.

이 땅으로 돌아온 나는 사탄의 왕국에 위협적인 존재가 되었다. 그러나 이 계시의 충만함 가운데 행하지 못했다. 삶 가운데 이러한 진리들을 실행하기까지 시간이 걸렸다. 그러나 시간이 지나면서, 나는 번성하기 시작했다. 내가 영적으로 형통하기 시작하자, 물질적·정신적으로도 번성하기 시작했다. 나는 형통과 강건함 가운데 행하기 시작했다. 이전에 이해하지 못한 상황들 가운데 잘되기 시작했다.

나는 이전에는 할 수 없던 일들을 하기 시작했다. 가능성과 잠재력은 항상 내 안에 있었지만, 결코 풀어진 적이 없었다. 왜 그랬을까? 내가 무엇을 가지고 있는지 분별하지 못했기 때문이다. 내가 무엇을 가지고 있는지 이해하고 알았더라면, 훨씬 더 많은 것을 할 수 있었을 것이다.

그래서 결국 나는 이 땅으로 돌아왔다. 사실 다시 돌아오고 싶지 않았다. 그러나 한편으로는 "모든 것이 나에게 유리하게 되어 있다"는 것을 생각했다. 나는 다시 돌아가면 어떻게 될지 이미 알고 있었다.

그리스도인의 삶에서 하나님의 음성을 듣는 것은 매우 중요하다.

우리는 항상 주님의 말씀을 듣고 이해하기 위해 할 수 있는 모든 일을 해야 한다. 나는 예수님과 함께 휘장 저편에 있으면서 하나님이 항상 우리에게 말씀하신다는 사실을 알게 되었다. 그러므로 주님의 음성을 듣는 사람 쪽에 문제가 있는 것이다. 즉, '보내는 쪽'이 아니라 '받는 쪽'의 문제이다. 선하신 하나님은 항상 우리에게 말씀하고 계시기 때문이다.

믿는 자가 반드시 이해해야 하는 하나님의 성품에 관한 가장 중요한 진리 중 하나가 그분의 신실하심이다. 우리는 영원전에 세워진 이 절대적인 천국의 진리, 하나님의 신실하심을 꼭 붙들고 받아들여야 한다. 전능하신 하나님께서 무엇을 약속하시든지 그분이 이루실 것이다!

> 이스라엘의 영광이신 분은 거짓을 말하거나나 마음을 바꾸지 않으시니 그는 사람이 아니시기에 결코 마음을 바꾸지 않으심이니이다! (삼상 15:29, NLT)

그리스도인에게 가장 특별한 것 중 하나는 우리와 교제하기 원하시는 하나님이다. 하나님이 우리와 소통하며 교류하기로 선택하셨다는 사실은 정말 놀랍다. 우리를 그분의 형상으로 창조하셔서 그분과 함께 앉아 얼굴을 마주하고 대화할 수 있게 해 주셨기 때문이다. 하나님은 거짓말을 하시거나 마음을 바꾸시는 분이 아니기에, 우리가 다력한 세상에서 살아가는 데 필요한 안정감과 힘이 되어 주신다.

하나님은 절대 의도하지 않은 것을 말하지 않으신다. 그리고 전능자가 하시는 모든 말씀이 다 이루어지고 그분께로 돌아오기를 기다리신다. 그래서 하나님이 신실하시다는 것이다. 하나님은 사랑하는 자녀들에게 그분의 말씀을 지키신다.

> 내 입에서 나가는 말도 이와 같다. 그것은 헛되이(쓸모없이, 결과 없이) 내게로 되돌아오지 아니하고 나의 바라는 뜻을 이루며 내가 보낸 일에 형통하게 한다. (사 55:11, 확대역성경)

이것이 천국의 절대적인 진리이다. 하나님은 언제나 한결같이 신실하신 분이다. 우리는 이 진리가 우리의 사고에 뿌리 내릴 때까지 지속적으로 묵상해야 한다. 이것이 친밀함 가운데 그분께 취해야 할 우리의 반응이다. 하나님이나 그분이 하신 말씀을 의심하지 말라. 사도 바울은 디모데에게 선포된 말씀을 가지고 싸우라고 하였다.

> 그러므로 아들 디모데야, 너의 삶에 선포된 첫 예언의 말씀에 따라 내가 네게 이 책임을 맡기노니, 네게 선포된 예언대로 이제 이 사역의 위대한 일들을 이루어 가는 중이다. 깨끗한 양심과 믿음으로 영적 전쟁을 하면서, 이 격려와 예언의 말씀을 영적 무기로 사용하라. 이 능력을 버림으로 믿음이 부족해진 사람들이 많이 있다. (딤전 1:18-19, 패션성경)

디모데에게 선포된 예언의 말씀이 영적 전쟁의 무기로 사용되었다면, 우리도 마찬가지이다. 선포된 하나님의 말씀이 이루어지도록 믿음으로 선포하는 것이 가장 확실한 무기이다. 하나님은 말씀하신 것마다 확실하게 이루시는 분이기 때문이다.

한편, 사탄은 그리스도인들이 성령으로 그들의 삶에 선포된 예언의 말씀을 반복해서 말하는 것을 좋아하지 않는다. 우리가 예언의 말씀을 입술로 선포하는 과정이 얼마나 중요한지 깨달으면, 더욱 자주 그렇게 할 것이다. 우리를 방해하고 저주하는 임무를 받은 악한 영들은 예언의 말씀의 능력으로 쫓겨 나가야 한다. 사도 요한은 예수님의 증언이 예언의 영이라는 말을 들었다.

> 나는 그의 발 앞에 엎드려 경배하려 하였다. 그러자 그가 내게 말하기를, "나는 네 동료 종이요 예수님의 증거를 가진 네 형제들 가운데 하나이다. 하나님께 경배드리라. 예수님의 증거는 예언의 영이기 때문이다"라고 하였다. (계 19:10, KJV)

우리가 예수님에 대한 하나님의 진리를 선포할 때, 예언의 영이 활성화된다. 성령님은 하나님의 아들을 높이기 위해 보냄 받으셨고, 예수님은 성령님이 그분 자신에 대해 증언할 것이라고 말씀하셨다.

> 내가 아버지께로부터 너희에게 보낼 보혜사 곧 아버지께로부터 오시는 진리의 성령이 오셔서 나에 대해 모든 것을 증언하실 것이요. (요 15:26, NLT)

성령으로 하나님의 말씀을 선포하는 것이 바로 예언이라는 것을 알아야 한다. 성령으로 충만한 그리스도인은 성령으로 움직이며 하나님의 뜻에 따라 말하고 행한다. 이것이 바로 하나님이 우리를 위해 선택하신 길을 내시는 방법이다. 하나님은 위대한 조언자를 통해 우리의 삶에 그분의 뜻을 이루신다. 그러므로 우리는 그분이 이끄시는 대로 움직여야 한다. 베드로는 예언과 성경에 대해 다음과 같이 말했다.

> (그러나) 먼저 (너희들은) 이것을 알아야 하는데, 성경의 어떤 예언도 개인적으로 또는 사사로이 또는 특별하게 해결할 것(일)이 아니다. 왜냐하면 어떤 예언도 사람의 감정이나 뜻으로 나온 것이 아니라 성령으로 받은(감동이나 강권하심으로) 하나님의 말씀을 전한 것이기 때문이다. (벧후 1:20-21, 확대역성경)

성령의 음성에 순복하여 그분이 당신을 통해 말씀하시게 하라. 그분이 우리의 여정에 동행하시며 원수에 맞서 싸우고 계신다. 또한 우리를 사랑하셔서 안전하게 지켜 주실 것이다.

우리는 성공에 필요한 모든 것을 가지고 있다

하나님은 내가 경험하게 되어 있는 모든 것에 이기고 성공하도록 준비해 놓으셨다. 그것은 내가 이전에 생각하던 것과는 달랐다. 천국에 가기 전에는 하는 것마다 실패했다. 마치 실패하도록 정해져 있는 것만

같았다. 아마 나처럼 느끼는 사람이 적지 않을 것이다. 그것은 주변의 악한 영들이 우리를 넘어뜨려 하나님의 영역으로 들어가지 못하게 하기 때문이다.

악한 영들은 내가 지금 하고 있는 말을 사람들이 듣고 삶 가운데 행하는 것을 원하지 않는다. 그들은 사람들이 옳은 일을 행하며 살아가게 하려고 하나님이 죽은 자들을 돌려보내신다는 사실을 알고 있다. 나도 그 경험을 한 후, 진정 우리에게 필요한 것은 하나님의 말씀과 성령이라는 것을 알게 되었다.

우리는 이 땅에서의 삶을 위해 시간을 내어 하나님께 순복하는 법을 배워야 한다. 이것은 생각하는 것만큼 어려운 일이 아니다. 하나님이 이미 우리를 아시며, 우리의 마음을 속속들이 이해하신다는 것을 깨닫고 인식하면 된다.

입에서 나오는 말이 축복이 될지, 저주가 될지는 우리의 선택이다. 우리가 입밖으로 내는 말에는 능력과 권세가 있다. 우리는 오늘 삶에서 무엇을 취할 것인지 선택할 수 있다. 우리가 기도하며 하나님께 도움을 구하면, 그분이 도우러 오실 것이다. 그러나 하나님의 은사와 부르심에는 후회가 없기 때문에, 그분은 우리가 이 땅에서 무언가를 하기 원하신다는 것을 기억하라.

상상이 되는가? 하나님이 이 아름다운 것들을 다 가지고 계시는데, 우리는 천국에 가서야 이 땅에서 이것들을 누릴 수 있는데도 참여하지 않았다는 사실을 깨닫게 된다. 그것은 하나님의 잘못이 아니다. 우리가 하나님을 구하지 않고, 우리의 삶을 향한 그분의 계획을 찾지 않은 것이다.

하나님이 계신 것을 믿어야 한다고 말씀하는 히브리서 11장 6절은 매우 중요한 구절이다. 그러나 성경은 또한 하나님이 그분을 부지런히 찾는 자들에게 상 주시는 분임을 믿어야 한다고 말한다. 우리는 본문의 두 번째 부분에 더욱 주목해야 한다. 사실 우리가 하나님을 구하면, 그분이 상 주신다는 사실을 믿기 어려운 경우가 많다. 하나님을 찾는 것을 시간 낭비라고 생각하지 말라. 하나님을 구하는 것은 절대 시간을 허비하는 것이 아니다.

믿는 자들 대부분이 하나님의 미리 아심(foreknowledge)에 대해 오해하고 있다. 그분은 모든 것을 아시지만, 우리가 그분의 뜻대로 하도록 조종하시는 분이 아니다. 그분은 그렇게 하지 않으신다. 많은 그리스도인들이 하나님이 명령하시거나 그렇게 할 수밖에 없는 상황을 만들어 주시길 기다리는데, 하나님은 그렇게 하지 않으신다. 그분은 우리에게 그분의 말씀과 성령을 주신다. 그리고 우리가 그분에게 순복함으로 순결한 예배를 드리게 하신다.

하나님을 예배할 때, 우리는 그분께 순복하며 경배하게 된다. 그분은 전능하신 하나님이다. 그분이 모든 것이고, 우리는 아니다. 우리는 그분 없이 아무것도 할 수 없다는 것(요 15:5)을 깨달아야 한다. 하나님은 그분의 미리 아심으로, 우리가 원하지 않는 것을 하도록 강요하지 않으신다. 우리가 순종하지 않는데도 그분의 뜻을 행하게 하지 않으신다. 사람이 하나님을 저버리고 돌아서면, 그분은 이미 그것을 아심에도 불구하고 막지 않으신다.

우리가 가진 성경과 내주하시는 성령님이 바로 매일의 삶에 필요한 두 가지이다. 천국에 있을 때, 예수님은 하나님의 말씀과 성령님이 내 삶을 온전히 다스리도록 허락해 드리지 않았다는 사실을 알려 주셨다. 주님이 나의 전부를 소유하셔야 했는데, 일부만 소유하셨던 것이다.

성령님이 내게 기름 부어 주셔서 가는 곳마다 멍에를 부러뜨려야 했다. 하나님은 믿는 자들이 악한 영들을 쫓아내고, 병든 자를 치유하며, 죽은 자를 소생시키도록 기름 부어 주신다. 사람들이 내가 하는 말을 거부할 수 없을 정도로 담대하게 선포해야만 했다. 그런데 나는 매우 수동적이었다.

우리가 의욕없이 물러나 있으면, 앞으로 나아갈 수 없다. 우리는 자신이 수동적이라는 것조차 모른다. 그러므로 특별히 이 부분을 훈련할 것을 권한다.

제동장치를 없애라

예수님은 나를 이 땅으로 돌려보내시며 우리의 생명 안에 있는 부활의 능력이 우리를 수동적으로 만들지 않는다고 말씀하셨다. 하나님의 능력이 너무도 강력해서 우리는 그분을 향해 수동적인 상태로 있을 수 없다. 하나님께 순복하여 우리의 삶에서 제동장치를 제거해야 한다.

우리가 주님께 "예"라고 말하고 이어서 선포되는 말씀을 받아들임으로 삶에서 제동장치를 없애게 된다. 그리고 이어지는 과정과 단계들을 받아들이면, 주님이 천국의 책에 기록된 대로 성취할 수 있게 도와주실 것이다. 우리가 예수님의 피와 그분의 구속을 믿는다면, 예수님을 주로 고백하고 마음으로 믿으면, 지옥에 갈 필요가 없다. 입술로 그분을 주로 고백했다면, 거듭나는 데 필요한 것을 모두 성취한 것이다.

그분이 주님이심을 마음으로 믿고 입으로 고백했다면, 그분께 삶 전체를 드린 것이다. 이제 예수님의 주 되심으로 우리의 삶에 초자연적인 일들이 나타나게 될 것이다.

기적이 일어나는 것을 믿는 것도 마찬가지이다. 삶 가운데 기적은 어떻게 일어나는가? 초자연적인 것에 순복함으로 일어난다. 우리 스스로 기적을 행할 수는 없다. 기적은 우리 안에 계시는 성령님이 우리의 말과 행동을 통해 나타나시는 것이다. 우리가 성령으로 하나님의 말씀을 선포하기 시작하면, 천사들이 와서 우리 옆에 선다. 그들은 부활의 능력으로 우리가 거룩한 사명을 이행할 수 있게 돕는다. 하늘의 도우심에 순복하면, 우리는 능력으로 행하게 된다. 우리가 하늘과 뜻을 같이하며 성령 안에서 행하는 것이기 때문이다.

예언의 말씀을 선포함으로 성령이 흘러나오면, 강한 천사들이 용기를 주기 시작한다. 성령님이 우리를 통해 말씀하셔서 천사들이 문을 열어 주게 된다. 기억하라. 우리는 수동적이어서는 안 된다. 이제 우리는 일이 저절로 일어나기를 기다리지 않는다.

하나님이 이미 오순절에 성령을 주셨다. 우리가 예수님을 영접하여 성령님이 내주하고 계신다면, 필요한 모든 능력이 있는 것이다. 로마서 8장과 에베소서 1장에 의하면, 예수를 죽은 자 가운데서 일으키신 능력이 우리 안에 거하고 계신다. 우리도 예수님을 죽은 자 가운데서 일으킨 능력을 가지고 있는 자들이다!

우리는 마음의 눈으로 예수 그리스도를 통해 무엇을 소유하고 있는지 더욱 잘 분별해야 한다.

> 그의 신기한 능력으로 생명과 경건에 속한 모든 것을 우리에게 주셨으니 이는 자기의 영광과 덕으로써 우리를 부르신 이를 앎으로 말미암음이라 이로써 그 보배롭고 지극히 큰 약속을 우리에게 주어 이 약속으로 말미암아 너희가 정욕 때문에 세상에서 썩어질 것을 피하여 신성한 성품에 참여하는 자가 되게 하려 하셨느니라 (벧후 1:3-4)

사도 바울은 교회에 보내는 편지들에 우리가 예수 그리스도의 희생을 통해 무엇을 얻게 되었는지 기록했다. 믿는 자들에게는 이 모든 것이 가능한데, 어떤 이유에서인지 나는 예수님과 천국에 있을 때까지 이것을 온전히 깨닫지 못했다. 핵심은, 하나님을 구할 때마다 그분이 상 주신다는 것을 믿지 않았다는 것이다. 히브리서 11장 6절에 의하면, 하나님은 그분을 부지런히 찾는 자들에게 상 주시는 분이다.

하나님을 위해 금식하거나 수입의 일부를 드리는 일이 항상 쉬운 것은 아니다. 이런 것들은 우리에게 속한 일이고 하나님을 구하는 방법 중 하나이기에 희생을 드리는 것이다. 교회에 가서 하나님께 예배드릴 때, 항상 그렇게 하고 싶은 것은 아니다. 그것은 우리가 치르는 희생이다. 하나님은 이런 희생들을 기록하고 계신다. 그러므로 하나님이 우리에게 상 주실 것을 믿으라.

나는 천국에서 또 다른 것도 보았다. 기억하라. 우리가 하나님을 위해 행하는 모든 것이 천국에 기록되어 있다. 그러므로 삶의 모든 영역을 계속 제물로 바치라. 하나님은 우리가 태어나기도 전에 모든 여정을 그렇게 계획해 놓으셨다. 그리고 그것은 참으로 아름답다.

그런데 그것이 항상 제대로 나타나지 않는 것은 성령님께 순복하여 그분의 인도함을 받는 것을 사람들이 이해하지 못하기 때문이다.

우리는 돛단배와 같다. 그러므로 돛을 올리고, 하나님이 밀어 주시는 대로 나아가면 된다. 이것은 스스로 모터보트를 운전하는 것과는 다르다. 하나님이 우리가 올바른 방향으로 나아가게 해 주신다. 이것이 바로 성령님이 하시는 일이다. 그분으로 인해 우리는 어떠한 상황에서도 승리하게 된다.

우리가 어떤 상황에 처해 있든지, 분명한 사실은 하나님이 오늘 우리를 만나주기로 약속하셨고, 우리에게 무언가를 말씀하고 싶어 하신다는 것이다. 그분은 이렇게 말씀하신다. "내가 너의 여정을 이미 계획해 놓았다. 나는 너의 모든 걸음과 네가 하려는 모든 말을 알고 있다. 내가 너의 미래를 보았는데, 그것은 정말 탁월하다. 이처럼 근사한 일을 내가 예정해 놓았다."

주님은 지금 우리에게 "나는 네가 나를 예배하길 원한다. 나에게 순복하라. 나를 신뢰하라. 나는 네가 나에게 순복하기를 바란다"고 말씀하신다. 이것은 우리 모두에게 하시는 말씀이다. 주님만큼 지혜로운 분은 없다. 주님은 우리가 이 사실을 받아들이기 원하신다. 그분이 우리의 미래를 아신다. 그러므로 우리는 우리의 연약함을 인정해야 한다.

나는 천국에서 돌아와서 세상의 문화가 항상 강하고 능력 있는 것을 조장하고 있다는 사실을 알게 되었다. 마치 겸손이라고는 찾아볼 수 없는 곳에 있는 것 같다. 우리는 스스로를 추켜세우며 주목받으려 한다. 하나님이 싫어하시는 방식으로 스스로를 조종하고 내세우고 있다. 언제나 상황을 억지로 밀어붙이는 것이 세상 문화이다.

사람들은 일이 정해진 방식대로 되지 않으면, 상황에 개입하여 비윤리적으로 행하며 속이거나 조종하려 한다. 그리고 그것을 성공이라고 생각한다. 그러나 더 높은 곳으로 올라가는 과정에서 사람들에게 상처를 준다면, 그것은 하나님의 방법이 아니다. 하나님은 그런 방법으로 일하지 않으신다. 그런데 세상의 시스템은 이렇게 돌아간다.

하나님이 이미 우리의 인생 여정을 계획해 놓으셨다. 그러므로 우리는 하나님의 세미한 음성을 듣고 바로 지금 성령님을 삶 가운데 받아들여 우리를 인도하고 이끌어 주시도록 허락해 드리기만 하면 된다. 그것이 바로 우리가 원하는 하나님의 완전한 계획이다. 남보다 앞서 나가거나 영향력을 행사하여 다른 사람이 우리의 일을 대신하게 함으로 이 계획을 망치고 싶지는 않을 것이다.

하나님이 모든 것을 미리 정해 놓으셨고, 천사들이 우리를 돕기 위해 올 것이다. 그런데 우리가 지나치게 개입하고 간섭하여 천사들이 활발하게 활동하지 못하고 있다. 우리가 하나님을 근심하게 하면, 천사들은 뒤로 물러난다.

하나님을 근심하게 하는 것에 대해 들어 본 적 있는가? 우리가 하나님의 영을 슬프게 할 수 있다. 여전히 우리가 그분의 사랑을 받으며 천국에도 가겠지만, 성령님을 근심하게 할 수 있다. 성령님은 우리의 상상을 초월하는 아름다운 일들을 알고 계신다.

그런데 우리가 하나님의 방법을 따르고 받아들이지 않으면, 그분을 방해하는 존재가 된다. 성령님이 근심하시게 되면, 뒤로 물러나시게 된다. 사람들은 보통 이것을 이해하지 못하는데, 하나님은 온유하신 분이기에 우리가 자기 뜻대로 하려 하면, 뒤로 물러나셔서 우리 마음대로 하게 내버려 두신다. 그러므로 그분이 삶의 모든 영역을 다스리도록 허락해 드려야 한다. 내가 모든 것을 알지는 못하기 때문에 나는 주님께 전권(全權)을 드리고 그분의 뜻대로 행하고 있다. 이러한 태도로 성령님께 온전히 순복하자, 나의 부르심이 이루어지면서 주님과의 더 깊고 친밀한 관계를 경험하게 되었다.

하나님이 이미 우리의 인생 여정을 계획해 놓으셨다. 그러므로 우리는 하나님의 세미한 음성을 듣고 바로 지금 성령님을 삶 가운데 받아들여 우리를 인도하고 이끌어 주시도록 허락해 드리기만 하면 된다. 그것이 바로 우리가 원하는 하나님의 완전한 계획이다.

chapter 5
임파테이션

주님께서 길을 예비하시러 내 미래로 가셨으며,
그 인자하심으로 내 과거의 모든 해로움에서 나를
지키셨습니다. 주님의 사랑의 손으로 내 인생에
안수하셔서 나에게 축복을 베풀어 주셨습니다.

(시 139:5, 패션성경)

It's rigged in your favor

　하늘 아버지께서는 우리의 이해를 뛰어넘는 계획을 가지고 계신다. 열 살 때, 나는 하나님의 대변자가 될 것이라는 부르심을 받았다. 어느 날 밤, 작은 장로교회에서 홀로 기도하던 중 환상 속으로 들어갔다. 그날 주님이 내 인생의 세 단계를 보여 주셨는데, 각각 7년으로 구성되어 있었다. 그분은 내가 해야 할 모든 것을 이루는 데 필요한 준비과정을 상세하게 보여 주셨다. 그리고 각각의 단계를 끝마치고 하나님의 산으로 돌아가 하늘 아버지와 함께 있는 내 모습을 보았다.

　당시에는 내가 본 것을 거의 이해하지 못했다. 그래서 그것에 대해 깊이 생각하지 않았다. 그런데 이후 21년간 성장하면서 환상이 그대로 성취되는 것을 보게 되었다. 그리고 세 번째 단계가 끝나던 서른한 살 때, 사랑니를 뽑기 위해 수술을 받다가 예수님의 얼굴을 대면하게 되었다. 그때 예수님은 내가 다시 돌아가기로 선택할 경우, 이후의 나의 사역들이 어떻게 될지 보여 주셨다.

천국에 있는 동안 주님이 주신 것들은 참으로 놀라웠다. 마치 하늘 아버지께서 친히 나에게 안수해 주신 것 같았다. 예수님께서 영적인 세계와 그 안에서 효과적으로 움직이는 법을 말씀해 주실 때, 성령님께 순복하는 것이 매우 중요하다는 사실을 깨달았다.

천국에 있는 동안, 내가 이 땅에 돌아와서 사역하게 될 사람들을 보았다. 각 사람은 내가 세계 곳곳을 다닐 때, 그 길의 이정표가 되어 줄 것이다. 내가 사역하게 될 많은 이들 가운데, 이들은 내 인생의 기준점이었다.

예수님은 사역 가운데 하나님의 초자연적 능력으로 행하는 것에 대해 상세하게 말씀해 주셨다. 그분의 말씀과 가르침을 받으며, 어느 누구도 그분의 겉옷으로 사역하기 원한다고 소리 내어 말하지 않았다는 사실을 생각했다. 예수님이 말씀하실 때, 나는 아버지 하나님의 형상을 그대로 보고 있었다. 그리고 속으로 '그 무엇보다 예수님의 겉옷을 가지고 싶다'고 생각했다. 예수님을 보는데 아버지가 보였다. 천국에 있는 동안 받은 임파테이션impartation은 내 삶을 완전히 바꾸어 버렸다.

우리에게는 예수님과 동일한 기름부음이 있다. 또한 이 땅에서 진정으로 예수님의 일들을 행하기 원하는 모든 사역자들도 마찬가지이다. 아버지 하나님께서 성령을 통해 예수님이 십자가에서 이루신 일들을 그분의 자녀들에게 임파테이션해 주셨다. 우리가 삶 가운데 성령님이 그분의 일을 온전히 이루시도록 허락해 드리면, 아버지의 임파테이션을 받게 된다.

하나님은 우리의 삶에 놀라운 일들을 행하고 계신다. 중요한 것은 하나님이 뭐라고 말씀하고 계시며, 어떻게 행하고 계시는지 아는 것이다. 우리를 향한 하나님의 의도를 온전히 이해하려면, 그분이 우리가 태어나기도 전에 놀라운 계획을 가지고 계셨다는 진리를 받아들여야 한다. 이것은 많은 이들에게 좋은 소식이다. 그들은 자기 계획대로 하다가 실패하고 있기 때문이다.

복음의 메시지는 반드시 믿어야 하는 좋은 소식이라는 것을 기억하라. 이것을 믿으면, 하늘로부터 받아 누릴 수 있다. 지금 이 시대에 예수님이 모든 것의 답이시며, 그분 없이는 아무것도 할 수 없다는 복음의 메시지가 전 세계에 선포되고 있다.

시편 139편 5절은 "주님께서 길을 예비하시러 내 미래로 가셨으며, 그 인자하심으로 내 과거의 모든 해로움에서 나를 지키셨습니다. 주님의 사랑의 손으로 내 인생에 안수하셔서 나에게 축복을 베풀어 주셨습니다"(패션성경)라고 말한다. 얼마나 놀라운 말씀인가! 그 안에 참으로 많은 것이 담겨 있다.

우리를 이 세상에 태어나게 하신 주님이 우리의 미래로 가서서 길을 준비하셨다고 말씀하신다! 그분은 이미 그 길에서 모든 장애물을 치워 버리셨다. 이것은 하나님이 정하신 것이다. 그분이 우리의 미래에서 계시기 때문이다.

예수님과 함께 천국에 있을 때, 이것이 성경에 기록된 그대로라는 것을 깨달았다. 예수님이 말씀하신 것들이 성경에도 기록되어 있었다.

그것은 절대적인 진리였다. 한편 내가 불신하고 있는 부분이 있다는 것도 알았다. 예수님과 함께 있으면, 마음의 상태가 드러나면서 자신이 의심하고 두려워했다는 사실을 깨닫게 된다.

예수님과 함께한 시간은 계시를 받고 분별하는 과정의 한 부분이었다. 그분과 있는 동안, 내가 믿는 많은 것들이 정확하지 않다는 것과 내가 알아야 했던 것들 대부분을 알지 못했다는 사실을 깨달았다. 특정한 주제에 대해 아는 것이 없어서 어떤 것도 행하지 않았고, 따라서 아무것도 나타나지 않았다. 계시가 임하면 나타나게 된다. 이것이 바로 성장과 성숙의 한 부분이다.

예수님이 나를 이 땅으로 돌려보내신 것은 사람들에게 성령 안에서 행하고, 사탄이 일으키는 모든 도전과 어려움을 이기는 올바른 방법을 보여 주시기 위해서였다. 힘을 내라. 승리의 용사이신 예수님이 우리의 미래에 계신다. 그분이 앞서 가시며 우리를 위해 길을 만드셨다. 그분은 우리에게 이렇게 해 주실 것이다. 우리의 길에 무엇이 준비되어 있는지 아시기 때문이다.

과거의 아픔으로부터 보호하심

하나님이 우리의 미래를 예비해 놓으셨다는 말씀은 참으로 심오하다. 사랑과 인정으로 하늘 아버지께서 우리의 과거로 가셔서 모든 상처와 해로움으로부터 보호해 주신다. 아버지 하나님이 우리의 인생을 안전하게 지키고 보호하고 계신다. 이것이 진리이다.

하나님은 시간에 제한받지 않으신다. 그분은 언제든지 초자연적으로 개입하실 수 있다! 어떤 것에도 매이지 않으신다. 아버지 하나님은 말 그대로 우리의 과거에도 계셔서, 그것이 해를 미치지 못하게 보호하고 계신다. 오직 하나님만 이렇게 하실 수 있다. 이것은 완전한 기적이다.

하나님은 이미 우리의 과거와 현재, 미래에서 마귀와 싸워 이기셨다. 우리는 이 사실을 믿고 받아들여야 한다. 하나님은 계시의 과정을 통해 우리의 인생에서 원수를 철저하게 무력화시키셨다는 사실을 강조하고 계신다. 그분은 이미 십자가를 통해 원수를 완전히 물리치셨다. 이제 예수님이 우리를 완전히 소유하셔야 삶 가운데 마귀를 대적하여 이길 수 있다.

하나님은 우리의 미래로 가서서 모든 것을 유리하게 예비해 놓으신다. 단지 그분을 신뢰하고, 사랑 안에서 온전해져서 의심과 두려움을 던져 버리라. 아버지 하나님의 사랑을 받아들이라. 사랑은 하나님이시고, 하나님은 사랑이시다.

요한일서 4장 18절은 사랑이 모든 두려움을 내쫓는다고 말한다. 그러므로 완전한 사랑 안에 있으면, 두려움이 더 이상 영향을 미칠 수 없다. 두려움은 완전한 사랑에 쫓겨나는데, 그것이 형벌과 관련이 있다고 성경이 말씀하기 때문이다. 하나님은 그분의 자녀들의 삶에 어떤 형벌도 없기를 바라신다.

하나님의 자녀들은 그리스도인 또는 믿는 자들이라 불린다. 그분이 값을 치르고 자녀로 삼으셨으므로 이제 우리는 하나님의 가족이 되었다. 마귀는 우리가 하나님의 가족으로 받아들여져서 모든 혜택을 누리게 되는 것을 원하지 않는다.

특별한 약속들

원수는 우리로 하여금 두려워하고 의심하고 불신하게 만들어서 거듭난 자들에게 주어진 소중한 약속들에 참여하지 못하게 한다. 나는 이 모든 것을 예수님과 함께 있는 동안 깨달았는데, 이에 대해 베드로는 다음과 같이 말한다.

> 그분의 신성한 능력으로 우리에게 필요한 생명과 하나님을 향한 온전한 헌신에 속한 모든 것을 우리에게 이미 넣어 놓으셨다. 이는 이 모든 것이 우리의 이름을 불러 그분의 선하심이 영광스럽게 나타나는 가운데 그분께 나아오도록 초청하신 분을 아는 풍성한 경험을 통해 우리에게 아낌없이 주어졌기 때문이다. 그 결과로 그분은 가치를 매길 수 없는 지극히 큰 약속을 주셨는데, 이 놀라운 약속을 통해 너희가 세상에 속한 썩어질 정욕을 피하여 신성한 성품에 참여하는 경험을 할 수 있게 되었다. (벧후 1:3-4, 패션성경)

원수는 과거에 실패한 경험들을 생각나게 하겠지만, 우리는 그 자리에서 거부해야 한다. "나는 하나님을 믿고 신뢰한다. 그러므로 두려움은 떠나가라!"고 말하라. 우리는 하나님의 사랑 안에서 온전해져서 두려움을 쫓아내야 한다.

하나님의 사랑은 성령을 통해 계시된다. 성령님이 아버지에게 받은 것을 우리에게 알려 주시는 것이다. 하나님의 말씀은 그분 자신을 위해 기록하신 것이 아니다. 바로 우리를 위해 기록되었다. 하나님의 말씀은 천국의 선물이며, 그분의 보좌와 곁에서 수종드는 자들을 지지하고 세우는 절대적 진리이다. "주의 보좌는 공평과 정의의 기초 위에 섰도다. 다함이 없는 사랑과 진리가 주 앞에 행하며 시중드나이다"(시 89:14, NLT).

말씀이 우리에게 주어졌으니, 부지런히 읽고 묵상하라. 하나님의 말씀은 단순히 말씀을 기록해 놓은 것이 아니다. 하늘 아버지께서 생기를 주는, 살아 있는 생수로서 우리에게 주신 것이다. 예수님은 천국에서 내려온 양식이므로, 우리는 그것을 매일 먹어야 한다. 성령님은 인격이시며, 삼위일체 하나님의 세 번째 위격으로 우리를 아끼고 돌보신다. 그분은 날마다 우리와 친밀하게 교류하며 교제하기 원하신다. 말씀과 성령은 항상 일치한다.

말씀과 성령이 우리 안에서 하나되면, 아버지의 사랑을 계시받기 시작한다. 그 계시가 열매를 맺어 마귀가 삶에서 쫓겨나기 때문에 우리가 깨닫게 되는 것이다.

사랑 안에서 온전해지면, 우리는 더 이상 두려워하지 않게 된다. 하나님의 사랑을 알기에 아무것도 두렵지 않은 것이다. 우리는 과거를 생각하며 마귀를 꾸짖고 비웃게 될 것이다. 성경 말씀대로 하나님이 그곳에 서서 지키고 보호하신다는 것을 알기에 두려움이 없게 된다. 또한 삶 가운데 더 이상 의심이나 불신도 없다. 하나님이 과거로부터 우리를 보호하고 계시기 때문이다. 그분은 우리의 미래에도 가셔서 모든 것이 잘 되도록 예비해 놓으셨다.

하나님이 예수 그리스도를 통해 주신 놀라운 은택을 그분의 제자 된 자들이 항상 아는 것은 아니다. 우리는 그런 일이 일어나지 않게 해야 한다. 1992년에 주님과 함께 있으면서, 우리가 그분을 온전히 알지 못한다는 것을 깨달았다. 또 많은 것을 받았지만, 우리가 그것을 제대로 누리지 못하고 있다는 사실도 깨달았다. 그리고 그에 대한 나의 반응은 "만약 내가 이 모든 것을 알았다면, 주님을 위해 훨씬 더 많은 일을 했을 것입니다"였다.

그때 내가 이미 하나님의 말씀과 성령과 천사들을 받았다는 사실을 깨달았다. 이 모든 것은 우리가 이 땅에서 이기는 자가 되도록 돕는 하나님의 능력과 관계가 있다. 예수님은 우리에게 아버지의 나라의 권세로 행하여 이기는 자가 되라고 분명하게 말씀하셨다. 하나님의 권위에 순복하고 예수님의 이름을 사용하면, 모든 악한 영과 그의 일을 몰아낼 수 있다.

> 이제 너희는 내가 너희에게 그의 왕국을 밟을 나의 모든 권세를 주었음을 알라. 너희는 너희 앞의 모든 악한 영을 밟고 사탄이 소유한 모든 권능을 이길 것이다. 너희가 이런 권세로 행할 때, 아무것도 너희를 해치지 못할 것이다. (눅 10:19, 패션성경)

우리가 하나님 나라의 권세에 순복하지 않고 예수님의 이름을 사용하지 않으면, 결국 아무 일도 일어나지 않을 것이다. 예수님이 우리에게 사탄을 이길 권세를 주셨어도 우리가 그것을 사용하지 않으면, 믿음 안에서 이기는 자가 되기는커녕 오히려 원수에게 정복당하게 된다.

예수님이 분명 우리를 위해 하나님 나라의 많은 유익들을 취하셨다면, 우리는 그것이 무엇인지 발견하고 지극히 높으신 분의 권위에 순복해야 한다. 순복한다는 것은 우리의 무능력과 연약함을 예수님의 능력과 힘으로 바꾸는 것이다. 그래서 우리가 하나님의 자녀로서 예수님의 이름을 선포하면, 악한 영들이 순복하는 것이다. 그 이름이 "모든 이름 위에 뛰어난 이름"이기 때문이다. 믿는 자가 예수님의 이름을 선포하면, 영존하시는 가장 높으신 분의 권세를 사모하는 것이다.

> 너희는 예수 그리스도와 동일한 태도를 취하라. 그는 하나님이시지만, 하나님과 동등하게 여겨지는 것에 연연하지 않으셨다. 오히려 그분은 자신의 신성한 특권을 포기하셨다. 그분은 종의 낮은 지위를 취하여 인간으로 태어나셨다. 사람의 모양으로 나타나실 때, 하나님께 순종하여 자기를 낮추시고 십자가에서 죄인의 죽음으로 죽으셨다. 그리하여 하나님이 그를 지극히 높은 영광의 자리에 올려 주시고 모든 이름 위에 뛰어난 이름을 주셔서 예수 이름에 하늘과 땅과 땅 아래에 있는 모든 무릎이 굴복하고, 모든 입으로 예수 그리스도를 주라 선포하여 하나님 아버지께 영광을 돌리게 하셨다. (빌 2:5-11, NLT)

하나님의 영광과 능력의 계시로 우리는 미래에서 활동할 수 있다. 영의 영역에서는 아무것도 우리를 제한하지 않는다. 우리는 전능하신 하나님이 세워 놓으신 최고의 계획들을 이루시도록 허락해 드리면서 그분과 동역할 수 있다.

하나님은 우리를 통해 이 세대에 역사를 만들기 원하신다. 우리가 성령님과 천사들에게 순복하면, 기록되고 선포된 하나님의 말씀이 실재가 되어 역사를 바꾸게 될 것이다. 많은 사람들이 주님께 돌아와 회개하고 구원받을 것이므로, 우리가 이 땅 가운데 성령으로 행한 놀라운 공적들을 천국의 책들에서 보게 될 것이다.

하나님의 신성한 성품에 참여하는 자가 되라. 사랑의 하늘 아버지는 그분을 알도록 많은 것을 경험할 수 있는 능력을 우리에게 주셨다. 그분의 선하심과 영광은 계속 나타나고 있다. 우리가 예수 그리스도를 통해 하나님의 많은 은택들을 발견하고 깨달으면, 걱정할 것이 없다. 이러한 은택들은 그분과의 동역 가운데 우리에게 부여된 것이다. 하나님이 친히 우리의 삶에 복을 부어 주실 것이고, 우리는 그분의 놀라운 능력을 경험하게 될 것이다.

> 그분의 신성한 능력으로 우리에게 필요한 생명과 하나님을 향한 온전한 헌신에 속한 모든 것을 우리에게 이미 넣어 놓으셨다. 이는 이 모든 것이 우리의 이름을 불러 그분의 선하심이 영광스럽게 나타나는 가운데 그분께 나아오도록 초청하신 분을 아는 풍성한 경험을 통해 우리에게 아낌없이 주어졌기 때문이다. 그 결과로 그분은 가치를 매길 수 없는 지극히 큰 약속을 주셨는데, 이 놀라운 약속을 통해 너희가 세상에 속한 썩어질 정욕을 피하여 신성한 성품에 참여하는 경험을 할 수 있게 되었

다. (벧후 1:3-4, 패션성경)

하나님의 손이 우리의 삶을 덮고 있기에 거룩한 본성으로 나아갈 수 있는 신성이 우리 안에 내재되어 있다. 우리는 "그분의 선하심이 영광스럽게 나타나는" 가운데 행하도록 부름 받았다.

축복의 손길

시편 139편 5절 하반절은 "주님의 사랑의 손으로 내 인생에 안수하셔서 나에게 축복을 베풀어 주셨습니다"(패션성경)라고 말한다. 하나님은 우리를 저주하지 않으신다. 그분은 우리에게 복을 주고 싶어 하신다. 우리에게 손을 얹고 복을 주기 원하신다.

우리는 날마다 새로운 호흡과 건강과 온갖 은택을 받는다. 그러므로 하나님께 감사드려야 한다. 우리는 항상 천국으로부터 받고 있다. 또한 아버지 하나님은 우리에게 복을 주기 원하신다. 그분은 어떻게 그렇게 하시는가?

구약에서는 사람들에게 손을 얹고 다음 사람에게 복이나 기름부음을 전하곤 했다. 족장의 경우에는 아브라함이 이삭에게 임파테이션해 주었고, 그 다음이 야곱이었다. 이후로 역사는 계속되어 요셉이 애굽으로 갔고, 모세는 이스라엘 백성을 이끌고 그곳에서 나왔다.

역사는 약속의 땅 가나안으로 이어진다. 이사야 선지자가 받은 임파테이션도 있다. 그는 천국에서 받은 임파테이션을 기록으로 남겨 오늘날 하나님의 말씀이 되었다.

엘리야는 열방을 향한 선지자로 기름부음을 임파테이션 받았다. 그 후 엘리야에서 엘리사로 넘어갔는데, 그는 갑절의 기름부음을 받아 엘리야가 행한 것의 갑절로 행하였다. 예수님이 열두 제자들에게 복을 임파테이션하셨을 때에도 마찬가지였다. 이 열두 명 이후로 70명이 나가서 병든 자를 고치고 마귀를 쫓아내었다. 그리고 예수님에게는 매우 친밀한 세 명의 제자들, 즉 베드로와 야고보와 요한이 있었다.

오순절에는 120명의 사람들이 있었고, 그들을 통해 짧은 시간 안에 교회가 3천 명으로 성장했다. 그 시점부터 교회는 계속해서 성장하고, 또 성장했다. 이것이 임파테이션이다.

신명기 28장에서 하나님은 이스라엘에게 누구를 섬기고 순종할 것인지 선택하게 하신다. 그분은 우리가 복을 선택할 수도, 저주를 선택할 수도 있다고 말씀하셨다. 이것은 하나님이 하신 말씀에 순종하여 그분이 하나님이심을 분별하는 것이었다.

하나님은 우리 앞에 있는 이 말씀을 지키고 따르면, 복을 받게 된다고 선언하신다. 그러나 하나님을 따르거나 순종하지 않고, 우리 앞에 있는 것들을 지키지 않으면, 저주를 받을 것이다. 그분은 그들에게 "오늘 너희가 어느 것을 원하는지 선택하라"고 말씀하셨다. 이처럼 우리에게는 원하는 것을 선택할 권리가 있다. 축복을 원하는가, 아니면 저주를 원하는가?

하나님이 "들으라, 내가 너에게 복을 임파테이션하고 사랑의 손을 네 위에 얹어 축복할 것이다"라고 말씀하시면, 그것이 바로 은총이다! 하나님은 그분의 것을 취하여 우리 위에 두기로 결정하셨다. 시편 139편 5절을 다른 말로 바꾸면, 다음과 같다. "내가 너의 미래를 알기에 앞서 가서 네 길을 만들고 준비하였다. 뿐만 아니라 네 뒤, 곧 과거로 가서 과거의 해로움으로부터 너를 보호한다. 내가 나의 손을 너에게 얹어 복을 임파테이션할 것이니, 너는 은총을 받게 될 것이다."

하나님의 성품

축복은 하나님의 성품 중 하나이기에 매우 중요하고 실질적인 것이다. 하나님은 그분의 손을 우리 위에 얹어 복을 전해 주신다. 그분의 자녀는 그렇게 임파테이션 받은 것을 삶 가운데 나타내기 시작해야 한다. 몸이 반응하여 치유를 보게 되고, 생각과 감정이 영향을 받으면서 혼이 치유되기 시작한다. 아버지 하나님의 축복으로 영의 변화를 감지하게 되고, 이전보다 탁월한 능력을 갖게 된다. 이전에 보지 못한 초자연적인 영역에서 행하기 시작한다!

이 마지막 때에는 사람들이 에녹과 같이 하나님과 동행하는 기적을 보게 될 것이다. 이들은 설명할 수 없는 탁월한 기적을 일으킬 것이다. 그것은 보기 드문 은총을 통해 하나님의 선하심이 나타나는 것일 뿐이다. 그것이 바로 설명할 수 없는 하나님의 은총이다.

하나님은 우리를 위해 사랑을 임파테이션하시는데, 그 사랑이 우리에게 복이 된다. 그리고 우리의 영·혼·육은 그 복에 반응한다. 우리가 만지고 말하는 것마다 형통하기 시작하고, 초자연적인 능력을 지니게 된다. 아버지의 손이 우리의 삶 위에 있기 때문이다. 아버지라면 누구나 자녀가 필요로 하고 원하는 모든 것을 얻기 바랄 것이다. 자녀들이 자기들보다 더 잘하기 원할 것이다. 그들은 자녀가 탁월해질 수 있는 환경을 만들기 위해 모든 것을 희생할 것이다.

아버지 하나님의 보살핌을 받는 자녀는 아무도 무시당하지 않을 것이다. 하나님의 말씀이 뭐라고 하시는지에 대해 사람들에게 알려 주는 과정이 있다. 예수님과 함께 있을 때 보게 된 것 중 하나는, 사람들에게 계시의 영이 없어서 매일 그 안에서 행하지 못한다는 것이었다.

성령님께 그렇게 집중하는데도 우리는 여전히 그분을 이해하지 못하고 있다. 이것은 우리가 "계시의 영"(엡 1:17 참고)이신 그분께 순복하는 방법을 모르기 때문이다. 그래서 하나님의 완전하신 뜻을 놓치는 경우가 있는 것이다.

믿는 자들 중에도 예수님을 중요시하면서도, 우리가 그분의 동역자라는 진리를 온전히 이해하지 못하는 자들이 있다. 우리가 예수님의 동료 종이자 형제이며 친구라는 것을 이해하지 못한다. 동시에 그분은 우리의 구세주요 하나님이시며, 하늘군대의 수장이시다.

예수님은 다양한 역할들을 수행하고 계신다. 그런데 우리는 그분에 대해 알아야 할 것들을 하나도 이해하지 못하여, 삶 가운데 그분의 다양한 역할들을 깨닫지 못하고 있다. 우리가 이해하는 것이 많아질수록 초자연적인 현상이 삶 가운데 더 많이 나타나게 될 것이다.

아버지는 아들(말씀)과 성령을 통하지 않고는 계시되지 않으신다. 그래서 우리 안에 하늘 아버지에 대한 이해가 부족한 것이다. 나는 천국에 있을 때, 사람들이 아버지 하나님을 온전히 이해하거나 알지 못한다는 사실을 깨달았다. 대부분의 믿는 자들이 성령님과 예수님은 안다. 그러나 많은 사람들이 삼위일체를 이해한다고 생각하지만, 그들에게 성부 하나님은 이해할 수 없는 분이라는 것을 알게 되었다.

천국 보좌의 방에 있을 때에도 성부 하나님은 내게 신비스러운 분이었다. 당시 나는 예수님도 알고 성령님도 알았지만, 성부 하나님은 숨겨져 있다는 사실을 깨달았다. 실제로 그분은 결코 자신을 온전히 드러내지 않으셨다. 오직 성령과 하나님의 말씀이신 예수님을 통해 자신을 드러내신다.

아버지가 드러나다

장래에 아버지 하나님이 계시되실 것이라고 한다. 나는 '하나님의 영광'이라 불리는 그분의 일부분을 보았다. 그것은 하나님 아버지에게서 뿜어져 나오는 성품으로, 보좌의 방을 가득 채우고 있었고, 예수님은 그 영광의 일부이시다. 보좌는 이 영광으로 둘러싸여 있다. 나는 마지막 때에 이 영광이 교회 안으로 들어와 다양한 집회 가운데 나타나며 아버지에 대해 계시해 주는 모습을 보았다.

바로 지금 삶에 필요한 것, 부족한 것은 무엇인가? 나는 우리가 이 땅에서 겪는 많은 일들이 온전한 아버지에 대한 계시가 없어서 그분을 제대로 이해하지 못하기 때문임을 알았다. 오늘날, 사탄은 바로 이 전략을 우리에게 사용하고 있다. 그는 우리를 아버지가 없는 세대로 만들어서 이 계시를 빼앗아 가려 한다.

그리스도인에게는 이 땅에서 원수의 권세를 파쇄하고 승리 가운데 행할 권세가 주어졌다. 거듭남을 경험하지 못한 사람에게는 악한 영들과 이 세상의 신들을 대적할 힘이 없다.

바울은 거듭나기 전에는 우리가 세상의 풍조를 따랐고, 이 세상의 신(엡 2:2 참고)을 거부할 수 없었다고 말한다. 천국에 있을 때, 이 말씀이 내 안에서 울려 퍼졌다. 사람들은 좋은 부모가 될 수 없었다. 이 세상에 있는 원수의 영향력이 사람들을 강하게 사로잡아 자녀들이 부모, 특히 아버지에게 무조건적으로 사랑받는 것이 어떤 것인지 모른 채 자라고 있기 때문이다.

아버지는 권위이다. 우리에게는 권위에 대한 계시와 상황을 다루고 해결하는 법에 대한 계시가 필요하다. 하나님 아버지에 대한 온전한 계시가 없었기 때문에 우리는 그런 권위로 행하지 못하고 있다. 지금과 같은 마지막 때에는 아버지 하나님을 더 중요시하게 될 것이다. 우리는 아버지의 마음을 어디에서 볼 수 있는지 가르치면서 계시가 임하는 것을 보게 될 것이다. 이제 하나님께서 아버지로 나타나시며 자신을 계시하실 것이다. 그분이 영광의 구름으로 우리의 예배에 임하실 것이다.

앞으로 예배 가운데 더 많은 치유를 보게 될 것이다. 아버지께서 나타나시면서 영광이 임하여, 사람들의 몸에 영향을 미침으로 치유가 가속화될 것이기 때문이다. 또한 가르치는 자들이 아버지가 되는 모습을 보게 될 것이다. 그들은 학생의 단계에만 머물러 있는 것이 아니라 제자가 되는 더 높은 차원으로 올라가게 될 것이다.

가르치는 것과 제자 삼는 것은 다르다. 가르친다는 것은 정보를 주고 교육하는 것을 말한다. 제자 삼는다는 것은 스승을 그대로 따르는 학생들을 키워 내는 것인데, 이것이 바로 나의 사명이다. 우리는 사람들을 가르칠 수 있다. 그러나 그 사람이 임파테이션을 통해 전달받은 것을 다음 세대에 전하지 않을 수도 있다. 다음 세대에 전달하고 임파테이션해 주기 원한다면, 사람들을 제자 삼아야 한다.

제자들은 우리가 행하는 대로 행할 것이다. 그런 일이 예수님과 함께 있을 때 일어났다. 제자들은 예수님이 하신 일들을 행해야 했다. 상황이 잘못되면, 사람들은 예수님에게 와서 불평하며 "당신의 제자들은 마귀를 쫓아내지 못했습니다. 그들이 병든 자를 고치지 못했습니다"(마 17:16 참고)라고 말했다. 예수님은 제자들에게 얼마나 오랫동안 그들과 함께 있어야 하느냐고 물으셨다. 그들에게 임파테이션해 주셔서 그들 스스로 그분과 동일한 일들을 행할 수 있게 해주려 하셨기 때문이다.

그래서 예수님은 성령이 오시면 그분이 행하신 것보다 더 큰 일들을 하게 될 것이라고 말씀하신 것이다. 그분은 요한복음 14장 12절에서 "나를 믿는 자는 내가 하는 일을 그도 할 것이요"라고 하시고, 이어서 "또한 그보다 큰 일도 하리니"라고 하셨다. 제자들은 큰 일은커녕 어째서 예수님이 하시는 것조차 행할 수 없는지 생각하고 있었다.

이 모든 것이 사람들에게서 자신을 그대로 나타내고 싶으신 하나님 아버지의 생각이었다. 기독교나 교회에 속하여 교육을 받고 성경공부를 한다는 것의 온전한 개념은 단순히 사람들에게 진리만 알려 주는 것이 아니라, 예수님처럼 행하는 단계로 나아가야 한다는 것을 말한다. 아버지는 예수님을 통해 천국과 그분 자신을 있는 그대로 나타내기 위해 역사하고 계신다. 그러므로 그리스도인들도 그렇게 해야 한다.

아버지 하나님은 우리를 그분처럼 행하고, 그분이 아시는 것을 아는 단계로 데려가고 싶어 하신다. 예수님은 제자들에게 그렇게 하셨다. 제자들은 3년 반 동안 주님과 함께 있으면서도 그 단계에 이르지 못했지만, 사도행전을 보면 결국 그들 모두가 그 단계 가운데 행하게 되었다. 이렇게 뿌리 내리기 시작한 것이다. 예수님이 그들에게 임파테이션 하시고 기도해 주시는 모든 순간이 다 심겨졌던 것이다.

사도행전에서는 이들이 전에 예수님과 함께 있었다는 사실을 사람들이 눈치챘다고 말한다(행 4:13 참고). 믿는 자들이 예수님처럼 행동하기 시작하는 모습을 보게 된 것이다. 사람들은 믿음과 기적 그리고 하나님의 말씀이 담대하게 선포되는 것을 보았다. 그들은 제자들을 멈추게 하려고 감옥에 던져 넣기 시작했다. 제자들의 영향력이 너무 커져서 원수에게 위협이 되었기 때문이다.

이것이 바로 우리를 향한 아버지의 마음이다. 하나님은 나를 다시 돌려보내셔서 내 삶 가운데 그분이 행하고 계시는 일을 다른 사람들에게 그대로 행할 수 있게 해 주셨다. 나의 목적은 하나님이 원하시는 대로 이것을 사람들에게 전달하고 임파테이션하는 것이다.

하나님은 각 사람이 이렇게 행하기를 바라신다. 우리는 하나님의 말씀과 내주하시는 성령님을 신뢰하며 매일 기적 안에서 행할 수 있다. 오늘날 아버지께서 우리에게 임파테이션해 주신다는 개념이 교회 안에 회복되고 있다.

바울은 수많은 스승이 있으나 아버지는 많지 않다고 말한다(고전 4:15 참고). 그는 "내가 감옥에 갇혀서 지금은 너희와 함께 있을 수 없다. 그런데 다른 사람들이 와서 너희를 빼앗아 가려 하기에 내가 너희에 대해 질투하는 것이다"라고 말하려 하는 것이다.

바울은 그들의 관계에 질투했다. 하나님은 질투의 하나님이시다. 그래서 우리에 대해 질투하신다. 그분은 우리를 원하신다. 아버지 하나님은 우리에게 임파테이션해 주고 싶어 하신다. 그러면서 우리가 그분의 아들 예수님처럼 행동하기를 바라신다. 우리는 이 세상에서 그분과 같아질 것이고, 기적들을 보게 될 것이다.

내가 이러한 계시로 기도하기 시작하면서, 기도가 점점 강력해졌고, 응답이 속히 임하는 모습을 보게 되었다. 이렇게 되면서, 나는 신중하게 해야만 했다. 내가 말한 것들이, 즉 예수님의 이름으로 구한 것들이 이루어지는 것을 보게 되었기 때문이다.

> 아버지 하나님, 예수님의 이름으로 당신의 보좌로부터 오는 임파테이션으로 인해 감사드립니다. 제가 예수님의 이름으로 각각의 사람을 축복하며, 예수님의 이름으로 그들을 향한 마귀의 모든 권세를 파합니다. 아버지 하나님, 승리를 주셔서 감사합니다. 천국으로부터의 임파테이션으로 인해 당신께 감사드립니다. 당신께서 그들을 사랑하시고, 그 사랑이 예수님의 이름으로 모든 두려움을 내쫓습니다.

chapter 6

주의 영이 당신을 인도하신다

내가 어디를 가든 주의 손이 나를 인도하시며 주의 능력이 내게 힘을 주시리로다.

(시 139:10, 패션성경)

It's rigged in your favor

　거듭난 직후, 나는 거듭남의 경험과 성령 충만한 삶을 믿는 교회의 성경공부 모임에 참석했다. 모임은 어느 멤버의 집에서 가졌는데, 구성원 대부분이 젊은 사람들이었다. 나는 거듭난 경험조차 믿지 않던 이전 교회와 달리 성경이 가르치는 대로 믿는 사람들과 함께할 수 있어서 매우 좋았다.

　매주 월요일 저녁에 모임이 시작되면, 리더는 한 주 동안의 특별한 간증이나 주님이 멤버들과 나누도록 보여 주신 것이 있는지 물었다. 나는 누군가 먼저 나누기를 기다렸지만, 아무도 나서지 않았다. 나에게는 항상 나눌 것이 있었다. 초신자인데도 일상 가운데 초자연적인 일들이 일어나고 있었기 때문이다.

　주님이 내 삶 가운데 행하시는 일들을 몇 주째 모임에서 나누던 어느 날, 리더가 나를 따로 불러냈다. 그는 내가 초신자이기 때문에 이런 일이 일어날 수 없다고 하면서, 자신이 더 성숙한 그리스도인이며 나의 리더라는 사실을 확인시켜 주었다. 하나님은 이제 막 회심한 사람에게는 이 모든 것들을 말씀하지 않으신다는 것이었다. 즉, 하나님이 내가 아닌 그에게 먼저 말씀하신다고 했다. 리더는 모두가 듣고 있는 자리에서 이렇게 말했다. 그때 나는 갑자기 열린 환상 속으로 들어갔다. 환상 가운데 그 집 밖의 보도에 서 있었는데, 보도 끝 풀숲에 있는 지갑을 주우라는 하나님의 음성이 들렸다. 살펴보니, 정말 보도와 풀숲 사이에 갈색 지갑이 끼어 있었다.

그 순간 환상에서 빠져나오면서 리더가 계속 내 잘못을 지적하는 소리가 들렸다. 나는 다시 집 안에 있었다. 처음 경험한 일이라 방금 나에게 무슨 일이 일어난 것인지 이해가 되지 않았다. 나는 곧바로 짐을 챙겨 차가 있는 곳으로 가다가, 환상 가운데 보았던 장소를 살펴보았다. 그런데 거기에 정말 갈색 지갑이 있었다. 주님은 그것이 리더의 지갑이라고 말씀하시면서, 그것을 가지고 가서 내가 성령님의 음성을 듣고 있으며, 그가 나를 판단하는 것이 잘못이라는 사실을 증거하라고 하셨다.

내가 집 안으로 들어가서 지갑 속의 운전면허증을 보여 주자, 리더는 깜짝 놀랐다. 그는 사흘 전에 지갑을 잃어버렸다고 하면서 어디에서 찾았는지 궁금해했다. 나는 그가 나를 꾸짖는 동안 주님이 말씀해 주셔서 가서 가져왔다고 대답했다. 주님은 내게 다시는 그 모임에 가지 말라고 말씀하셨다.

하나님은 우리를 성령으로 인도하기 원하신다. 그러므로 힘을 내라. 주님 안에서 나이는 상관이 없다. 그리스도인들은 모두 동일한 성령님을 받았다. 그러므로 누구나 강력하게 인도함을 받을 수 있다.

성령님이 우리를 인도하신다

성령님이 어떻게 인간인 우리와 함께 일하시는지, 그 복잡하고 미묘한 일들을 이야기하는 것은 참으로 즐겁고 신나는 일이다. 우리는 인간이 육체적·정신적 존재일 뿐만 아니라 영적 존재라는 사실을 배우고 있다. 따라서 우리는 성령 안에서 행하는 자들이 되어야 한다. 이를 위해 지속적으로 몸을 절제하고 생각을 교육하여 영과 충돌하지 않게 훈련되는 것이 중요하다. 몸이나 생각이 우리를 다스리게 되는 것은 하나님의 뜻이 아니다.

천국에서 돌아온 뒤, 나는 우리에게 가장 중요한 부분이 영이라는 사실을 깨달았다. 거듭나는 경험은 말 그대로 우리를 그리스도 안에서 이전에는 존재하지 않던 새로운 피조물로 만든다. 이 거듭남을 통해 우리는 영의 세계로 들어가게 되는데, 우리의 영이 초자연적 부분이기에 이제 삶 가운데 초자연적인 사건들이 일어나게 된다는 의미이다. 성령님은 영 안에서 우리를 인도하신다. 거듭난 우리의 영, 곧 영의 사람과 마음을 인도하신다.

성령님은 우리를 영에 내재된 모든 진리로 이끄신다. 영과 영의 만

남인 것이다. 하나님은 사람이 아니시기에 우리와 같은 육신을 가지고 계시지 않는다. 그러므로 육신을 통해 우리에게 말씀하지 않으신다. 그분은 어떤 생각이나 지적 능력도 아니고, 감정만 가지고 계신 분도 아니다. 하나님은 영이시기에 우리의 감정에 호소하지 않으신다.

하나님은 영이시니 예배하는 자가 영과 진리로 예배할지니라 (요 4:24)

영과 영으로 말하다

하나님은 영이시다. 따라서 그분은 영을 통해 우리에게 말씀하신다. 하나님은 우리의 마음으로 들어오셔서 그분의 영을 두시고, 거기에서 우리에게 말씀하신다. 그러므로 모든 것이 우리에게 유리하게 되어 있다. 이 모든 것을 알았다면, 지금과 같은 문제들이 없었을 것이다. 여기서 문제는 우리가 어떻게 만들어졌고, 하나님이 사람들을 어떻게 대하시는지를 우리가 모른다는 것이다.

하나님은 각 사람의 영을 상대하신다. 그분은 먼저 우리의 마음에 영향을 미치신다. 사람을 보내어 말씀을 전하면서 결정을 내리도록 확신을 주시지 않는다. 때로는 우리가 천사들의 인도를 받으면서도 그들을 보지 못할 수도 있다.

우리 주변에는 항상 천사들이 있다. 언제 내 곁에 천사들이 없는 때가 있었는지는 모르겠다. 하나님이 어느 정도 모든 그리스도인들을 이끌고 계시는 것이다. 그러나 그리스도인들이 항상 그들의 영적 환경을 인식하는 것은 아니다.

시편 기자는 139편 7-10절에서 다음과 같이 말한다. "내가 주의 영을 떠나 어디로 갈 수 있으리요? 주의 낯을 피해 어디로 도망가 숨으리요? 내가 하늘에 올라가도 주께서 거기 계시며 죽은 자의 땅에 내려가도 또 거기 계시나이다! 내가 날개로 날아 빛나는 새벽 속으로 들어가도 거기 계시며 찬란한 일몰 속으로 날아가도 거기서 기다리고 계시나이다! 내가 어디를 가든 주의 손이 나를 인도하시며 주의 능력이 내게 힘을 부어 주시리로다"(패션성경).

어디를 가든지 하나님이 거기에 계신다는 10절 말씀을 주목하라. 우리는 하나님을 피해 달아나가거나 그분에게서 벗어날 수 없다. 어디를 가든지, 임의로 어느 방향으로 갈지 결정하더라도, 그분이 거기에서 기다리고 계신다.

우리는 하나님으로부터 벗어날 수 없다는 사실을 받아들임으로 이 진리를 마음으로 결단할 수 있다. 이것은 또한 우리의 정체성과 부르심에서 벗어날 수 없다는 말이다. 우리는 하나님을 피해 달아날 수 없다.

성경의 몇몇 선지자들이 하나님과 그분의 부르심에서 벗어나려고 했지만 그럴 수 없었다. 하나님의 은사와 부르심에는 후회가 없으므로 그들을 보내 주지 않으시는 것이다. 즉, 그것은 우리의 선택이 아니다. 하나님은 특정한 일들을 위해 우리를 택하셨다. 그러므로 그리스도인이 되고자 한다면, 즉 하나님을 따르기 원한다면, 자신을 그분께 넘겨 드려야 한다. 이것이 바로 그리스도인이 된다는 의미이다.

사도 바울은 그의 삶이 자신의 것이 아니라고 말했다. 그는 심지어 우리의 몸을 '성전' 또는 '하나님의 집'이라고 하였다. 그러므로 그것은 더 이상 우리의 것이 아닌 것이다(고전 6:19 참고). 그런데 이 진리가 우리의 삶에서 가치를 잃어버린 것 같다. 지난 2-3년간 하나님이 몸과 마음과 영의 주인이시며, 각자의 삶은 그들의 것이 아니라는 사실을 인정하지 않는 이들을 지켜보았다. 이제 예수님이 우리를 통해 살아가시도록 허락해 드려야 한다. 그분은 그리스도인을 통해 그분의 사역을 계속하고 계신다!

모두가 사역자이다. 그러므로 모든 사람이 예수님께 순복하고, 주님이 우리를 통해 그분의 삶을 살아가시게 될 것이다. 그분이 우리의 몸을 취하여 자신을 나타내실 것이다. 중요한 것은 나타남이다. 그 계시가 나타나는 것을 보기 원한다면, 계시에 순복해야 한다.

계시가 임하면, 하나님의 방문을 받고 이어서 그분의 거하심도 받게 된다. 하나님은 성령으로 우리를 이 여정으로 데려가셔서 그분의 길들을 보여 주시며 자신을 드러내고 계신다. 말씀에는 모세가 하나님의 길들을 이해했지만, 이스라엘은 오직 하나님이 행하신 일들만 보았다고 기록되어 있다(시 103:7 참고).

하나님과의 관계를 유지하라

나는 구경꾼이 되고 싶지 않다. 이스라엘 사람들은 불리한 상황이 되면, 두려워하며 하나님과의 관계를 끊고 싶어 했다. 그러나 우리는 개인적으로 하나님과 연결되어 있어야 한다. 참으로 그분을 알아가야 한다. 그분을 알면, 우리는 하나님의 방식으로 그분과 연결된다.

사람들이 진정으로 하나님을 알면, 그분의 말씀에 의문을 갖지 않고 그대로 행한다. 나는 어떤 일이 잘되는지 알아보고 시도하는 방식으로 살지 않는다. 대신 하나님이 무엇을 하라고 말씀하실 때까지 기다린다. 그리고 그분이 무슨 말씀을 하시든지 그대로 행한다. 나는 하나님이 그것을 확증해 주실 때까지 기다리지 않는다. 그것은 이미 기록되어 있으므로, 그대로 된다.

시편 139편 10절은 "내가 어디를 가든지 주의 손이 나를 인도하시며"라고 말한다. 우리는 하나님을 피해 달아날 수 없다. 그분은 천국과 지옥을 언급하시며, 우리가 어느 쪽으로 가든지 아신다고 말씀하신다. 그곳에 도착하자마자, 우리는 하나님을 만나게 될 것이다. 우리는 그분을 벗어날 수 없다. 그분이 모든 피조물의 중심이시고, 말씀 외에 어떤 것의 제한도 받지 않으시기 때문이다.

우리가 어디로 가든지 주님이 인도해 주실 것이다. 지금 이것이 의미하는 것은 무엇인가? 우리는 그분의 음성을 들어야 한다. 그분이 말씀하시는 대로 따라야 한다. 주님이 우리에게 임하시면, 그분의 손이 우리를 인도해 주신다. 우리에게 올바른 방향을 보여 주시거나 그곳으로 데려가 주실 것이다. 여기에서 하나님의 손이 우리를 인도하신다는 것은 친밀감을 표현하는 것이다.

나는 주님의 손이 내 위에 있는 것을 느낀다. 그것이 너무나 선명해서 더 질문할 필요가 없다. 이제는 하나님이 가라고 말씀하시는 방향을 알지만, 그분을 알아가는 데 여러 해가 걸렸다. 하나님을 항상 그런 식으로 이해하는 것은 아니었지만, 방법을 배우고 싶었다.

우리가 열정적으로 성령님께 순복하고 자신을 내려놓으면, 하나님이 우리 안에서 우리를 통해 통치하고 다스리기 시작하신다. 우리의 말과 행동을 하나님이 주관하시게 하라. 그분은 우리보다 더 좋은 방법을 아신다. 그러므로 그분께 순복하며 "주님, 당신은 제가 모르는 것을 아십니다"라고 말하는 법을 배워야 한다. 지금은 온전히 주님을 신뢰해야 할 때이다.

주님을 신뢰한다고 말하는 순간, 그것이 천국에 기록되면서 하나님과 천사들이 우리가 그렇게 약속한 것을 알게 된다. 우리는 그분과 더욱 친밀해질 것이다. 그리고 하나님은 우리를 향해 그분이 품으신 것을 맡겨 주시고, 능력을 덧입는 특별한 곳으로 데려가 주실 것이다. 성경 말씀대로 그분이 우리를 강하게 하실 것이다. 능력의 손으로 덮으셔서 우리를 인도하시고, 강하게 하시며, 능력을 주실 것이다.

내가 거듭나고 성령으로 충만해진 후 내게 임하신 성령님에 대해 생각한다. 그분은 하나님의 능력으로 나를 강건케 하시고 이끌어 주셨다. 그로 인해 나는 정기적으로 기적이 일어나는 것을 보았다. 힘들 때에도 초자연적인 일들을 경험했고, 하나님이 나를 위해 그곳에 계셨다. 주님의 손이 우리 위에 임하여 만져 주시면, 삶이 바뀌고 변화되기 시작한다. 이것은 우리가 상황을 다르게 보게 되는 것과 관련이 있다.

우리가 주님의 인도하심과 능력에 순복하면, 그분의 손길이 우리 주변에 있는 사람들에게도 영향을 미치기 시작한다. 처음에는 우리가 그분을 구할 때, 기도에 응답해 주신다. 그분이 친히 오셔서 우리의 현실과 상황을 인식하는 방법을 바꿔 주신다. 우리를 들어 올려 주셔서 더 높은 위치에서 내려다보게 하신다. 그러면 이전에 보지 못하던 것들을 보게 되고, 이해할 수 없던 것들을 깨닫게 된다.

하나님이 말씀하신 대로 행하기 시작하면, 우리가 잘되고 성공하게 되는데, 이것은 매우 정상적이고 당연한 일이다. 그분이 우리를 인도하시며 강건케 하시고 우리와 함께 일하고 계시기 때문이다. 이것이 바로 시편 기자가 말하고 있는 것이다. 이제 우리는 아버지 하나님과 더욱 친밀해지는 단계로 나아가게 될 것이다. 지금 능력을 받으라. 성령 안에서 행하는 것은 천국에 기록되어 있는 우리의 책들과 내용이 일치하므로, 매우 강력하고 복잡하며 세밀할 것이다.

하나님이 우리를 향해 품고 계신 것을 원한다면, 그 일들이 저절로 일어나기를 기다리고 있을 수는 없다. 성령님이 우리의 삶에 그 일들을 행하시도록 허락해 드려야 한다. 말씀을 행하고, 그 일들이 어떻게 되어야 하는지 선포하는 자가 되라. 당신 앞에 있는 원수와 산들을 향해 선포하면서 주님께 그분의 말씀을 믿고 의심하지 않는다고 말씀드리라.

> 내가 너희에게 이르는 진리의 말씀을 들어라. 누구든지 큰 믿음으로 의심하지 않고 이 산을 향해 말하기를, "산아, 들리어 바다 한가운데에 던져져라" 하고 그 말하는 것이 이루어질 줄 믿으면 그대로 되리라. (막 11:23, 패션성경)

주님이 인도하셔서 역사가 나타나기 시작한다. 계시가 마음 가운데 흐르면서 입에서 나오는 강력한 말씀이 된다. 그것을 단순히 마음속의 계시로 두지 말고 선포하기 시작하라. 그렇게 선포하고 나면, 선명하게 보고 분명하게 들으면서 계시대로 행하게 된다. 그 일을 행하기 시작한다. 이제는 생각에 불과한 것이 아니라 우리의 입술에서 나오는 깊은 지식이므로 우리가 선포한 것을 향해 걷기 시작할 것이다. 이것이 우리를 향한 하나님의 계획이다.

강권하라

사역이란, 하나님이 우리를 통해 예수님의 일들을 행하시도록 허락해 드리는 것이다. 예수님은 여전히 이 땅에서 사역하고 계신다. 그분의 몸이 떠나가신 후에도 그분의 사역은 계속되고 있다. 이제 믿는 자인 우리가 그분의 몸이기 때문이다. 각자가 그분을 위해 해야 할 몫과 역할이 있다. 예수님은 값을 치르고 우리를 다시 사신 후 하나님의 오른편으로 가실 때 영의 세계에서 성취하신 일을 지금 이루고 계시는 것뿐이다.

주님은 우리를 통해 그분의 사역을 성취하고 계신다. 고린도후서 5장에서 사도 바울은 우리에게 화해의 사역이 맡겨졌으니, 가서 사람들을 예수님께 나아오게 하고 그 대가가 이미 지불되었음을 전하라고 말한다. 우리는 예수 그리스도의 복음을 전하고, 사람들을 주님께 이끌어 그분을 영접하게 해야 한다. 이것은 마치 예수님이 우리를 통해 잃어버린 자들에게 호소하시는 것과 같다. 이것이 바로 사역이며, 모든 사람을 위한 것이다. 그리스도의 몸 가운데 사도나 선지자, 목사, 교사, 복음전도자와 같은 특정한 직분이 있어야 하는 것은 아니다. 모든 사람이 화해의 사역에 부름 받았다.

오중사역은 하나님이 지명하여 세우셨기에 모두 중요하다. 그러나 믿는 자들은 예수님을 믿는다는 것만으로도 매우 큰 능력을 가지고 있다. 모든 사람이 오중사역을 하는 것은 아니다. 그러나 믿는 자는 성령의 능력으로 사역할 수 있기에, 언제든지 예수님의 일을 행할 수 있다.

주님은 믿는 자들에게는 이런 표적이 따라야 한다고 하시며, 마귀를 쫓아내고 병든 자를 고치며 복음을 전하고 심지어 죽은 자를 일으키는 것을 말씀하셨다(막 16:17-18 참고). 믿는 자는 누구나 복음의 능력으로 이 모든 일을 행할 수 있다.

이 일들을 행하기 위해 특별한 부르심을 받거나 교회 안에서 따로 직분을 받아야 하는 것은 아니다. 믿는 자라면 누구나 가능하다. 하나님의 손이 우리 위에 있다는 것을 기억하라. 그러므로 그분이 오시면, 특정한 일들이 그분의 영광을 위해 우리에게서 나타나게 된다.

우리를 통해 일하시는 예수님

어렵고 힘든 때를 지날 때, 영적 전쟁이 벌어지고 있으며 악한 영들이 우리를 지연시키려 애쓰고 있다는 사실을 깨달아야 한다. 하나님은 우리를 부르고 택하여 기름 부어 주시고 말씀으로 가르치며 지도해 주신다. 그리고 성령, 곧 부활의 능력을 주신다. 성령님은 우리를 통해 사역하기 원하신다. 그러나 먼저 방해가 되는 것을 제거하셔야 한다.

우리는 주님의 손길을 바라고 성령의 인도함을 받고 싶어 하지만, 그것이 쉽지가 않다. 사람들은 삶 가운데 성령의 활동이 거의 없는 이유를 궁금하게 여긴다. 그들은 하나님이 운행하며 일해 주시기를 바란다. 문제는 하나님이 그렇게 해주시기를 사람들이 기다리고 있다는 것이다. 그들은 자신들을 통해 하나님이 그 일을 행하시도록 허락해 드리지 않고, 흉내만 내려고 애쓴다. 마치 앵무새를 훈련시키는 것처럼 말이다. 앵무새에게 어떤 말을 훈련시키면, 그 말을 하게 될 것이다. 이때 앵무새가 자신이 하는 말을 아는 것처럼 보이지만, 사실은 아니다. 단지 소리를 듣고 따라하는 것일 뿐, 이해하지는 못한다.

어떤 그리스도인들은 아무것도 하지 않고 가만히 앉아서 기다린다. 그들은 하나님이 원하시면 운행하실 것이고, 원하지 않으시면 아무것도 행하지 않으실 것이라고 생각한다. 그래서 아무 일도 일어나지 않는 것이다. 하나님은 그들을 기다리고 계시는데, 그들이 하나님을 기다리고 있기 때문이다. 반면 하나님보다 앞서 나가는 그리스도인들도 있다. 그들은 성령님의 때가 아닌데도 일이 일어나게 하려고 애쓴다. 우리에게는 균형이 필요하다. 뒤로 물러나서 성령이 하시는 말씀을 듣고 기꺼이 행할 수 있게 자신의 소리와 성령의 음성을 분별할 수 있어야 한다.

하나님은 우리를 인도하고 싶어 하신다. 그러나 천국에서 본 바에

의하면, 사람들이 십자가에 못 박힌 삶을 살지 않는다는 것이 문제이다. 그들은 자신을 부인하며 자기 십자가를 지고 예수님을 따르지 않는다. 단지 지옥에 가고 싶지 않아서, 천국에 가고 싶어서 구원받았을 뿐이다. 즉, 지옥에 가지 않는 유일한 방법이 예수님을 영접하는 것이기 때문이다. 지옥에 가지 않으려 하는 것은 좋은 일이다. 그런데 여기서 문제는 그들의 나머지 삶에 있다. 그저 구원받았다는 사실에 만족하며 영적 성장을 위해 아무것도 하지 않는다면, 그것은 좋은 일이 아니다. 천국에 있을 때, 우리가 이 땅에서 받은 것으로 행한 것에 대해 상을 받는 모습을 보았다.

우리는 은사를 쥐고 앉아서 땅에 묻어 놓기만 하면 안 된다. 예수님은 한 달란트 받은 사람이 그것을 감춰 두고 투자하지 않아서 보상을 받지 못했을 뿐만 아니라 가진 것마저 빼앗겼음을 비유로 보여 주셨다. 그의 달란트는 옳은 일을 행한 사람에게 주어졌다(마 25:14-30 참고). 나는 천국에서 하나님이 무언가를 해주시기만을 계속 기다리다가 아무 일도 일어나지 않자 불평하는 그리스도인들을 보았다.

또 하나님보다 앞서 가는 사람들, 속이고 조종하며 밀어붙여서 일이 이루어지게 하려고 애쓰는 사람들이 있다. 안타깝게도 그들은 하나님을 모르는 것이다. 그들은 앵무새처럼 말을 하고는 있지만, 그것을 믿지는 않는다. 단지 계속해서 말하다 보면 그 일이 일어날 것이라고 여기며 말하고 있는 것이다. 심지어 '계속 하나님께 구하면, 그분이 원하지 않더라도 나에게 주실 수밖에 없을 거야'라고 생각하며 일부러 하나님을 괴롭게 하는 이들도 있다. 이것은 진정한 관계가 아니다.

하나님은 우리가 그런 식으로 그분을 괴롭게 하는 것을 원하지 않으신다. 그분은 우리를 사랑하신다.

하늘 아버지는 우리가 그분께 한 번만 구해도 되는 관계를 바라신다. 믿음으로 하나님께 한 번 구하고, 더 이상 언급하지 말라. 이미 요청되었으므로 그분이 응답하신다. 하나님은 우리의 모든 기도에 응답하신다. 이것이 핵심이다.

하나님과 동행하려면, 어디에 있든지 그분의 손이 우리를 인도하신다는 시편 139편 말씀을 기억하라. 시편 기자는 죽은 자의 땅에도 하나님이 계신다고 말한다. 그분은 항상 우리와 함께하신다. 우리의 손을 잡고, 우리를 그분의 손으로 덮으신다. 그분의 손이 우리를 하나님의 깊은 것, 그분의 능력과 기적과 초자연적인 영역에서 행하게 해 주신다. 예수님이 우리의 재정과 육신 그리고 정신적 영역에 밀고 들어오시기 시작한다. 우리의 일과 경력, 결혼생활 등 삶의 모든 영역에 들어오셔서 역사하시며 영향을 미치신다. 성령님은 우리와 함께 이렇게 나아가기 원하신다. 그러므로 우리는 기꺼이 육신을 십자가에 못 박고 자기를 부인하며 그분을 따라야 한다.

예수님은 우리가 그분을 위해 집과 가족을 비롯한 모든 것을 버리면, 지금 이 세상에서 집과 가족과 모든 것을 돌려받되 핍박도 있을 것이라고 말씀하셨다(막 10:29-30 참고). 우리에게는 상급이 있으며 모든 것을 보상받는다. 많게는 백 배의 보상이 있다. 그러나 구원받은 후에도 하나님과 동행하는 대가를 치러야 하기 때문에 핍박도 있을 것이다.

예수님은 우리가 하나님 나라와 그 모든 의를 구하면, 이 모든 것들도 더해 주실 것이라고 말씀하셨다(마 6:33 참고). 모든 것을 함께 주실 뿐만 아니라, 우리가 하나님을 위해 희생한 것들도 다 갚아 주실 것이다.

십자가에 못 박힌 삶은 우리가 살고 있는 이 시대에 가장 중요한 가르침이어야 한다. 받고 싶은 것이 있다면, 먼저 내어 주어야 한다. 생명을 얻으려면 버려야 한다. 예수님은 생명을 보존하려고 하면 잃게 될 것이지만, 그분을 위해 생명을 잃으면 얻게 될 것이라고 말씀하셨다(마 16:25 참고). 이것이 바로 영적 세계가 역사하는 방법이다.

이 모든 것을 말씀하신 분이 바로 예수님이시다. 그분은 우리가 형통하기를 바라시기 때문이다. 그러나 주님은 돌려받으려면 먼저 주라고 말씀하신다.

> 주라 그리하면 너희에게 줄 것이니 곧 후히 되어 누르고 흔들어 넘치도록 하여 너희에게 안겨 주리라 너희가 헤아리는 그 헤아림으로 너희도 헤아림을 도로 받을 것이니라 (눅 6:38)

하나님은 우리가 심으면 거두게 될 것이라고 말씀하신다. 먼저 믿으면 받게 될 것이라고 하신다. 우리가 기도하고 믿으면 구하는 것을 받는다고, 그것이 우리의 것이 될 것이라고 말씀하셨다(막 11:24 참고).

이것은 세상이 말하는 것과 완전히 반대되는 것처럼 보인다. 세상은 "보면 믿을 것이다"라고 말한다. 그러나 하나님은 영으로는 보지만, 육으로는 그것을 보지 못한다고 말씀하신다. 우리는 믿음으로 보는 것이다. 믿고 믿음으로 보면, 받게 된다. 이것은 영적인 것이다.

나는 내가 받을 것을 영 안에서 본다. 그것은 육안으로는 보이지 않는다. 내가 실제로 소유하지는 않았지만, 영 안에서 실재가 되어 있는 것을 본다. 이것이 바로 소유하기 전에 받는다고 믿는 믿음, 산을 움직이는 믿음, 히브리서에서 칭찬하는 믿음이다. 그들은 "보이지 않는 분을 보는 것같이" 여겼기 때문이다(히 11:27 참고). 우리는 성령 안에서 믿음으로 응답을 받는다. 하나님은 우리가 자연적인 영역이 아니라 영의 세계를 먼저 보기를 바라신다. 자연적인 영역은 참된 세계가 아니다.

무엇을 구할 때, 항상 받을 것을 믿으면 그것을 소유하게 될 것이다. "보면 믿을 것이다"라는 세상의 말을 하지 말라. 하나님은 그런 식으로 세상을 창조하지 않으셨다. 그분은 원하시는 바를 생각하시고 마음으로 보셨다. 그리고 그것을 말로 선포하여 존재하게 하셨다. 실재가 되어 나타나는 것이 마지막 과정이다.

미래와 마주하기

하나님께 원하는 것은 무엇인가? 무슨 일이 일어나기 원하는가? 현재 곤경에 빠져 있는가? 성경은 지금 무슨 일을 겪고 있고, 어디에 있든지 하나님이 함께하신다는 사실을 인정하라고 말씀한다. 그분이 우리를 인도하시며 그분의 손으로 덮고 계신다는 것을 받아들이라. 전능하신 하나님이 우리의 길에 빛을 비추고 계신다. 그분이 성령의 부활 능력으로 우리 안에 불을 붙이고 계신다. 우리에게 능력을 주셔서 원수를 이기게 하시며, 조금 전까지 알지 못하던 방향을 깨닫게 해 주신다.

그러면 우리는 갑자기 그것을 보고, 무슨 일이 일어났는지 알게 된다. 하나님을 경험하면서 자신의 미래와 맞닥뜨리게 된 것이다. 예수 그리스도가 우리의 미래에 서 계신다. 그래서 모든 것이 우리에게 유리하게 되어 있다는 것이다. 일단 예수님을 만나면, 우리의 실재가 바뀌면서 갑자기 다음에 어떻게 해야 할지 알게 된다. 무슨 말을 해야 할지, 어떻게 될지 알게 된다. 모든 그리스도인이 이렇게 기능해야 한다. 이것이 내가 천국에서 본 것이고, 내가 돌아온 이유이다.

나는 천국의 실재 안에서 행하는 법을 가르쳐서 무엇이든지 사람들이 필요로 하거나 원하는 것을 믿음으로 받게 되기를 바란다. 지금 당신을 위해 기도하여 천국으로부터 임파테이션을 받게 할 것이다.

아버지 하나님, 예수님의 이름으로 당신의 손을 지금 사람들에게 얹어 주셔서 감사합니다. 예수님의 이름으로 당신의 거룩한 영께서 이 책을 읽는 모든 자를 인도하시고 강건하게 해주셔서 감사합니다. 그들이 믿으면, 어느 것도 불가능한 것이 없습니다. 감사합니다! 예수님의 이름으로 기도합니다, 아멘.

chapter 7

스스로 계신 분이 당신과 함께하신다

주 앞에서 사라지거나 혹 어둠더러 나를 숨겨 달라 청하는 일이 불가하오니 주의 임재는 편만하여 나의 어둔 밤 속으로 빛을 가져오심이라! 주께는 어둠과 같은 것이 없나니 밤도 대낮처럼 밝으므로 낮과 밤에 차이가 없구나.

(시 139:11-12, 패션성경)

It's rigged in your favor

나는 예수님이 '스스로 계신 위대한 분'이라는 진리를 깨닫게 되었다. 그분이 보좌의 방을 보여 주셨을 때, 지구라는 행성에 시간이 시작되기도 전에 삼위일체 하나님이 존재하고 계시다가 우주의 창조 계획을 세우기 위해 만나셨다는 사실을 알게 되었다.

삼위일체 하나님은 영원의 세계에서 우리 각 사람을 생각하셨다. 그리고 각 사람에 대한 책을 기록하시고, 그들의 영을 어머니의 태에 불어넣으셨다. 하나님을 섬기지 않거나 천국에 기록된 것에 따르지 않기로 선택하는 것은 각자의 자유의지였다. 또 사람이 하나님의 완전하신 뜻에 협력하면, 그들에 대해 기록된 대로 신속하게 행하기 위해 천사가 파송되었다.

나는 하나님이 각 사람에게 주신 대로 믿고 순종하며 행하는 만큼 상급을 받고, 그분의 완전하신 뜻을 경험하게 된다는 것을 알게 되었다. 모든 사람이 성령과 하나님의 말씀과 천사들을 통해 하나님의 완전하신 뜻을 성취할 수 있는 능력을 받는다. 하나님은 모두에게 주신 약속을 통해 각 사람이 신성한 성품에 참여할 수 있도록 도와주신다(벧후 1:1-4 참고).

우리는 우리의 힘과 노력으로 행한 것이 아니라, 은사로 주신 모든 능력을 가지고 하나님이 미리 기록해 놓으신 대로 행했는지 판단받게 된다. 하나님 앞에 서서 그분께 받은 것으로 무엇을 했는지 설명해야 한다. 불순종하거나 이기적인 노력으로 행한 것에는 보상이 없다. 그래서 그리스도인이 하나님의 뜻을 알고 마음을 다해 그것을 행하는 것이 그토록 중요한 것이다.

내가 창조된 바로 그 자리에 서서 주님께 내 인생에 대해 보고 드렸다. 나는 내가 누릴 수 있는 것의 35퍼센트 정도만 사용하고 있었다. 그 자리에서 내가 온전히 순종하지도, 하나님의 참된 길들을 사용하지도 않았다는 사실을 깨달았다. 그 순간 매우 참담했다. 하나님의 뜻을 알고 그것을 온전히 성취하는 것이 내 책임이었다는 것을 깨달았기 때문이다.

나는 예수님과의 만남을 통해 하나님이 나에 대해 생각하시고 내 영을 어머니의 태에 불어넣으신 바로 그 자리에 서서 육신 가운데 행한 것에 대해 판단받게 된다는 것을 분명히 알게 되었다. 나는 '스스로 계신 위대한 분' 앞에 서 있었다. 예수님과 함께 서 있는 이 영원의 세계에서 내가 시작된 곳이 끝나는 곳임을 깨달았다. 나는 이 땅의 삶에 대해 하나도 빠짐없이 하나님께 보고 드렸다. 하나님은 이 땅에 거하는 우리처럼 시간이나 거리에 제한받지 않으신다. 그분은 우리가 그분의 완전하신 뜻을 이루도록 돕고 싶어 하신다.

우리와 함께하시는 분

하나님의 능력은 '스스로 계신 분'이 우리와 함께하신다는 의미에서 우리에게 역사하고 계신다. 하나님이 친히 '스스로 계신 분'이라고 밝히셨고, 예수님도 사역 가운데 '스스로 계신 분'을 언급하셨다. 온 우주와 피조물의 중심, 즉 존재하는 모든 것의 중심에 계신 분과 연합한다는 것이 무엇을 의미하는지 알아보자.

하나님은 모든 것의 근원이시다. 그분이 만물을 창조하셨기 때문이다. 시편 139편 11-12절은 대단히 신성한 구절이다. 나는 이 말씀에서 얻는 다음의 계시가 너무나도 놀랍고 감사하다.

주님으로부터 새롭게 받으려면 내면이 변화되어야 한다. 우리는 어떤 것, 특히 하나님의 말씀을 이해한다고 생각하지만, 잘못된 가르침을 받거나 들은 내용을 잘못 해석했다는 것을 깨닫는 경우가 많다.

나는 하나님이 말씀하시는 의도가 무엇인지 이해하는 것이 말씀 자체를 듣는 것만큼이나 중요하다는 사실을 깨달았다. 하나님의 뜻을 모르면, 그분의 성품도 알 수 없다. 하나님을 사랑하는 사람들은 그분의 마음을 알고 싶어 하는데, 내가 아는 하나님은 열정적인 분이다.

예수님이 어떤 사람에게 말씀하시거나 나타나실 때는 언제나 하나님의 의도와 목적이 있다. 그러므로 성령님을 통해 하나님이 이 땅에서 행하시는 모든 일에는 다 이유가 있다. 모든 것이 하나님의 의도와 계획하심 그리고 미리 아심 가운데 있다. 우리는 하나님의 모든 것을 알지는 못한다. 그분에 대해 읽고 경험할 수는 있지만, 충분히 알지는 못한다. 예수님을 만나면서 그것을 너무나도 분명하게 깨달았다. 나는 그분을 이해하지 못하고 있었다. 예수님을 깊이 알기까지 오랜 시간이 걸릴 것을 알았기 때문에 이 땅으로 돌아오고 싶지 않았다.

상상이 되는가? 나는 몸 안에 있지 않고 천국에 있었기 때문에 이전에 있던 제한이 사라진 상태였다. 문득 예수님을 더 깊이 이해하려면 적어도 천년 왕국 기간 전체가 소요될 것이라는 생각이 든다. 하나님 아버지와 그 아들 예수 그리고 성령에 대해 내가 알아야 할 것이 너무나 많기 때문이다.

우리는 생각만큼 그분을 깊이 알 수가 없다. 이해하기 어렵겠지만, 주님과 함께 있는 때조차도 그분에 대해 더 알아가는 시간이었다. 그럼에도 그분의 성품에 대해 궁금한 것이 너무나도 많았다. 이번 장에서 성령님이 그분의 성품을 우리에게 알려 주실 것이다.

나는 예수님과 시간을 보내면서 그분의 성품에 대해 몇 가지 정보를 얻었다. 주님은 선재(先在)하는 것이 무엇인지에 대한 계시를 가지고 계신다. 이것은 세상이 형성되기 전에 '스스로 계신 분'이 계셨다는 말이다. 요한복음 17장에서 예수님은 그분이 아는 것을 우리도 보고 깨닫게 해 달라고 기도하셨다. 아버지께서 예수님을 사랑하시는 것처럼 우리도 사랑한다고 하시며, 우리가 그 사랑을 경험하여 예수님과 아버지께서 누리시던 영광의 계시를 받게 될 것이라고 말씀하셨다.

이런 일들은 주님이 이 땅에 계시는 동안에도 일어났다. 그분은 선재하시는 분으로 아버지를 경험하셨고, 하나님 우편에 계셨다. 그 후 마리아의 태로 들어가셔서 마리아와 요셉을 통해 성장하셨고, 하나님의 아들로서 이 땅에서 행하셨다. 그분은 육신을 입으셨지만, 이 땅에서 오신 분이 아니었다. 그분은 천국에서 오셨고 선재하셨다.

'스스로 있다'는 것은 그분이 모든 존재의 중심이라는 의미이다. 이것이 바로 우리를 사랑하시는 하나님이 친히 우리와 함께하신다는 계시의 핵심이다.

하나님은 무엇이든 하실 수 있다. 그분에게는 제한이 없다. 우리가 무엇을 구하든지 놀라지 않으시므로 그분을 가둘 수도, 꺾을 수도 없다. 그분은 가장 크고 능력 있는 분, '스스로 계신 하나님'이다.

시편 기자는 139편 11절에서 아무도 하나님 앞에서 사라질 수 없다고 말한다. 우리는 그분을 피해 숨을 수 없다. 어둠도 우리를 숨길 수 없다. 하나님께는 어둠이 없고, 그분은 모든 것을 보실 수 있다. 그래서 아무도 빛으로 충만하신 그분을 피해 숨을 수 없다.

하나님은 이 땅에 사람을 창조하시고, 그분과 함께 다스리며 통치하게 하셨다. 인간이 타락했을 때, 하나님은 가족을 잃어버리셨다. 마귀에게 그분의 피조물을 빼앗기신 것이다.

천국에는 하나님의 빛이 너무나도 밝고 환하게 비치고 있어서 해가 필요 없다. 나는 천국에서 해를 보지 못했다. 하나님의 빛이 천국의 모든 것을 비춘다. 그분 안에는 어둠이 전혀 없다. 천국에는 악도, 어둠도 없다.

천국은 빛으로 가득하여 결코 어둠이 존재할 수 없는 아름다운 곳이다.

영적 세계와 물질 세계

이 땅에서 두 가지 상황이 벌어지고 있다. 물질적인 어둠과 빛이 있고, 영적인 어둠과 빛이 있다. 천국에 있을 때, 영적인 어둠과 빛이 물질적인 어둠 그리고 빛과 함께 있었는데, 세상이 타락하면서 분리되었다는 사실을 깨달았다. 우리가 타락하여 지금도 물질적인 영역은 볼 수 있지만, 이전에는 그렇지 않았다.

우리가 살아가는 물질 세계에 상응하는 영적인 세계도 있는데, 영적인 것이 실제적이고 참된 영역이다. 그러므로 하나님의 빛은 물질적인 빛이 아니다. 그것은 천국의 빛으로, 영적인 것이다. 하나님의 빛은 찬란하게 빛나며 실체를 가지고 있다. 천국의 모든 것이 실체를 가지고 있다. 하나님께는 물질적인 것과 영적인 것에 차이가 없다. 시편 139편 11-12절은 하나님께는 어둠도 빛과 다르지 않다고 말씀한다. 그분이 모든 것을 꿰뚫어 보시기 때문이다. 하나님은 모든 것을 환하게 밝히시므로 제한이 없으시다.

중요한 것은, 주님의 영이 임하면 밝아진다는 사실이다. 그분은 방금 전까지 우리가 보지 못하던 것들을 조명하여 드러내신다. 이런 이유로 성령이 임하시는 것은 이 땅에서의 삶에 대단히 중요하다. 그분은 우리의 길을 비춰 주는 빛이 되신다. 성령님이 이렇게 길을 밝혀 주시는 이유는, 우리가 상태를 정확히 보고 깨닫기를 바라시기 때문이다.

우리에게는 육신의 눈과 귀가 있지만, 물질적 세계에만 집중하면 안 된다. 이 땅에서 얼마나 많은 것을 보고 듣는가가 중요한 것이 아니다. 우리는 실제적이고 참된 세계, 영적인 세계를 보고 들을 수 있는 영적인 눈과 귀를 개발해야 한다. 영적인 세계가 '스스로 계신 분'이 거하시는 곳이기 때문이다. 육신의 눈으로 '스스로 계신 분'을 볼 수는 없지만, 그분은 이 땅에도 계신다. 그리고 이 세계에 상응하는 영적인 세계에도 계신다. 영적인 세계는 이 세상만큼이나 실제적인 곳이다. 하나님이 성령으로 나타나시는 것은 '스스로 계신 분'이 영적 영역에 나타나시는 것이다.

우리는 육신의 눈으로는 그분을 볼 수 없지만, 영으로는 볼 수 있다. 하나님의 말씀과 그분의 영으로 임하는 말씀의 진리를 접할수록 영적인 세계가 열리게 된다. 성령님은 진리로 우리를 조명해 주실 수 있다. 이것이 바로 계시이다. 놀랍고 무한하신 능력의 하나님은 무(無)에서 모든 것을 창조하셨다.

> 믿음(하나님의 능력과 지혜와 선하심에 대한 타고난 신뢰와 영구한 확신)으로 모든 세계(우주, 시대)가 하나님의 말씀으로 지어진(형성된, 질서가 놓인, 의도한 목적대로 구비된) 줄을 우리가 아나니, 보이는 것은 나타난 것으로 말미암아 된 것이 아니니라. (히 11:3, 확대역성경)

선재하시는 '스스로 계신 분'의 신비는 골로새서에서 더욱 분명하게 드러난다.

> 만물, 곧 하늘의 영역과 땅의 영역에서 보이는 것들과 보이지 않는 것들이 아들을 통해 창조되었기 때문이다. 모든 권세의 자리와 통치와 주권과 권세가 다 그분을 통해 그분의 목적을 위해 창조되었다! (골 1:16, 패션성경)

하나님이 방문하시면, 그분이 우리의 영 안에서 성령님을 통해 살아가실 수 있게 허락해 드려야 한다. 이것은 거듭나는 경험에서 시작된다. 그 후 주님을 경외함으로 행하고 날마다 영적인 삶을 훈련하면, 그분과 더 친밀해지면서 '스스로 계신 위대한 분'이 우리의 현실을 바꾸기 시작하신다.

어쩌면 속으로 '우리는 거듭난 그리스도인이기에 하나님과 친밀하다'고 생각하고 있을지도 모르겠다. 그러나 하나님과의 관계에 대한 계시는 날마다 성장한다. 어떤 사람을 단기간 내에 온전히 알 수는 없다. 그 사람에 대해 알고 싶다면, 곁에서 알아가야 한다. 하나님도 마찬가지이다. 이를 위해 성령님과 하나님의 말씀이 우리에게 역사하시도록 허락해 드려야 한다. 우리가 영적인 세계에 열려 있는 만큼 친밀감을 경험하게 된다.

이제 중요한 것은 물질적인 세계가 아니라 영적인 세계가 열리는 것이다. 우리에게는 영의 사람을 천국의 양식, 곧 하나님의 말씀으로 양육할 책임이 있다. 살아 있는 하나님의 말씀이 우리의 영으로 들어가 우리를 성장시키는 양식이 되어야 한다. 하나님의 말씀은 절대적 진리이다.

그래서 나는 하나님의 말씀을 조금씩 먹고 있다. 특정 주제를 연구하며 성경 구절을 정리한 후, 다양한 성경적 근거를 가지고 그 주제를 전체적으로 볼 수 있게 공부한다. 어떤 것이 진리라는 것은 알지만 충분한 성경적 근거를 찾을 수 없는 경우에는 그대로 둔다. 계속해서 성경 속의 수많은 근거들에 집중하면, 눈부시게 성장하게 된다. 그리고 날마다 초자연적인 일들에 참여하게 된다. 아마 당신도 그러고 싶을 것이다.

나는 이런 일들을 행하는 가장 쉽고 단순한 방법을 가르쳐 주려 한다. 이것이 영적인 영역이기에 우리는 영적인 것들을 먹고, 영적인 영역에 심어야 한다. 몸과 생각을 영에 연합시키는 훈련을 해야 한다.

우리는 영적인 존재이다. 그러므로 우리의 영은 초자연적인 일에 참여하고 싶어 한다. 영의 사람은 "모든 것이 우리에게 유리하게 되어 있다"는 사실을 알고 있다. 그러나 우리의 생각은 이 진리들을 논리적으로 해석하려고 애쓴다. 우리의 혼, 곧 생각과 의지와 감정은 초자연적인 영역에서 벗어나라고 설득할 것이다. 그러면 몸도 초자연적인 일에 참여할 수 없게 된다.

몸(육신)은 우리가 영적으로 활동하지 않기를 바라므로 우리의 관심을 돌리려 할 것이다. 영적인 일이 일어나려 하면, 생각이나 몸이 문제를 일으킬 수도 있다. 예를 들어 성경을 읽거나 하나님께 도움을 구하며 영으로 기도하려 할 때마다, 저항에 부딪히는 것이다. 이런 부딪힘이 있다면, 당신에게 영적인 일들이 일어나고 있는 것이다.

하늘의 때와 주기

우리가 하나님의 말씀을 계시받으면, 성령으로 하나님의 방문을 받거나 예수님이 나타나시거나 심지어 천사의 방문을 받는 등의 경험을 하게 된다. 먼저 계시를 받고 방문을 받는데, 이것이 내주하심으로 이어진다. 내주하심이란, 하나님이 항상 머물러 계시는 것이다. 이제는 방문하시는 대신 지속적으로 함께 거하시는 것이다. 모든 그리스도인이 마땅히 그래야 하지만, 안타깝게도 여러 가지 이유로 그러지 못하고 있다.

한 가지 이유는 우리가 하나님이 '스스로 계신 위대한 분'이라는 사실을 인식하지 못하기 때문이다. 그분은 모든 것의 중심이시다. 이것은 모든 것이 그분으로 시작하여 그분으로 끝난다는 의미이다. 이 진리는 이 땅의 사고방식이 아니다. 오늘날 우리의 사고방식은 그리스 사상에 근거한 것으로, 우리는 그리스 문화의 영향을 많이 받았다. 우리의 시간 개념도 그리스인들이 생각하는 방식이다.

그리스인들은 다양한 기호와 기준점들을 사용하여 역사를 기록하였다. 우리는 달력에 다양한 행사들을 기록해 놓는다. 달력에는 휴일 외에도 기준이 되는 날들이 표시되어 있다. 하루는 24시간이고, 1년은 365일로 되어 있다. 이와 같이 그리스 사상은 계절(절기)과 주기에 맞춘 하나님의 방법, 곧 히브리식 사고방식과 다르다.

나는 영적인 영역에서 어떤 것이 시작되는 자리가 끝나는 자리라는 사실을 알게 되었다. 하나님은 보좌에 앉으셔서 우리에 대해 생각하셨고, 우리를 어머니의 태에 불어넣으셨다. 그리하여 우리는 살아 있는 혼(생령)이 되었고, 우리의 몸이 태에서 조성되었다. 우리가 태어나서 성장하고 생명이 다하여 죽으면, 우리의 영이 태어난 장소, 즉 하나님이 처음으로 우리를 생각하신 장소로 돌아가게 된다. 결국 하나님 앞에 서서 우리의 삶을 보고 드리게 되어 있다. 그런 다음 하나님이 우리가 영원히 가게 될 곳을 정하신다.

나는 어째서 우리가 이런 생각을 하지 않는지 이해가 되지 않는다. 아마도 많은 이들이 천국에 가서 하나님의 방식을 이해하지 못했다는 사실에 큰 충격을 받을 것이다.

하나님은 '스스로 계신 분'의 세계에서 모든 것을 시작하신 후에 마치시는 분이다. 그분은 우리를 맞이하기 위해 이동하실 필요도 없다. 우리를 어머니의 태에 불어넣으신 분이 바로 하나님이다. 그러므로 우리는 그분께로 돌아가게 된다. 생명이 다하면 그분 앞으로 가기에 그분은 보좌에서 일어나실 필요도 없다. 모든 것이 하나님으로 시작하여 하나님으로 끝나기 때문이다.

이것이 중요한 이유는, 빛이 하나님으로부터 나와서 하나님께로 돌아가기 때문이다. 하나님이 말씀을 선포하시면, 그것은 항상 원하는 결과를 가지고 돌아온다.

> 내 입에서 나가는 말도 이와 같이 헛되이(어떤 효과도 없이, 쓸모없이) 내게로 돌아오지 아니하고 나의 기뻐하는 뜻을 이루며, 내가 보낸 일에 형통함이니라. (사 55:11, 확대역성경)

하나님은 그분의 말씀 외에는 어떤 것에도 매이지 않으신다. 그분은 인류를 사랑하신다. 하늘 아버지는 예수님을 제물로 보내심으로 그 사랑을 표현하셨다. 그분이 마음에 어떤 결정을 내리고 선포하시면, 그것이 결국 법이 된다. 하나님은 말씀으로 우리를 존재하게 하셨고, 우리에 대한 책을 쓰셨다. 그분은 우리를 어머니의 태로 보내시고 그분의 말씀이 이루어지기를 기다리신다. 하나님이 천국의 책에 우리에 대해 기록해 놓으셨다. 그래서 천사들도 그 책을 살펴보고 이 땅에 내려와 그대로 시행한다(시 139:16 참고).

우리는 이 땅의 삶을 즐길 수도 있고, 두려워하며 미워할 수도 있다. 그것은 우리의 선택이다. 또 복을 선택할 수도, 저주를 선택할 수도 있다. 우리는 어느 것을 택할지 결정해야 한다.

우리는 기쁨으로 하나님이 말씀하신 것에 순종할 수 있다. 하나님을 구하여 그분이 '스스로 계신 위대한 분'임을 깨달을 수 있다. 또는 영적인 삶을 무시하고 잘못된 결정을 내려 자신이 원하는 대로 살아갈 수도 있다. 어느 쪽이든, 인생의 끝에 우리에게 주어진 것으로 무엇을 했는지 숨김없이 보고 드려야 할 것이다.

하나님의 은사 분별하기

예수님과 함께 있을 때, 내가 너무나도 많은 것을 받았는데 그것을 깨닫지 못했다는 사실에 놀랐다. 나는 천국에 가서 상급을 받고 예수님이 기뻐하시며 충성했다고 말씀하셨는데도, 나에게 주어진 것으로 마땅히 해야 할 일을 행하지 않았다는 사실을 깨달았다. 하나님이 내게 은사를 주셨는데도 감사하지도 않고, 그것을 인식하지도 않았다. 그래서 이 땅으로 돌아와 이렇게 말하고 있는 것이다.

하나님은 우리처럼 제한받지 않으신다. 그분에게는 한계가 없다. 우리가 하나님께 구하면, 은총을 베풀어 기적을 일으켜 주신다. 그러므로 우리는 이 땅에서 승리의 삶을 살 수 있다!

기억하라. 하나님께는 어둠도 빛과 같다. 법칙들은 하나님을 제한하지 못한다. 어둠은 그분을 묶을 수 없다. 시편 139편 11-12절은 하나님께 어둠이 없다고 말한다. 이 땅이 어둡고, 우리가 고군분투하며 인생의 어두운 시기를 지나고 있어도, 하나님은 걱정하지 않으신다. 그분은 우리를 떠나지 않으신다.

주님은 우리의 삶에 들어오신다. 그분이 오시면, 우리에게 밝은 빛이 비친다. 이 빛은 어둠 속을 비치며 어둠을 몰아낸다. 내가 하는 말을 듣기 시작하면, 천국에서 받은 것이 임파테이션 되어 우리의 인생에 이러한 일이 일어나게 된다.

하나님이 우리를 찾아오시고 우리가 그분의 말씀을 읽으면, 그것이 우리의 길을 밝혀 준다. 시편 기자는 "주의 말씀은 내 발에 등이요 내 길에 빛이니이다"(시 119:105)라고 고백했다. 우리가 하나님을 찾을 때, 바로 이것을 경험하게 된다.

누구나 예외없이 도움이 필요하다. 우리도 마찬가지이다. 모두가 하나님이 자기들을 위해 예비하신 것을 알고 싶어 한다. 그리스도인이라면, 하나님이 하시는 말씀과 자신을 향한 그분의 계획을 알고 싶은 것이 당연하다.

가장 중요한 것은 하나님의 음성을 듣는 것이다. 그분은 조용하게 말씀하시지 않는다. 그분의 음성은 크고 분명하다. 영적 전쟁 가운데 마귀의 소리가 더 분명하게 들리는 것을 경험할 수도 있지만, 그렇다고 하나님이 침묵하시는 것은 아니다. 세상의 모든 소리를 차단하라. 스스로를 구별하라. 그러면 하나님의 음성을 듣기 시작할 것이다.

우리는 하나님의 말씀을 연구하고 묵상하며 함께하고 영으로 받아들여 철저하게 자기 자신을 바꿔야 한다. 말씀은 천국의 양식과 같다. 말씀을 먹으면, 우리가 세워지고 힘과 용기를 얻어 영적 거인이 된다. 그러면 더 이상 마귀가 손을 댈 수 없을 정도로 성장하여 악한 영들이 우리에게 간섭하지 않게 된다. 자신의 정체성을 분명히 알고 있는 우리에게 손을 대는 것은 아무 의미도 없는 시간 낭비이기 때문이다.

우리는 하나님의 자녀이고, 그분은 '스스로 계신 위대한 분'이다. 우리 믿음의 시작이실 뿐만 아니라 완성자이시다.

겸손히 하나님이 큰 소리로 말씀하고 계시다는 사실을 인식하라. 문제는 우리 삶 가운데 너무나도 많은 소리들이 있다는 것이다. 그것들을 무시하고 하나님의 음성에만 집중하라. 그것은 기록된 하나님의 말씀과 같고, 성령님처럼 느껴진다. 성령의 불과 능력은 영적으로 감지할 수 있다. 하나님의 말씀도 마찬가지이다. 말씀을 읽으면, 불이 임한다. 우리는 말씀 안에서 하나님의 음성을 들을 수 있다. 하나님이 이미 하신 말씀이 기초이며 틀이기 때문이다.

성령의 불과 하나님의 말씀이 조화를 이루면 우리가 하나님의 음성을 듣게 되는데, 이것이 더 정확하다. 하나님은 성경에 기록된 것처럼 익숙한 방식으로 우리에게 말씀하신다. 삶 가운데 하나님이 임재하시면, 우리는 영적으로 그분을 감지하고 불을 느끼면서 힘과 위로를 받게 된다. 그분의 임재와 불을 감지하면서 올바른 방향으로 나아가고 있음을 알게 된다.

나는 지금 불을 느낀다. 하나님이 나와 함께하신다. 그분은 내가 하고 있는 일 가운데 계신다. 하나님의 말씀은 옳은 것을 믿는 믿음을 발전시키도록 교훈하고 가르치는 데 도움이 된다. 말씀이 잘못된 생각을 바로잡아 주고, 참된 것에 힘을 실어 줄 것이다.

(스스로 계신 위대한) 하나님이 들어오셔서 우리의 세상을 바꿔 주시기 시작하면, 그분이 삶의 중심이시며, 오직 그분께 간구해야 한다는 것을 깨닫게 된다. 이 땅에서 무엇이든 필요한 것이 있으면, 주님께 나아갈 수 있고, 그분이 가장 높은 권세를 가진 분이라는 것을 알게 된다.

우리에게 다른 분은 없다. 우리는 오직 가장 높으신 '스스로 계신 분'께 간구해야 한다. 우리는 예수님의 이름으로 아버지께 나아가 "아버지, 제가 원하는 것은 바로 이것입니다"라고 말할 수 있다.

악한 영들은 우리의 집중력을 분산시킨다. 그들은 우리의 육신을 불편하고 괴롭게 하여 몸에 주목하게 만든다. 우리의 혼을 자극하여 생각과 의지와 감정을 엉망으로 만들어 버린다. 삶 가운데 일어나는 온갖 극적인 사건과 상황들은 보통 악한 영들이 육체와 혼을 자극하여 일으키는 것이다.

우리의 영은 스스로 계신 위대한 하나님의 영과 연결되어 있다. 우리의 마음, 곧 영 안에는 안정감이 있는데, 그것은 하나님 안에서 우리의 위치를 다시 한 번 깨우쳐 준다. 우리가 하나님 안에서 자신의 위치를 알면, 영으로 힘과 용기를 얻게 된다. 그런데 반드시 영으로 믿는 것을 혼에게 말해야 한다. 몸에게 어떻게 할 것인지 명령해야 한다. 몸은 스스로 그렇게 하지 않는다. 생각도 알아서 올바른 것을 생각하지 않는다. 그대로 두면 제멋대로 움직이는데, 보통은 잘못된 방향으로 간다.

혼에 절제를 가르치려면, 몸이 잘못된 길로 가지 않게 훈련하고 가르쳐야 한다. 몸에 "우리는 이렇게 하지 않을 것이다"라고 말하고, 혼에 "우리는 이런 생각을 하지 않고, 이렇게 느끼지 않을 것이다"라고 말하라.

주님 안에서 힘을 내고, 하나님이 이미 우리 각 사람을 향한 계획을 기록해 놓으셨다는 사실을 기억하라. 하나님은 기적을 행하는 데 전혀 문제가 없으시다. 지금 천국에서 기적이 흘러나오고 있다. 그리고 하나님이 우리의 삶 가운데 성령으로 운행하고 계신다. 바로 지금 예수님의 이름으로 받아 누리라.

(스스로 계신 위대한) 하나님이 들어오셔서 우리의 세상을 바꿔 주시기 시작하면, 그분이 삶의 중심이시며, 오직 그분께 간구해야 한다는 것을 깨닫게 된다. 이 땅에서 무엇이든 필요한 것이 있으면, 주님께 나아갈 수 있고, 그분이 가장 높은 권세를 가진 분이라는 것을 알게 된다.

chapter 8
주님이 당신을 창조하셨다

주께서 나의 속사람을 지으셨고 나의 섬세한 장부와 오묘한 거죽을 만드시며 내 어머니의 태에서 이것들을 다 엮으셨도. 하나님께 내가 감사하기는 나를 지으시되 신묘막측하게 만드셨으니 주의 행하시는 모든 일이 경이로워 숨이 막히나이다! 이에 대해 생각할 때 참으로 놀라우니 주께서 나를 얼마나 철저히 아시는지요!

(시 139:13-14, 패션성경)

It's rigged in your favor

　세대마다 하나님 나라의 확장을 위해 그분이 계획해 두신 목적이 있다. 뿐만 아니라 각 세대의 개개인은 하나님의 계획 가운데 중요한 역할을 감당해야 한다. 예수님은 그 일에 부름 받은 자들이 세대를 향해 하나님의 영으로 선포하는 것이 얼마나 중요한지 알려 주셨다.

　역사 전반에 걸쳐 한 세대에 속한 대부분의 사람들은 목적이 필요하다는 것을 인식하지 못한다. 이로 인해 선지자들이 하나님의 영으로 한 세대에 선포하면, 용납받지 못하고 진리를 말하지 못하도록 억압당하는 경우가 많았다. 그러나 바로 다음 세대는 그들을 영웅으로 칭송한다. 그들이 이전 세대를 향해 선포한 것이 옳았기 때문이다.

　예수님은 이 진리를 보여 주시며, 우리가 어쩌다가 하나님이 방문하시는 때 our day of visitation를 놓쳤는지 다음 세대가 기록하거나 이야기하지 않도록 이 세대의 믿는 자들에게 선포하라고 격려하셨다.

오늘날 대부분의 사람들이 하나님의 도움이 필요하다는 사실을 인식하지 못하고 있다. 선지자들은 한 세대가 무엇을 놓치고 있는지 보여 주기 위해 하나님 앞에서 회개하고 겸손히 행하라고 외치는 경우가 많다.

예수님은 요한계시록에서 일곱 교회에 대한 관심을 보여 주셨다. 그분은 특정한 몇 사람만 보고 들을 수 있게 진리가 감추어져 있다고 여러 번 말씀하셨다. 이 때문에 예수님은 사도 바울이 에베소서에서 말한 것처럼 마음의 눈을 밝혀 주셔서 계시가 넘쳐흐르기를 항상 기도하라고 말씀하셨다. "나는 여러분의 마음에 빛이 넘쳐흘러 그분이 부르신 자들–그분의 부요하고 영광스러운 유업인 거룩한 백성–에게 주신 확실한 소망을 깨닫게 되기를 기도한다"(엡 1:18, NLT).

이제 나는 천국에 있을 때 예수님이 보여 주신 몇 가지를 이야기할 것이다. 하나님은 우리가 태어나기 전에 우리의 삶을 계획하셨다. 그분이 어머니의 태에서 우리를 창조하셨다. 우리가 승리하도록 모든 것이 준비되었다. 이것은 단순한 격려나 긍정의 말이 아니다. 실제로 하나님이 그렇게 되도록 정해 놓으셨다.

하나님은 우리가 실패할 것이라고 생각하지 않으신다. 나는 자신들이 맡은 일에 실패할 것이라고 생각하는 천사들을 본 적이 없다. 천국에는 실패가 없다. 패배나 실패는 천국의 문화가 아니다. 하나님이 실패하지 않으시기에 우리는 실패를 생각하지 않는다.

하나님은 어떤 일이 잘되는지 시험 삼아 해 보시는 분이 아니다. 그분은 모든 일을 단번에 성공적으로 해내시는 분이다. 세밀하게 계획하시고, 그분의 뜻이 아니면 선포하지 않으신다. 예수님은 말에 매우 신중하신 분이어서 빈말을 하지 않으신다. 그분이 말씀하시는 것마다 이루어지기 때문이다. 그분은 받으실 것을 선포하기 위해 숙고하신다. 이것이 예수님이 우리에게 가르쳐 주고 싶어 하시는 방식이다. 그래서 그분은 마가복음 11장 23-24절에서 산을 향해 명령하라고 말씀하신 것이다. 우리가 입으로 말하는 것이 이루어질 것을 마음으로 믿으면, 실제로 그것을 얻게 된다.

창세기 1장 26절 말씀처럼 우리가 하나님의 형상대로 창조되면서 이렇게 정해진 것이다. 우리는 하나님을 닮은 존재로 그렇게 창조되었다. 천국에 있을 때, 우리가 이 땅에서 듣고 가르침 받은 것보다 훨씬 더 많이 하나님을 닮았다는 사실에 크게 놀랐다. 우리가 어떤 모습이어야 하고, 그동안 얼마나 타락한 상태로 있었는지 깨달으면, 아마 큰 화젯거리가 될 것이다.

우리가 땅에 있는 동안에는 이 진리를 깨닫지 못한다. 그러나 천국에서는 이 땅의 육신 대신 구속받은 몸과 생각, 의지와 감정을 입는다. 이 땅에서는 우리의 모든 것을 변화시켜야 하지만, 천국에서는 이미 변화되어 있다. 이 땅에서 경험하는 저항이 없다. 그곳에는 영적 전쟁이 없기에 하나님이 원하시는 것을 분별하고 저항 없이 행할 수 있었다.

신묘막측한

천국에 있을 때, 태초에 하나님이 나를 창조하신 방법이 그분과 같아지는 것이라는 사실을 깨달았다. 에덴동산에서 아담과 하와는 하나님을 닮은 존재였다. 그래서 하나님은 동산으로 내려와 그들과 대화하는 것을 좋아하셨다. 그분은 눈에 보이는 모습으로 그들과 걷고 대화하셨다.

그러나 우리는 타락한 세상에서 살고 있기에 성령님이 우리의 눈을 열어 주시지 않으면, 영적인 세계를 들여다볼 수 없다. 지금 천사들이 우리를 둘러싸고 있는데도, 그 모습을 볼 수 없어서 그 사실을 알지도 못한다. 그러나 영적인 삶을 훈련하고 영적인 영역에서 하나님의 일들에 민감해지는 법을 배우면, 우리 곁에 천사들이 있고 주변에서 항상 많은 일들이 벌어지고 있다는 사실을 인식하고 깨닫게 된다. 기운을 내라. 주님이 우리를 창조하셨다.

> 주께서 나의 속사람을 지으셨고 나의 섬세한 장부와 오묘한 거죽을 만드시며 내 어머니의 태에서 이것들을 다 엮으셨도다. 하나님께 내가 감사하기는 나를 지으시되 신묘막측하게 만드셨으니 주의 행하시는 모든 일이 경이로워 숨이 막히나이다! 이에 대해 생각할 때 참으로 놀라우니 주께서 나를 얼마나 철저히 아시는지요! 심지어 내 몸의 모든 뼈의 형태를 일일이 잡으셨으니 은밀한 곳에서 나를 창조하실 때라. 나를 정성스럽고 공교하게 빚으셨으니 무에서 유를 만들어내셨도다! (시 139:13-15, 패션성경)

하나님은 완전하시며, 우리에게 익숙한 불완전한 세상에 속한 분이 아니라는 사실을 기억하라. 이 땅의 많은 사람들은 완전함을 이해하지 못한다. 그들은 하나님의 방법에 대해 아무것도 이해하지 못한다. 불완전한 환경에서는 그것을 이해할 방법이 없기 때문이다.

이 땅에서는 모든 것이 느리지만, 천국에서는 모든 것이 빠르다. 그곳에서 무언가를 말하면, 즉시 그것을 얻는다. 무언가 생각하면, 즉시 그것을 보게 된다. 천국에는 제한이 없다. 우리의 입술을 움직이지 않고도 말할 수 있고, 단순히 생각만 해도 원하는 곳으로 갈 수 있다.

천국은 모든 것이 단순하다. 그런데 타락한 이 세상은 하나님을 이해할 수 없다. 하나님이 이 세상과 같지 않으시기 때문이다. 타락한 이 세상은 그분의 잘못이 아니다.

시편 기자는 그것이 "신묘막측하다"고, 주님이 행하시는 모든 것이 놀랍고 숨이 막힐 정도라고 기록했다. 이것이 바로 내가 만난 하나님이고, 내가 경험한 천국이다.

이 땅에서 하나님을 얼마나 많이 경험하는가는 우리에게 달려 있다. 원한다면, 매일 초자연적인 사건을 경험할 수 있다. 하나님을 깊이 경험하고 싶다면, 우리가 그분께 다가가야 한다. 에덴동산의 아담과 하와처럼 우리도 그분과의 동행을 시작해야 한다(창 3:8 참고).

하나님을 경험하려면, 그분과 함께하는 것이 편안해야 한다. 그러나 그렇게 거룩하고 경이로우며 전능하고 두려운 분을 어떻게 편하게 느끼겠는가? 하나님은 우리를 그분의 형상대로, 그분과 소통하는 존재로 창조하셨다. 그분은 에덴동산에서 아담과 하와와 얼굴을 마주하고 대화하셨다. 이제 하나님은 그분의 아들 예수님을 통해 그리고 성령으로 말씀하신다.

예수님은 자신의 보혈로 행하신 것들을 선포하신다. 우리는 그분의 피로 용서받았고, 성령님이 이것을 증거하신다. 예수님이 말씀하시는 것을 성령님이 우리를 통해 증거하신다. 성령님은 지속적으로 우리를 통해 기도하며 인도하기 원하신다. 그분은 대언자가 되어 우리를 도와주고 싶어 하신다. 우리가 이 땅에서 경험하는 모든 어려움과 문제 가운데 승리하게 하신다.

성령님이 우리 안에 계신다. 예수님은 아버지께 "제가 이 사람을 위해 피를 흘렸으므로, 이 사람은 용서받았습니다"라고 말씀하신다. 그러면 아버지는 예수님의 증언에 근거하여 우리를 용서해 주신다.

이 모든 일이 항상 우리 주변에서 일어나고 있다. 그러나 타락한 세상에는 이런 개념이 없기 때문에 그것이 감추어져 있다. 우리는 하나님이 얼마나 완전하신 분인지 경험해 본 적이 없다. 그래서 그것을 이해할 수 없지만, 우리의 생각이나 느낌과 상관없이 하나님은 완전하신 분이다. 흠 없이 완전하신 그분이 우리를 만드신 것은 실수나 우연이 아니었다. 그분은 분명한 목적을 가지고 우리를 만드셨다.

목적을 가지고 말하기

앞에서도 언급했지만, 우리가 하나님의 의도와 그분이 무슨 말씀을 하시는지 깨닫는 것이 중요하다. 어떤 사람의 말을 들으면, 어째서 그가 그런 말을 하는지 그 의도를 이해하고 파악할 수 있다. 사람들이 이야기할 때 무슨 말을 하고 있고, 이면에서는 무슨 일이 벌어지고 있을까?

주님의 영이 말씀하시는 것에는 분명한 의도와 목적이 있다. 그분은 하나님이 계획해 놓으신 우리의 미래를 생각하신다. 그분은 우리를 인도하시려고 말씀하신다. 그분에게는 우리에게 없는 통찰력이 있다.

하나님은 우리를 신묘막측하게 지으셨다. 우리는 '땅의 옷'인 육신을 입은 영적 존재이다. 우리에게는 혼(생각, 의지, 감정)과 몸이 있다. 그런데 이 부분이 항상 하나님께 협조하는 것은 아니다. 그러므로 혼은 우리의 영에도 협조하지 않는다.

하나님은 우리의 영 안에서 많은 일들을 행하실 수 있다. 따라서 우리는 하나님이 무슨 말씀을 하시는지 듣고 행할 수 있다. 그러나 몸과 혼(생각, 의지, 감정)은 항상 우리와 싸우려 한다. 놀랍게도 우리가 스스로 대적하고 맞선다는 것이다.

우리가 거듭날 때, 우리의 영이 재창조되면서 그리스도 안에서 새로운 피조물이 되었다. 옛것은 지나가고 새것이 되었다(고후 5:17). 그러나 우리의 생각은 아니다. 로마서 12장 2절은 우리의 생각(마음)을 새롭게 함으로 변화를 받아야 한다고 말씀한다.

우리의 생각은 하나님의 말씀으로 새롭게 되어야 한다. 이를 위해 우리는 합당한 방식으로 생각하도록 훈련해야 한다. 그런데 이것은 저절로 되는 것이 아니다.

바울은 "내가 내 몸을 쳐 복종하게 함은 내가 남에게 전파한 후에 자신이 도리어 버림을 당할까 두려워함이로다"(고전 9:27)라고 말했다. 그는 가는 곳마다 복음을 전한 사도였다. 그런데도 몸이 자신을 다스리도록 허락하여 그 뜻에 순복한다면, 버림을 당하게 될 것이라고 했다. 바울은 성령의 인도를 받던 사람인데도, 자신이 자격을 박탈당할 수 있다고 생각한 것이 매우 놀랍다.

우리의 모든 생각이 진리일 수는 없다. 그러므로 우리는 그것을 하나님의 말씀 안에 있는 진리로 판단해야 한다. 사람들이 잘못된 것을 말하면(그들이 누구인지는 중요하지 않다), 성경으로 그것을 판단해 보아야 한다. 성경이 그것에 대해 뭐라고 말씀하는지 확인해야 한다.

천국에 있을 때, 예수님은 내 의견을 묻지 않으셨다. 내 생각은 어떤지 절대 묻지 않으셨다. 대신 그분은 진리가 무엇인지 말씀해 주셨다. 진리는 이런 것이라고, 이렇게 해야 한다고 지속적으로 말씀하시면서 성경을 인용하시곤 했다.

나는 이 땅으로 다시 돌아와서 상황을 다른 관점으로 보게 되었다. 내 생각이 중요한 것이 아니라, 내가 아는 것이 진리인가가 문제임을 깨달았기 때문이다.

하나님이 말씀하시는 것은 절대적 진리이다. 그분은 말씀으로 세상을 만드셨다. 그분의 형상으로 인간을 만드실 때에도 그렇게 하셨다. 하나님처럼 우리도 말을 조심하고 경계해야 한다. 이사야 55장 11절은 하나님의 입에서 나오는 말씀은 뜻하신 바를 성취하고 돌아온다고 말씀한다. 예수님은 우리가 한 말로 판단받을 받을 것이므로, 말을 조심하라고 하신 것이다.

> 내가 너희에게 이르노니 사람이 무슨 무익한 말을 하든지 심판 날에 이에 대하여 심문을 받으리니 (마 12:36)

　말은 너무나도 중요하다. 예수님은 이것이 아버지께서 그분의 형상대로 인간을 창조하셨기 때문이라고 설명해 주셨다. 특별히 조심해야 하는 것은, 우리가 하는 말들이 우리를 둘러싼 환경에 명령하는 것임을 깨닫지 못하고 있기 때문이다. 즉, 우리가 무슨 말을 할 때, 명령을 내리고 있다는 것이다.

　예수님은 사람들이 말을 조심하지 않아서 그 효력이 약화된다고 말씀하셨다. 그들이 의미없는 온갖 종류의 말을 하기 때문에 무효가 된다는 것이다. 그래서 실제로 무언가를 말해도, 더 이상 효과가 없다.

　항상 깨어 있고 성령 안에서 하나님과 동행하라. 여기에는 하나님이 우리를 만드실 때 신묘막측하게 지으셨다는 것을 인식하는 것도 포함된다. 하나님이 우리를 만드시고 어머니의 태에서 조성하셨다. 그러므로 그분은 우리를 잘 아신다. 시편 기자는 그분이 우리를 은밀한 곳에서 창조하셨다고 말했다.

은밀한 곳의 신비

　은밀한 곳에는 엄청난 신비와 비밀이 있다. 우리는 그곳에서 숨겨져 있던 비밀들을 깨닫게 된다. 하나님이 우리에게 속삭이며 말씀하신다. 이곳은 우리가 창조된 곳이다. 하나님은 이 은밀한 곳에서 우리를 공들여 정교하게 빚으셔서 무에서 유를 창조하셨다. 아무것도 없이 무엇을 만들어 내기가 얼마나 어려운지 아는가?

우리는 이런 일들을 무심코 넘겨 버린다. 무에서 유를 창조하는 것이 얼마나 어려운 일인지 생각하지 않는다. 그러나 하나님은 그런 일을 능히 하실 수 있는 분이다! 그분은 존재하지 않는 것을 생각(상상)하시고 선포하신다. 그러면 그것이 실재하게 된다. 그분은 말씀으로 사물을 창조하실 수 있다.

하나님은 그분의 형상으로 사람을 만드시며 기도와 선포를 통해 명령하고 삶을 이끌어 갈 능력을 주셨다. 따라서 우리가 명령하면, 그 일이 일어나게 된다. 우리에게 권세가 주어졌기 때문이다. 예수님의 이름에는 능력이 있으므로, 우리는 그 이름을 함부로 불러선 안 된다. 의미 없이 그 이름을 말해선 안 된다. 이것이 주님의 이름을 망령되이 일컫지 말라는 말의 의미이다.

하나님의 이름을 부르면, 하늘의 모든 것과 피조물들이 그 자리에 멈춘다. 예수 그리스도의 이름을 말하는 것은 우주의 머리 되신 분을 선포하는 것이므로 매우 강력한 말이 된다. 그분의 이름을 함부로 말하는 것은 그분의 권위를 인정하지 않는 것이며, 그 이름이 얼마나 능력이 있는지 깨닫지 못하는 것이다.

우리는 창조된 후, 생령(살아 있는 혼)이 되어 숨을 쉬기 시작했다. 영적 존재였던 우리가 어머니의 태에서 육신을 입고 태어나 육신적인 존재가 되었다. 이 땅에서 행하는 살아 있는 존재가 된 것이다. 그리고 자라며 성숙하게 되었다.

우리의 말이 중요하다는 사실과 우리가 하나님의 형상으로 창조되었다는 것을 배웠다면, 성숙의 과정에 도움이 되었을 것이다. 그러나 사람들은 이런 것들을 가르치지 않는다. 분명 이 세상도 알려 주지 않으려 할 것이다. 사탄은 우리가 하나님의 권세로 행하는 것을, 즉 이러한 계시 가운데 행하는 것을 조금도 바라지 않기 때문이다. 그는 교회가 계속 무력한 상태에 있게 하기 위해 그것을 숨겨 놓았다.

이 문제에 대해 진리는 이렇게 말씀한다. 예수님은 음부의 권세(문들)가 교회를 이기지 못할 것이라고 말씀하셨다. 그러므로 교회가 무력해지는 것은 불가능하다. 음부의 권세(문들)는 살아 계신 하나님의 교회를 대적하여 이길 수도 없고, 이기지도 못한다. 이것은 불변의 진리이다.

그러나 우리가 생각을 변화시켜야 한다는 것을 깨달아야 한다. 우리는 모든 일을 하나님의 편에서 이해해야 한다. 우리는 신묘막측하게 지어진 은밀한 곳에서 나와 이제 성장하고 성숙하여 말하기 시작한다. 그러면 하나님이 우리에게 하신 말씀을 확실히 알고 인식했다는 것을 깨닫는 때가 온다. 이러한 인식 가운데 우리는 이 땅에 실재가 나타나게 될 것을 믿고 고백하기 시작한다. 믿음을 통해 마음속에 태어난 존재, 곧 하나님의 형상으로 지어진 존재를 받아들였기 때문이다.

예수님을 죽은 자 가운데서 일으키신 성령님이 우리 안에 거하고 계신다. 그러므로 우리는 그와 동일한 능력으로 선포하고 있는 것이다. 이 땅 가운데 우리에게 권세가 주어졌기 때문에, 입술로 선포하면서 우리가 무엇을 말하고 있는지 확실히 알게 된다.

이때 말하는 것은 몸 안에 있는 우리의 영이다. 그리고 우리에게는 예수님의 이름으로 주어진 천국의 모든 능력이 있다. 우리는 예수 그리스도의 부활의 능력, 곧 거룩하신 성령님을 받았다. 그분은 우리 안에 거하신다. 하늘에 계신 하나님 아버지는 우리가 예수님의 이름으로 무엇이든 구하면, 그것을 받아 기쁨이 충만해질 것이라고 말씀하신다(요 16:24). 기쁨이 넘치기를 원하는가? 하나님은 우리의 기쁨이 충만하기를, 우리가 이 땅 가운데 실재를 보기를 바라신다.

하나님이 우리를 무에서 유로 정교하게 빚으셨다. 이제 우리는 실재가 되었기에 하나님의 아들들의 나타남을 드러낼 수 있는 존재가 되었다.

> 피조물이 고대하는 바는 하나님의 아들들이 나타나는 것이니 피조물이 허무한 데 굴복하는 것은 자기 뜻이 아니요 오직 굴복하게 하시는 이로 말미암음이라 그 바라는 것은 피조물도 썩어짐의 종노릇한 데서 해방되어 하나님의 자녀들의 영광의 자유에 이르는 것이니라 (롬 8:19-21)

천년 왕국

1992년에 천국을 방문했을 때, 불과 몇 발자국 안 되는 거리에 예수님이 계셨다. 그분은 이 땅의 그리스도인들이 단순히 살아남는 것이 아니라, 실제로 번성해야 한다고 말씀하셨다. 또한 우리가 천년 왕국에서 누리게 될 위치에 걸맞는 자격을 갖추는 중이라고 하셨다. 나는 주님의 말씀에 충격을 받았다. 그분이 이 모든 것을 보여 주시며, 나는 이미 천국으로 가고 있지만, 이 땅에서 이후의 삶을 위한 수습기간을 보내고 있는 중이라고 말씀하셨기 때문이다.

우리는 이 땅에서 간신히 버티며 살아가는 것이 아니다. 그리스도인은 배우고 성숙하며 자신의 사명을 위해 준비하고 있는 것이다. 나는 순간적으로 내가 창조된 이유를 깨달았다. 당시 내게 아름다운 옷이 입혀져 있었는데, 그것은 대사의 옷이었다. 나는 천년 왕국에서 지역들과 나라들을 맡고 그에 맞는 지위를 받았다. 나는 책임자였고, 천사들을 거느렸다. 언젠가 내가 이후의 세상에서 그분과 함께 다스리고 통치하게 될 것과 이 땅에서 버티며 살아가고 있는 것이 아니라 자격을 갖추고 있다는 사실을 깨달았다.

힘을 내고 다음의 사실을 마음에 새기라. 우리가 겪고 있는 모든 것이 우리에게 유리하게 작용하고 있다. 우리가 하나님을 사랑하고 그분의 목적에 따라 부름 받았기 때문에 모든 것이 합력하여 선을 이룰 것이다(롬 8:28). 하나님이 우리에 대해 그렇게 기록하셨고, 그것이 이루어져야 하기에 모든 것이 우리에게 유리하게 되어 있다. 그 일들이 이루어지지 않는 것은 우리가 천국에 협조하지 않기 때문이다.

천사들이 와서 우리가 협력하도록 도울 것이다. 성령님이 충만한 임재로 도와주실 것이다. 그분이 우리의 대언자와 보혜사가 되어 주셔서 우리 힘으로는 할 수 없는 일들을 행할 수 있게 될 것이다. 우리는 그분을 통해 능력을 받게 된다.

경건을 받아들이고, 경건하지 않은 것과 육신에 속한 것을 거절할 수 있는 올바른 결정을 내리라. 성령님은 우리가 천국에 기록된 소명을 완수하길 바라신다. 이것은 은총 그리고 하나님과 친밀하게 동행하는 것과 관계가 있다. 그러나 우리가 천국에 기록된 대로 이루어지도록 협력하지 않으면, 그것을 얻지 못한다.

하나님은 그것이 무엇인지 몰라도 우리가 받아들이기를 기다리고 계신다. 나는 이렇게 하는 습관을 들였다. 우리는 그렇게 되어야 한다. 나는 매일 다음과 같이 기도하는데, 당신도 함께 기도해 볼 것을 권한다.

> 주님, 저를 위해 예비하시고, 저에게 바라시는 것이 무엇이든지, 천국에 저에 대해 어떻게 기록되어 있든지, 제가 그 뜻을 받아들입니다! 주님, 제 책을 펴시고 오늘이 기록된 곳에 주님의 손을 올리시면, 그것이 어떻게 기록되어 있든지 그 뜻대로 되기를 원합니다. 그것이 지금 이루어지게 하소서. 성령님, 제 삶 가운데 그것을 행하소서. 제가 그 책에 기록된 대로 행하도록 능력을 주소서.

모든 것이 우리에게 유리하게 되어 있다는 사실을 받아들이면, 삶 가운데 불가능한 것들이 가능해지는 모습을 보게 된다. 무엇 때문에 머뭇거리며 사랑하는 하늘 아버지께 나아가지 못하고 있는가? 하나님은 모든 것을 가지고 계신다. 그렇다면 그분이 우리에게 무엇을 요구하시겠는가?

예수님을 만났을 때, 나는 그분이 우리의 의지를 요구하신다는 것을 깨달았다. 하나님은 어느 누구에게도 자신을 강요하지 않으신다. 그래서 이 진리는 매우 깊고도 심오하다. 하나님은 그분을 진정으로 사랑하고, 그분과 화목하기 원하는 자들을 찾으신다. 사도 바울은 그리스도인들이 앞으로 어떻게 살아가야 하는지 다음과 같이 설명했다.

> 이것이 너희의 간구와 예수 그리스도의 성령의 도우심으로 나를 구원에 이르게 할 줄 아는 고로 나의 간절한 기대와 소망을 따라 아무 일에든지 부끄러워하지 아니하고 지금도 전과 같이 온전히 담대하여 살든지 죽든지 내 몸에서 그리스도가 존귀하게 되게 하려 하나니 이는 내게 사는 것이 그리스도니 죽는 것도 유익함이라 그러나 만일 육신으로 사는 이것이 내 일의 열매일진대 무엇을 택해야 할는지 나는 알지 못하노라 내가 그 둘 사이에 끼었으니 차라리 세상을 떠나서 그리스도와 함께 있는 것이 훨씬 더 좋은 일이라 그렇게 하고 싶으나 내가 육신으로 있는 것이 너희를 위하여 더 유익하리라 내가 살 것과 너희 믿음의 진보와 기쁨을 위하여 너희 무리와 함께 거할 이것을 확실히 아노니 내가 다시 너희와 같이 있음으로 그리스도 예수 안에서 너희 자랑이 나로 말미암아 풍성하게 하려 함이라 (빌 1:19-26)

사도 바울은 자신이 계속 산다면, 그리스도 예수께서 이 땅에 계실 때 하신 사역을 자신의 몸으로 나타낼 수 있다고 생각했다. 그는 이 땅을 떠나는 것이 자기에게 유익이라는 것을 알았다. 그러나 그가 섬기고 돌보는 자들은 뒤에 남겨질 것이므로, 그가 떠나는 것이 그들에게는 유익이 되지 않았다. 우리도 매일의 삶 가운데 이러한 사고방식을 유지해야 한다. 우리는 예수님이 우리를 통해 열매 맺으시도록 이 땅에 남아 있는 것이다.

우리는 예수님이 우리를 통해 그분의 삶을 살아가시도록 진심과 열심으로 자신을 철저하게 내어 드려야 한다. "그러므로 나의 사랑하는 자들아 너희가 나 있을 때뿐 아니라 더욱 지금 나 없을 때에도 항상 복종하여 두렵고 떨림으로 너희 구원을 이루라 너희 안에서 행하시는 이는 하나님이시니 자기의 기쁘신 뜻을 위하여 너희에게 소원을 두고 행하게 하시나니"(빌 2:12-13).

그리스도인의 몸은 더 이상 자기 자신의 소유가 아니다. 그런데 그리스도의 몸을 이루는 많은 이들이 이 진리를 이해하지 못하고 있다. 예수님이 그분의 피로 우리를 사셨다. 그래서 우리는 그분을 통해 하늘 아버지의 가족이 되었다. 사도 바울은 다음과 같이 말했다. "너희 몸은 너희가 하나님께로부터 받은 바 너희 가운데 계신 성령의 전인 줄을 알지 못하느냐 너희는 너희 자신의 것이 아니라 값으로 산 것이 되었으니 그런즉 너희 몸으로 하나님께 영광을 돌리라"(고전 6:19-20).

믿는 자들은 언제 자신이 가진 전부를 하나님께 드리고, 그분이 우리를 위해 예비하신 모든 것을 취하는 계시 안으로 들어가게 될까? 우리는 육신을 십자가에 못 박고 초자연적인 것을 받을 수 있게 자유로워져야 한다. 진정으로 모든 것이 우리에게 유리하게 되어 있다! 사도 바울은 하나님께 전부를 드리라는 이 계시를 받고 고린도 교회에 "내가 그리스도 예수 우리 주 안에서 가진 바 너희에 대한 나의 자랑을 두고 단언하노니 나는 날마다 죽노라"(고전 15:31)고 선언했다.

하나님과의 친밀함

구약 시대 사람들은 대부분 자기들의 부르심을 이해하지 못했다. 그들의 삶을 깨닫지 못해서 하나님이 개입하셨다. 그분이 그들을 찾아가셔서 말씀해 주셨다. 때로는 사무엘과 같은 선지자를 보내시는 경우도 있었고, 그들을 왕이나 선지자로 기름 부으셨다.

구약 시대에는 백성들이 옳은 일을 행하게 하려고 하나님이 수차례 초자연적으로 그들의 삶에 개입하셔야 했다. 그들이 올바른 일을 행하지 않은 경우에는 그 결과를 받아들여야 했다. 다윗은 훌륭한 왕이요, 예배자요, 하나님의 친구였는데도, 잘못을 행하고 그로 인해 고통받았다.

신약 시대에는 엄청난 변화가 있었다. 백성들에게는 삶 가운데 주님을 경외하는 마음이 없었다. 그들은 주님이 지극히 높고 존귀하신 분이며, 겸손히 통회하는 마음을 가진 자들과 함께하신다는 것을 깨닫지 못했다(시 51:17). 이사야는 자기에게 나타나신 하나님에 대해 이렇게 기록했다. "주께서 높이 들린 보좌에 앉으셨는데 그의 옷자락은 성전에 가득하였고"(사 6:1). 그는 보좌의 방에서 자신이 본 하나님이 얼마나 거룩하신 분인지에 대해 이야기했다.

하나님은 결코 변함이 없으시다. 신약 시대에 성령님이 어떻게 우리를 인도하고 도우시는지를 보면 참으로 놀랍다. 하나님의 말씀도 우리를 인도하기 위해 주어졌다. 그럼에도 우리는 구약 시대 사람들만큼도 행하지 않고 있다.

　오늘날 사람들이 놓치고 있는 것이 있다. 많은 이들이 주님이 누구인지, 그리고 자신이 누구인지 분별하지 못하고 있다. 우리는 하나님을 있는 그대로 받아들일 수 있어야 한다. 그분은 참으로 경이롭고 거룩하신 하나님이다. 그래서 우리를 필요로 하지 않으신다. 그런데 그분이 우리를 원하신다. 그분이 우리를 구하기로(받기로) 선택하셨으므로 그분께 잡혀 드려야 한다. 그분이 우리를 붙잡으시면, 우리와 교제할 수 있게 허락해 드려야 한다.

　하나님은 창조주이실 뿐만 아니라 우리와 함께 앉아 이야기 나누고 싶어 하시는 분이다. 이것이 바로 구약에 나타난 하나님이다. 그분은 모세에게 백성들을 데리고 산으로 올라오라고 하셨다. 그러나 백성들이 오려 하지 않아서 마음이 상하셨다. 하나님은 온 백성이 그분이 그들을 애굽에서 이끌어 내셨다는 사실에 기뻐하기를 바라셨다. 그러나 이스라엘 백성들은 그러한 친밀함을 원하지 않았다.

　또한 예수님이 오셨을 때, 제자들은 친밀감을 분별하지 못했다. 예수님은 그들이 믿지 않는 것과 그분이 하시는 말씀을 붙잡지 못하는 것을 의아하게 여기셨는데, 그것은 그들의 불신 때문이었다. 사도 요한은 자신을 '예수님이 사랑하시는 자'라고 기록하여 그가 모든 제자들 가운데 가장 주님과 친밀하다는 것을 드러냈다. 열두 명 중에 오직 요한만 이렇게 표현했다. 예수님 곁에 있는 사람들 대부분이 불신 때문에 이런 차원의 친밀함을 원하지 않았다.

　바울은 다메섹으로 가는 길에 예수님을 만날 때까지 그리스도인들을 핍박했다. 예수님이 그에게 나타나시자, 바울은 "주님, 누구십니까?"라고 물었다. 다시 말해 그는 "주님, 제가 당신을 어떤 식으로 핍박했습니까?"라고 물은 것이다. 바울은 하나님이 아니라 그리스도인들을 핍박하는 것이라 생각하고 있었다. 그런데 예수님은 그리스도인들을 핍박하는 것이 곧 자신을 핍박하는 것이라고 설명해 주셨다.

그리하여 바울은 하나님이 그리스도인이라 불리는 믿는 자들 편에 서 계신다는 사실을 깨닫게 되었다. 당시 바울은 그리스도인들을 죽이는 일에 앞장서고 있었다(행 9장).

오늘날 친밀감은 우리의 관심 밖에 있는 일이 되었다. 이 마지막 시대에 단순히 이 땅에서 살아남아 예수님의 재림을 기다리는 처지가 된 것이다. 그러나 예수님이 재림하시려면 그분이 말씀하신 일들이 반드시 일어나야 하는데, 우리가 그 일들을 행하지 않고 있다. 그것은 온 세상에 복음을 전하는 것이다.

우리는 추수하러 들에 나가 사람들을 데려오지 않고 있다. 중국과 러시아, 중동이 다 하나님 나라로 들어와야 한다. 그런 다음에 끝이 올 것이다. 그런데도 믿는 자들은 마땅히 해야 할 일들을 하려 하지 않는다.

마지막 때에는 사람들의 마음이 차가워지고 악을 선이라, 선을 악이라 부를 것이다. 이 시대가 지금 우리의 손에 맡겨졌다. 천국에 있을 때, 나는 하나님이 친밀함을 원하신다는 것을 깨달았다. 우리가 그분과 얼굴을 마주하고 교제하도록 신묘막측하게 지어졌기 때문이다. 그럼에도 우리는 그것을 거절하고 있다. 성령님과 예수님은 모두 이러한 친밀감을 누리고 싶어 하신다.

    이 말에 힘을 얻어 성령님이 지금 당신을 그 자리로 데려가 주시도록 허락해 드리라. 하나님이 예수님의 이름으로 이러한 실재를 당신에게 임파테이션해 주실 것이다.

하나님은 그분의 형상으로 사람을 만드시며 기도와 선포를 통해 명령하고 삶을 이끌어 갈 능력을 주셨다. 따라서 우리가 명령하면, 그 일이 일어나게 된다. 우리에게 권세가 주어졌기 때문이다.

chapter 9

주님이 당신에 대해 기록하셨다

주께서 나를 창조하셨을 때 내가 이미 어떠할 줄 아셨으니 내가 나 되기도 전에라! 주께서 나를 위해 계획한 날수도 모두 주의 책에 기록되었도다.

(시 139:16, 패션성경)

It's rigged in your favor

하나님은 모든 것을 우리에게 유리하게 해 놓으셨다. 그러므로 이 일들이 우리의 삶 가운데 나타나는 것을 보게 될 정도로 하나님과 관계하는 법을 가르치려 한다.

마귀는 하나님을 비방할 기회를 노린다. 이 부분을 읽고 나면 반감이 들 것이다. 우리가 이 내용을 이해하고 믿으면, 마귀의 속박에서 벗어나 자유롭게 될 것을 그가 알기 때문이다. 이런 일은 항상 벌어지고 있다. 나도 그 과정을 통과해야 했고, 그것은 당신도 마찬가지이다.

하나님의 말씀은 양날 가진 검처럼 강하고 운동력이 있어서 우리의 혼과 영을 나눈다(히 4:12). 우리의 혼(생각, 의지, 감정)이 하는 말과 (하나님의 영이 거하고 계시는) 우리의 영이 하는 말을 보여 준다.

하나님의 말씀은 운동력이 있어서 혼과 영을 가른다. 그러므로 문제가 생기거나 저항에 부딪히면, 사탄이 우리를 좁은 곳에 가두려 애쓰는 것이니 힘을 내라.

실제로 지금 이 순간, 사탄은 우리가 읽고 있는 것이 믿음을 낳는다는 것과 믿음의 결과로 역사와 실재가 나타나게 된다는 것을 알고 있다. 그렇게 되면, 그는 우리뿐만 아니라 우리 주변의 모든 사람에 대한 영향력도 잃어버리게 된다. 우리는 하나님의 영광을 나타내게 된다. 또한 마귀는 우리의 속도를 늦추거나 멈추게 하면, 다른 사람도 이 영역에 접근하지 못하게 막을 수 있다는 것을 알고 있다. 그러므로 우리는 한결같은 모습으로 부지런히 가는 곳마다 성령의 검을 적극적으로 사용해야 한다.

시편 139편 16절은 "주께서 나를 창조하셨을 때 내가 이미 어떠할 줄 아셨으니"(패션성경)라고 말한다. 하나님은 심지어 우리가 창조되기 전에 그리고 우리의 날이 빛을 보기도 전에 이미 우리를 보셨다고 말씀하시는 것이다. "나에게 정하여진 날들이 아직 시작되기도 전에 이미 주님의 책에 다 기록되었습니다"(새번역). 우리를 향한 하나님의 계획은 매우 심오해서 이해하기 어려울 수도 있다.

내가 이 책을 쓰는 이유는, 이 여정이 길어질 필요가 없으므로 신속하게 이 위치에 이르도록 돕기 위해서이다. 우리는 성경에 있는 이 구절들을 읽고 받아들이면 된다. 그러면 우리의 영이 능력으로 타오르며 밝아져서 천사들도 우리 안에 있는 부활의 능력을 보고 놀라서 숨을 삼킬 것이다. 아내와 나는 천사들이 놀라서 숨을 삼키는 모습을 본 적이 있다. 하나님이 우리에게 강하게 임하셔서 하나님의 영광으로 타오르게 하시자, 우리를 둘러싼 천사들도 그 영향을 받았다.

하나님의 영광이 강하게 임하여 우리의 영에 불을 붙이면, 우리는 본래의 모습을 되찾게 된다. 시편 기자는 바로 이것을 말하고 있는 것이다. 내가 존재하기 전에 주님이 나를 창조하셨다. 이미 나를 보셨고, 또 아셨다. 하늘 아버지께서는 이렇게 말씀하신다. "내가 너를 생각하고 네 어머니의 태에 불어넣던 그날을 기억한다. 너는 아름답고 훌륭했다. 내가 생각했던 그 모습 그대로였다."

성공하도록 창조되다

예수님이 이 말씀을 보여 주셨을 때, 순간적으로 아직도 이 진리가 유효하다는 사실을 깨달았다. 나는 이 진리를 이해하지도, 심지어 당시에는 알지도 못했는데도 그랬다. 예수님은 이 말씀을 가르쳐 주셨고, 나는 성경을 찾아봐야 했다. 그분은 영원전에 나에 대해 생각하시고, 생각으로 나를 지으신 다음 어머니의 태로 보내셨다. 그리고 어머니의 태에 있는 내 몸에 영을 불어넣으시자, 나는 생령(살아 있는 혼)이 되어 이 땅에 태어났다. 나는 하나님이 천국에 기록해 놓으신 모든 것에 성공하도록 창조되었다. 내가 실패할 것이라고 기록된 날은 단 하루도 없었다. 그것은 참으로 근사한 일이었다. 예수님은 내가 태어난 날부터 타락한 이 세상이 나를 대적하고 있다는 사실을 알려 주셨다.

하나님은 결코 실수하지 않으신다. 그러므로 착오가 있을 수 없다.

하나님은 우리가 이 땅에서 권세 가운데 행하게 하실 생각이었다. 그러나 타락한 세상은 사람들의 잘못된 행동으로 유전적인 신체의 결함과 장애를 안게 되었다. 우리의 몸을 혹사시킨 후, 다음 세대에게 물려주고 있는 것이다. 환경 속의 화학적 요소들뿐만 아니라 우리가 먹는 특정한 음식들은 유전자 변이를 일으킨다.

나는 지금 우리의 삶을 향한 하나님의 뜻을 이야기하려는 것이다. 그분은 우리에게 이런 악한 일들을 행하지 않으신다. 우리는 타락한 세상에 태어났다. 타락한 이 세상에는 한계와 제한이 있다. 하지만 하나님이 우리를 창조하셨기에, 우리 영의 사람은 그분이 보시기에 완벽하다.

어느 정도 나이가 있는데도, 우리는 잘못된 행동을 하기로 마음먹는다. 바울은 "죄는 살아나고 나는 죽었다"고 말했다(롬 7:9). 즉, 우리의 삶에 죄의 문제가 있다는 것이다. 우리는 죄 가운데 태어났는데, 그리스도인이 되어 회개하고 죄에서 떠났다. 그리고 예수님께 우리 마음에 들어와 달라고 구했다. 그분을 우리 대신 징계받으신 구원자로 받아들인 것이다. 예수님이 우리의 죄를 담당하셨기에 우리는 지옥에도 가지 않게 되었다. 주님이 우리를 위해 그곳에 가셨기 때문이다. 그분은 고난 받으시고 죽으셔서, 땅의 깊은 곳으로 가셨다. 그리고 죽은 자 가운데서 살아나셔서 하나님 우편으로 올라가 지금 그곳에 앉아 계신다.

주님은 능력으로 우리를 구속하셨고 또한 창조하셨다. 그러므로 우리가 감사하는 마음으로 그분을 위해 살기 원하신다. 천국의 책에 기록된 대로 그분의 목적과 뜻에 따라 살아가기를 바라신다. 그러나 그분을 받아들이지 않는 사람은 구속받지 못하므로 천국에 기록된 대로 살아갈 능력이 없다. 그래서 그것을 단 하루도 성취하지 못한다. 나는 그런 사람들이 지옥에 가는 모습을 보았다. 그런데 천국의 책에는 그렇게 기록되어 있지 않았다. 그들은 지옥에 있으면 안 되는 이들이었다.

그들이 하나님과 함께하지 않았기 때문에 천국의 책에 기록된 대로 이루어지지 않았다. 예수님을 구원자로 받아들이지 않아서 스스로 죗값을 치러야 했다. 그런데 예수님이 이미 그 값을 치르셨다. 이것은 마치 어떤 행사장에 입장하려고 줄을 서 있는데, 앞에 있던 사람이 우리의 푯값을 지불한 것과 같다. 그런데도 사람들은 스스로 값을 치르려 하면서 이중으로 지불하고 있다.

예수님이 이미 우리의 죗값을 지불하셨다. 모든 인류를 위해 고난당하고 죽으셨다. 그럼에도 사람들은 그분을 영접하지 않는다. 그분의 선물을 받아들이지 않는다. 그런데 그 값은 너무나도 커서 사람들이 감당할 수가 없다. 그들은 결국 지옥에 가서 그 값을 치르게 된다. 예수님을 삶의 주인으로 받아들이지 않았기 때문에 자기들의 죄를 담당하는 것이다.

하나님이 우리의 날들을 계획하셨다. 우리가 천국에 가도록 예정하셨다. 예수님과 나는 오랫동안 이것에 대해 나누었다. 주님은 모두가 천국에 가기를 바라셨다. 그래서 예수님과 아버지는 모든 사람의 책에 그들이 구원받아 영원히 그분과 함께할 것으로 계획해 놓으셨다. 그 후 예수님이 이 땅에 오셔서 복음을 전하시며 사람들을 하나님 아버지께로 이끄셨다. 그분은 우리를 위해 죽으시고, 죽은 자 가운데서 다시 살아나셔서 하나님 우편에 앉으셨다.

모두가 하나님이 행하신 일들을 받아들여야 한다. 그렇지 않으면 천국에 가지 못한다. 그런데 안타깝게도 많은 사람들이 평생 동안 예수님을 주로 받아들이지 않는다. 예수님이 이 땅에 오신 목적은 인류의 죄에 대한 대가를 치르고 아버지께로 이끄시기 위해서였다. 이 모든 것이 천국에 기록되어 있다.

예수님은 "모든 사람이 천국에 오도록 내가 모든 사람의 값을 치렀다. 하지만 그들이 나를 구원자로 인정하지 않으면, 천국에 들어오지 못한다"고 말씀하셨다. 예수님이 사람들을 돕고 구속하기 위해 행하신 모든 일들을 들으며 너무나도 마음이 아팠다. 그분은 어째서 사람들이 자신을 영접하지 않는지, 그분이 그들을 위해 행하신 일을 인정하지 않는지 말씀하시며 슬퍼하셨다.

하늘의 영역

그리스도인은 하나님의 영 안에서 능력으로 행해야 한다. 믿음뿐만 아니라, 복음을 증거하는 삶을 살아야 한다. 예수님이 우리를 위해 값을 치르신 것들은 생각보다 훨씬 더 위대하기 때문이다. 그분은 우리를 위해 성취하신 다양한 일들을 상세하게 설명해 주셨다. 이 일들은 오직 사도 바울의 글을 통해서 볼 수 있는데, 그는 하늘로 들려 올라가서 이 일들을 본 뒤 전하도록 허락받은 것들만 기록하였다.

초대 교회에 보낸 바울의 편지들은 신약의 많은 부분을 차지한다.

그는 주로 영적인 세계와 그 안에서 우리의 위치에 대해 기록하고 있다. 예수님은 우리를 아버지의 마음속으로 돌려보내시고 하나님 우편에 그분과 함께 앉게 해 주셨다.

요한계시록 1, 2장은 일곱 교회에 보내는 편지로, 이기고 승리하면 예수님과 함께 보좌에 앉게 된다고 말씀한다.

> 그분은 높임 받으신 그리스도와 함께 우리를 일으키셔서 우리는 그분과 함께 하늘의 영광스러운 완벽함과 권세 안으로 올라갔습니다. 그러므로 우리는 지금 그리스도와 함께 앉아 있습니다! (엡 2:6, 패션성경)

베드로후서 1장 4절은 우리가 신성한 성품에 참여하는 자가 되었다고 말한다. 하나님이 예수 그리스도를 통해 우리를 구속하시고 우리 안에 하나님의 영을 주셔서 이러한 실재 가운데 행할 수 있게 되었다는 것이다. 하나님이 우리의 모든 것을 아시고 이해하신다. 이것은 참으로 멋지고 근사한 일이다. 그분은 천국의 책에 우리의 모든 날을 기록해 놓으셨다. 그런데 사람들이 그 책에 더 집중하려 하지 않는 것이 너무나도 안타깝고 놀랍다.

비밀을 말하기

하나님이 기록하신 책에 집중하는 방법 중 하나는, 성령님이 우리를 통해 기도하시게 하는 것이다. 그렇게 하면 천국의 책을 그대로 인용할 수 있다. 우리의 책에 기록된 비밀들을 영 안에서 선포하며 확고히 할 수 있다. 이렇게 함으로, 우리는 실제로 하나님의 완전하신 뜻을 말하게 된다!

> 이와 같이 성령도 우리의 연약함을 도우시나니 우리는 마땅히 기도할 바를 알지 못하나 오직 성령이 말할 수 없는 탄식으로 우리를 위하여 친히 간구하시느니라 (롬 8:26)

우리가 연약함 가운데 있을 때, 우리의 영에 연결되어 있는 성령님이 우리가 온전한 기도를 드릴 수 있게 도와주신다. 하나님이 연약한 우리에게 힘을 주셔서 강건하게 하신다. 실제로 바울은 연약함 가운데 기뻐했다. 그는 하나님의 능력이 우리의 연약함 가운데 나타나 그분이 능력으로 임하시므로 우리가 약할 때 강해진다고 말했다. 로마서 8장 26절은 우리가 연약한 가운데 성령님이 임하셔서 말로 다할 수 없었던 기도를 하도록 도우신다고 말한다.

우리가 성령 안에서 기도하면, 우리에 대해 기록된 대로 선포할 수 있다. 이것은 천국 전체와 모든 천사들 그리고 지옥의 모든 것을 향해 확증하는 것이다. 성령님이 우리의 삶을 향한 하나님의 완전하신 뜻을 선포하시는 소리를 모두가 듣는 것이다. 따라서 최대한 성령님께 순복하는 것이 가장 좋다. 우리는 성령으로 선포하여 그분을 통해 모든 상황 가운데 승리해야 한다.

우리가 얼마나 특별한 존재인지 깨닫게 되면, 하나님이 "모든 것을 우리에게 유리하게 만들어 놓으셨다"는 것을 이해하게 된다. 세상과 우리 자신을 분리할 수 있게 되고, 세상이 우리에게 합당한 대우를 하지 않고 있다는 사실을 깨닫게 된다.

세상은 그리스도인들을 감당할 수 없다. 타락한 세상은 예수 그리스도와 기독교를 배척한다. 예수님을 죽인 세상은 우리도 그렇게 하고 싶어 하고, 예수님의 메시지가 전파되는 것을 방해하고 중단시키려 한다.

우리가 복음의 메시지를 전하려고 하면, 저항에 부딪히게 된다. 성령님이 거룩하셔서 우리가 세상과 구별되는 일이 벌어지는 것이다. 그분은 우리를 구별하여 부정한 것에서 분리시키기 원하신다.

> 하나님의 성전과 악한 영들이 어찌 교제하겠습니까? 참으로 우리는 하나님이 말씀하신 것같이 살아 계신 하나님의 성전입니다. 주님이 말씀하십니다. "그들 안에 내 집을 세우고 그들 가운데 행하여 나는 그들의 하나님이 되고 그들은 내 백성이 될 것이다. 그러므로 너희는 그들에게서 나와 떨어져 있어라. 부정한 것을 만지지 말라. 그러면 내가 너희를 영접할 것이다." (고후 6:16-17, 패션성경)

우리는 거룩하다. 그래서 주님이 그분의 이름을 우리 위에 두셨다. 우리는 그분의 것이다. 전능하신 하나님은 우리를 세상에 드러내신다. 우리가 그분의 소유이므로, 세상은 바라만 볼 뿐 우리에게 손을 댈 수 없다.

우리는 이 시대의 끝에 우리에 대해 기록된 것들을 보게 될 것이다. 우리가 이 계시 안으로 들어올 때, 변화가 일어날 것이다. 우리가 스스로 그리고 주변 사람들이 생각하는 것보다 훨씬 더 특별한 존재라는 것을 깨닫게 될 것이다.

사람들은 우리가 누구인지 알아보지 못하므로 합당하게 대하려 하지도 않는다. 그들이 평범한 사람에 불과하다고 생각하는 이들은 사실 하나님의 아들이요 딸들이다. 값을 주고 사서 자녀 삼으신 귀한 자들이다. 우리는 하나님의 소유이기에 이 세상의 영, 곧 반역하기로 선택한 사람들보다 중요한 존재이다. 그들보다 더 큰 하나님의 은총을 받은 자들이다. 그들은 하나님을 거절하고 있다. 하나님은 교만한 자들을 대적하시기 때문에 그들도 대적하시지만, 겸손한 자에게는 은혜를 베푸신다.

우리가 겸손히 스스로를 구별하면, 하나님이 우리의 삶에 개입하시면서 초자연적인 사건들이 일어나기 시작한다. 그분은 초자연적인 분이셔서 이런 일들이 자연스럽고 당연하게 일어날 수밖에 없다. 그분이 우리의 삶 가운데 운행하며 다스리셔서 우리에 대해 기록해 놓은 특별한 일들을 온전히 이루신다.

하나님은 우리에게 일어나야 할 특별한 일들을 기록해 놓으셨다. 그런데 그것이 성취되기 위해서는 우리가 협조해야 한다. 그분을 믿고 받아들여야 한다. 의심하거나 두려워하지 말라. 오직 하나님을 신뢰하고 온전한 사랑으로 두려움을 내쫓으라. 성령님이 보혈의 사랑으로 우리를 온전히 받으셨다는 것을 계시하시도록 허락해 드리라. 우리가 신묘막측하게 지어졌고, 하나님이 우리에게 이루어져야 할 일들을 기록해 놓으셨다는 사실을 받아들이라. 지금 천사들이 하나님의 완전하신 뜻을 우리의 삶 가운데 이행할 준비를 하고 대기 중이다.

하나님은 창조하시기 전에 이미 우리를 아셨다. 내가 만난 예수님이 바로 이분이다. 이분이 우리의 책을 기록하신 분이며, 내가 신뢰하는 예수님이다. 지금 겪고 있는 일들로 하나님을 판단하지 말고, 기록된 것으로 하나님을 판단하라. 모든 것이 우리에게 유리하게 되어 있다는 것을 깨달으면, 자유로워질 것이다!

우리의 삶에 하나님께 속하지 않은 모든 것을 버리는 제거의 과정이 일어난다. 그분은 우리의 삶에 성령의 검을 내려 주셨다. 그리고 우리에게 속한 것과 그분께 속한 것을 가르고 분별하여 알려 주신다. 하나님의 영이 우리로 하여금 죄를 깨닫게 하시는 것이다. 그분은 천국에서 온 것과 이 땅에 속한 것을 보여 주신다. 우리는 이러한 분리의 과정 중에 있다.

이런 일이 일어나면서 나는 예수님과 천사들의 방문을 받기 시작했다. 그리고 놀라운 방식으로 성령님의 인도를 받게 되었다. 주님이 성령의 검으로 내 삶을 가르고 분별하여 "너는 이렇게 행하며 나아가야 한다. 그것을 내려 놓으면 도움이 될 것이다. 이것을 버리고, 저것을 받아들여야 한다"고 말씀해 주셨기 때문이다.

내 마음을 드려 주님으로 나를 가득 채우자, 그분이 나를 주관하시기 시작했다. 그리고 내 삶에 초자연적인 일들이 나타나게 되었다. 아마 당신도 바로 이런 것을 원할 것이다.

우리의 가치

우리의 가치는 천국에서 결정된다. 이 세상에서 결정되는 것이 아니다. 이 땅에서 얼마나 많은 일을 이루고 성취했는지는 상관없다. 우리의 가치는 천국에서 결정된다. 그것은 하나님이 우리에 대해 이미 정해 놓으신 것에 따른다. 우리가 태어나기도 전에 그분은 우리에게 투자하셨다.

요한계시록 13장 8절에 따르면, 예수님은 창세전에 죽임 당하신 어린양이다. 우리는 하나님의 생각과 마음속에서 이미 구원받은 존재이다. 그분은 우리가 타락하여 죄 가운데 태어날 것을 아시고, 예수님이 오시도록 계획하셨다. 그분의 사랑과 자비하심으로 예수 그리스도를 통한 해결책을 마련하신 것이다.

하나님은 모든 것을 이미 알고 계시지만, 우리가 그분을 선택하도록 강요하시지 않는다. 그분은 우리가 원하는 대로 하게 내버려 두신다.

하나님은 온갖 아름다운 일들을 우리의 책에 기록해 놓으셨다. 우리는 지금도 방향을 바꿀 수 있다. 온전히 마음을 정하기가 어려운 것 같다면, 모든 것이 우리에게 유리하게 되어 있고, 하나님이 이미 선한 의도로 아름다운 계획들을 기록해 놓으셨다는 계시를 받아야 한다. 그분은 우리의 지각으로 이해할 수 없는 계획을 가지고 계신다. 이것을 받아들인다면, 곧바로 반역하는 마음을 제거하여 하나님을 대적하던 것을 중단하고 의심을 없앨 수 있다. 두려움과 의심, 불신이 사라지면, 성령님이 우리를 신속하게 다음 단계로 데려가실 수 있다. 바로 지금 자신을 풀어놓아 미래로 보내라. 우리가 절대로 패배하거나 실패하지 않게 상황을 바꿀 수 있다는 사실을 깨달아야 한다.

내가 이 책을 쓰는 이유는, 사람들이 삶 가운데 실패하여 마땅히 이루어야 할 일들을 완수하지 못하는 일이 없게 하기 위해서이다. 나는 이렇게 함으로 사람들을 지배하고 있는 마귀의 권세를 파쇄하고 있다. 하나님이 사람들에게 원하시는 일들을 미리 정해 놓으셨다는 것을 알리기 위해 글을 쓰고 가르치고 있다.

하나님은 지금도 사람들이 스스로 결정을 내리도록 허락하신다. 그들에게 정확하고 바르게 이해할 수 있는 정보를 준다면, 더 빠르고 신속하게 하나님에 대해 올바른 결정을 내리도록 도울 수 있을 것이다.

오해 해소하기

하나님은 절대로 우리에게 악을 행하지 않으신다. 그분은 악한 것과 전혀 상관없는 분이다. 마귀는 하나님께 불순종하여 타락하면서 인류도 끌고 가버렸다. 바로 이 마귀가 하나님에 대해 거짓된 정보를 전하고 있다. 그는 하나님을 미워하기에 그리스도인들을 미워한다. 그래서 하나님을 오해하게 만드는 것이다. 그는 하나님에 대해 좋지 않은 인상을 주려 한다. 그래서 마치 하나님이 우리에게 어떤 상황이나 문제를 일으키신 것처럼 보이게 하지만, 그분은 그 일과 전혀 관련이 없다.

하나님은 살인자이자 속이는 분으로 부당하게 비난받고 계신다. 그러나 이것은 사실이 아니다. 오히려 사탄이 살인자이며 속이는 자, 곧 거짓말쟁이다. 그래서 사람들에게 하나님에 대해 거짓된 정보를 전하고 있는 것이다.

이제 잘못된 정보들을 버리고, 진리에 순복함으로 의심과 두려움을 제거하라. 하나님은 이미 아름다운 일들을 우리의 책에 기록하셨고, 천사들과 성령님과 하나님의 말씀의 계시를 통해 그것을 이루고 싶어 하신다. 이 모든 것이 합력하여 선을 이루면, 우리는 이 땅에서 승리하게 된다.

하나님의 절대적인 도움이 필요할 때까지 기다리지 말라. 지금 그분과의 관계 속으로 들어가서 친밀감을 누리라. 친밀감을 거부하지 말고 성령님과 하나님의 말씀을 받아들이라. 그리고 천국에 기록된 대로 이행하려고 대기 중인 천사들이 일할 수 있게 허락하라. 그들은 우리가 하나님이 예정하신 오늘의 일정에 맞출 수 있게 돕고 있다.

우리를 담당하는 천사들의 도움을 받아들이면, 삶을 효과적으로 마무리할 수 있다. 우리에 대한 하나님의 말씀이 천국의 책에 기록되어 있다. 하나님, 곧 하늘 아버지께서 우리를 사랑하셔서 우리에 대해 기록하셨을 뿐만 아니라 그것들을 우리의 삶에 이루기 원하시기 때문이다. 그분은 우리의 책에 예정된 것들이 이 땅의 물리적 영역에 나타나게 하신다.

시편 기자는 "주께서 나를 창조하셨을 때 내가 이미 어떠할 줄 아셨으니 내가 나 되기도 전에라! 주께서 나를 위해 계획한 날수도 모두 주의 책에 기록되었도다"(시 139:16, 패션성경)라고 했다. 믿는 자가 이 놀라운 진리를 붙잡으면, 하나님을 경외하는 마음으로 행하며 하나님의 은총을 받게 된다. 말라기 선지자는 다음과 같이 말했다.

> 그때에 여호와를 경외하는 자들이 피차에 말하매 여호와께서 그것을 분명히 들으시고 여호와를 경외하는 자와 그 이름을 존중히 여기는 자를 위하여 여호와 앞에 있는 기념책에 기록하셨느니라 만군의 여호와가 이르노라 나는 내가 정한 날에 그들을 나의 특별한 소유로 삼을 것이요 또 사람이 자기를 섬기는 아들을 아낌같이 내가 그들을 아끼리니 그때에 너희가 돌아와서 의인과 악인을 분별하고 하나님을 섬기는 자와 섬기지 아니하는 자를 분별하리라 (말 3:16-18)

주님을 경외하는 남은 자들이 있었다. 주님은 그들이 하는 말을 듣고 계셨고, 그분을 경외하며 그 이름을 존중히 여기는 자들의 책을 가지고 계셨다. 주님은 우리를 그분의 소유로 여기신다. 그리고 우리를 그분의 것으로 공개하려고 계획하셨다.

나는 예수님과 함께 천국에서 이 진리를 보았다. 그분은 우리를 사랑하셔서 강한 천사들로 우리를 확실하게 지키실 것이다. 예수님은 "너희는 이 작은 자들 중 하나라도 더럽히지 않도록 주의하라. 너희에게 분명하게 말하는데, 그들을 지키는 천사들이 즉각 하늘 아버지께 나아갈 수 있다"(마 18:10, 패션성경)고 말씀하셨다.

우리가 태어나기 전에 기록된 대로 천사들이 일할 수 있게 허락하

라. 그들은 이 땅의 삶 가운데 우리의 소명과 크게 상관이 있다. 당신의 믿음을 세우고, 천국의 책에 기록된 대로 성취되는 것을 보라. 이 마지막 때에는 아버지 하나님이 천사들을 통해 백성들의 부르짖음에 응답하시면서 수많은 초자연적 사건들이 일어날 것이다. 천사들은 기록된 대로 모든 것이 우리에게 유리하게 되어 있는 것을 본다!

나는 예수님의 눈에서 사람들을 향한 사랑을 보았다. 그분은 그들이 실패할 필요가 없다는 것을 잘 아신다. 주님이 우리를 위해 아름다운 것들을 매우 다양하게 예비하셨다. 그분을 묵상하고 경외하라. 주님이 우리를 위해 이루실 것이다.

하나님이 우리에 대해 계획해 놓으신 것이 무엇이든지, 우리가 그분과 뜻을 같이하기를 바라신다. 천사들은 이미 우리의 삶에 어떤 일이 일어나야 하는지 전달받았다. 그들은 우리가 협력하기를 기다리고 있다. 믿으라. 그리고 믿음으로 마음 밭을 기경하며 말씀을 심으면 된다. 이렇게 하면 우리의 영에서 믿음을 일으켜 우리의 소명을 선포하게 된다.

우리가 믿는 것과 우리의 말이 마음에서 나온다는 사실을 기억하라. 말을 하면, 말한 대로 이루어져 받게 되는 것이다. 그러므로 믿음으로 선포한 후에는 행하며 나아가라. 믿어지는 것들을 행하라.

주님이 우리와 함께하신다. 그분은 우리가 동행하기를 바라시지만, 그것을 강요하지는 않으신다. 하나님이 예정된 것들을 기록해 놓으셨다. 그러므로 우리는 그 계획들 안에서 행해야 한다. 다른 사람들도 그렇게 행하도록 우리가 도와야 하기 때문이다. 우리가 지체하면, 다른 사람들도 각자의 계획 안에서 행하지 못하게 되는 것이다.

내가 이 땅으로 돌아오지 않았다면, 이런 것을 가르치지 않았을 것이다. 예수님을 만나기 전에는 하나님과 그런 차원의 관계를 누리지 않았기 때문이다. 이제 나는 이 땅으로 돌아와 사람들이 그런 관계를 누리도록 가르치고 있다. 내 목표는 당신뿐만 아니라 전 세대의 사람들을 돕는 것이다.

우리는 말씀으로 변화되어 사람들을 도와 가는 곳마다 삶을 변화시키게 될 것이다. 이런 사람들은 세대 전체에 말씀을 전파할 것이다. 하나님의 계획은 이처럼 너무나도 크다! 그러므로 하나님의 음성을 듣는 것은 생각보다 중요하다. 천국의 책에 기록된 대로 하나님이 예비하신 것들을 성취하면, 우리 주변의 사람들도 영향을 받아 각자의 책에 기록된 것을 성취하게 될 것이다.

하나님은 우리를 신묘막측하게 지으셨다. 그분은 우리가 존재하기도 전에 우리를 아셨다. 우리를 향한 그분의 뜻은 다른 사람들과 밀접한 관련이 있다. 그것은 순종으로 세대 전체와 미래의 세대들에 영향을 미치는 것이다.

chapter 10
주님이 당신을 생각하신다

한순간도 주께서 내 생각을 하지 않으실 때가 없으니 이를 묵상하매 어찌나 귀하고 놀라운지요!

(시 139:17, 패션성경)

It's rigged in your favor

이 땅에는 수많은 사람들이 살고 있는데, 하나님이 어떻게 우리 한 사람을 생각하실 수 있는지 이해하기 어려울 때가 있다. 그러나 이것은 그분께 어려운 일이 아니다.

한번은 이런 일이 있었다. 나는 은행과의 거래기한 만료를 앞두고 돈을 다른 계좌로 이체하기로 약정했다. 그날까지 돈을 이체하지 않으면 500달러의 벌금을 내야 했다. 그런데 그날 비행을 나가면서 돈을 이체하는 것을 잊어버렸고, 그렇게 2주가 지났다.

정해진 날 안에 돈을 이체하지 않았다는 것을 깨달았을 때, 나는 기도하며 주님의 자비를 구했다. 그리고 은행에도 전화하여 선처를 부탁했다. 나는 통장에서 빠져나갔을 500달러의 벌금을 돌려받고 싶었다. 전화를 받은 담당자는 내 기록을 살펴보더니 아무 이상이 없다고 말했다. 나는 생각지 못한 답변에 놀라 무슨 말이냐고 물었다. 그러자 담당자는 이렇게 말했다. "기록을 살펴보니, 우리는 그날 당신의 전화를 받아 당신의 돈을 이체했습니다. 그래서 아무 문제도 없습니다."

나는 주님이 행하신 일에 크게 놀랐다. 그래서 은행원에게 감사하다고 말하며 서둘러 전화를 끊었다. 나는 기도하며 주님께 도대체 어떻게 된 일인지 물었다. 그분은 내가 기도할 것을 아시고, 두 주 전에 미리 응답하신 것이라고 말씀하셨다. 주님이 나에 대해 생각하시다가, 내가 아직 하지도 않은 기도에 응답하신 것이다!

1992년에 예수님과 함께하는 동안 받은 계시가 있는데, 이제 그것을 나누려 한다. 지금까지 한 번도 나눈 적이 없는 몇 가지 비밀들과 깊은 계시들이라서 긴장되고 떨린다. 함께 있는 동안 주님은 가끔 내가 그분의 생각을 들을 수 있게 허락해 주셨다. 보통은 주님이 내 생각의 소리를 들으시고, 말없이 응답해 주셨다. 나는 그분의 눈을 들여다보며 대화할 수 있었다.

받아들이기 어려운 것

시편 139편 17-18절은 다음과 같이 말한다. "한순간도 주께서 내 생각을 하지 않으실 때가 없으니 이를 묵상하매 어찌나 귀하고 놀라운지요! 주의 생각마다 나를 끊임없이 아끼시는도다! 오 하나님, 나를 향한 주의 바람이 해변의 모래알보다 더 많도소이다! 매일 아침 내가 깰 때마다 주는 여전히 나를 생각하고 계시나이다"(패션성경).

시편 139편을 읽다 보면, 쉽게 넘기기 어려운 부분을 만나게 된다. 사람들은 그런 부분이 있다는 것을 깨닫지 못하는데, 너무나 많은 정보와 계시를 받아 감당하기 어려워지기 때문이다. 우리의 생각으로는 그것이 이해가 되지 않는다. 다시 말해, 성경의 특정한 부분들이 잘 믿어지지 않는 것이다.

그리스도인으로서 성경을 믿어야 할지, 말아야 할지 고민이 될 때가 있다. 어떤 말씀은 우리가 구하고 생각하는 것을 초월해서 그것이 사실인지 상상조차 하기 어려운 경우도 있다. 그러므로 그리스도인은 지속적으로 말씀을 읽고 연구하고 묵상하면서 고민해야 한다.

> 이는 내 생각이 너희의 생각과 다르며 내 길은 너희의 길과 다름이니라 여호와의 말씀이니라 이는 하늘이 땅보다 높음 같이 내 길은 너희의 길보다 높으며 내 생각은 너희의 생각보다 높음이니라 (사 55:8-9)

주님이 우리에게 말씀하시거나 그분의 임재를 경험할 때, 우리의 생각을 꺼 버리고 싶은 경우가 있다. 우리의 생각으로는 하나님의 일들을 이해할 수 없기 때문이다. 대부분의 사람들이 그렇게 생각하는 시점이 있다. 시편 139편은 "한순간도 주께서 내 생각을 하지 않으실 때가 없으니"라고 말한다.

그리스도인이라면 성경을 믿어야 한다. 성경이 우리의 권위이고, 믿음의 근거이기 때문이다. 사람들이 종교가 뭐냐고 물으면, 우리는 "그리스도인"이라고 답한다. 예수 그리스도를 믿는다고 하여 그리스도인이지만, 그리스도인들은 믿음의 근거인 하나님의 말씀도 믿는다. 이 말씀은 성령의 감동을 받은 사람들을 통해 우리에게 주어진 천국의 진리이다.

성경 말씀이 우리의 기초이며 근거이다. 그리스도인이라면, 하나님의 말씀을 믿고 연구해야 한다. 그것이 우리가 믿는 것의 근거이기 때문이다. 성경의 교리는 믿음의 표현이다.

시편은 하나님이 매 순간 우리를 생각하신다고 말한다. 세상에 그렇게 많은 사람들이 있는데, 어떻게 그것이 가능한지 의아할 것이다. 하나님은 어떻게 모든 사람의 생각을 아시며, 그들과 함께하시고, 그들을 계속 생각하실 수 있을까? 시편 기자는 하나님이 그렇게 하실 수 있다고 말하고 있다.

이제 선택해야 한다. 성경은 진리인가? 그리스도인이라면 "그렇다"고 답하고 믿어야 하지만, 대부분의 사람이 여기서 망설이게 된다. 진리로 받아들여야 하지만, 너무 커서 감당할 수도 없고, 이해가 되지도 않기 때문이다. 그것을 온전히 받아들이려면, 삶에서 그 열매를 보지 못하더라도 마음을 바로잡아 진리로 확정지어야 한다. 성경이 말씀하는 것이 진리이고, 우리의 경험이 잘못된 것이라고 우리의 생각에 선포해야 한다.

하나님이 말씀하신 일을 이루지 않고 계시는 것은 그분의 잘못이 아니다. 분명 다른 문제가 있는 것이다. 어쩌면 우리의 잘못일 수도 있다. 나는 책임을 지기 위해 먼저 스스로를 돌아본다. 무슨 일이 벌어지든지 하나님을 탓하지 않는다. 그것은 절대 하나님의 잘못이 아니다.

내가 만난 예수님은 결코 실패하실 수 없는 분이다. 나를 담당하는 천사들도 마찬가지이다. 나는 나중에야 좋지 않은 일들이 일어나는 이유가 하나님이 아니라 나 때문이라는 것을 깨달았다. 우리의 잘못이고 책임이라는 사실을 받아들여야 한다. 바로 이것이 대부분의 사람들이 받아들이기 어려워하는 부분이다.

사람들은 자신이 내린 삶의 결정들을 책임지려 하지 않는다. 그래서 어떤 것에도 헌신하고 싶어 하지 않는다. 물론 그들은 스스로 그리스도인이라고 말한다. 서류상 모든 것에 동의하지만, 실제로 성경의 모든 것을 믿지는 않는다. 하나님이 매 순간 우리를 생각하시고 관심을 가지고 계시다는 것을 하나님의 말씀으로 믿고 받아들이기로 선택하라.

우리의 삶이 말씀대로 되지 않는 경우에는, 우리 자신을 바꾸고 바로잡아야 한다. 하나님이 와 주시길 기다리지 말고 우리가 하나님을 향해 나아가야 한다. 하나님은 그분이 하실 일을 모두 완수하셨다. 예수님을 보내실 때, 그분의 몫을 다하셨다. 예수님은 오셔서 값을 치르고 우리를 다시 사심으로 그것을 확정하신 후, 아버지께로 돌아가셨다.

이제 하나님은 원수가 그분의 발등상이 되기를 기다리고 계신다. 그리고 예수님은 교회가 일어나 연합된 모습으로 굳게 서서 사명을 성취하기를 바라신다. 우리가 성숙에 이르도록 믿음 안에서 연합하면, 그리스도의 몸은 이 땅의 증인이 된다. 추수할 때가 되면 끝이 온다. 오중사역과 성령의 은사는 그리스도의 몸을 세우기 위해 주어진 것들이다.

이는 성도를 온전하게 하여 봉사의 일을 하게 하며 그리스도의 몸을 세우려 하심이라 우리가 다 하나님의 아들을 믿는 것과 아는 일에 하나가 되어 온전한 사람을 이루어 그리스도의 장성한 분량이 충만한 데까지 이르리니 (엡 4:12-13)

우리를 향한 하나님의 갈망

시편 기자는 하나님이 매 순간 자신을 생각하신다는 사실이 너무나도 귀하고 놀랍다고 이야기하고 있다. 하나님은 지금도 우리를 생각하고 계시며, 항상 소중하게 여기신다.

시편 기자는 또 "오 하나님, 나를 향한 주의 바람이 해변의 모래알보다 더 많도소이다! 매일 아침 내가 깰 때마다 주는 여전히 나를 생각하고 계시나이다"라고 말한다. 우리를 향한 하나님의 바람, 곧 갈망이 모든 해변의 모래알들만큼이나 많다는 것이다. 정말 그렇다고 생각하는가?

그리스도인이 되는 것이 항상 쉬운 것은 아니다. 우리는 그리스도인으로서 영적 진리를 이해하고 마음에 새겨야 한다. 생각, 곧 머리로는 영적 진리를 이해할 수 없다. 그러나 마음은 믿음으로 반응할 수 있다. 믿음은 생각에 속한 것이 아니라 마음에 속한 것이다.

시편 기자는 아침에 깨어날 때마다 주님이 여전히 그와 함께하셨다고 말한다. 아담과 하와가 어떻게 죄를 지었는지 생각해 보자. 그들은 선악과를 먹었다. 그 후 하나님이 그들과 동산을 거닐고 싶으셔서 그들을 찾아오셨다. 그들은 숨어 있었지만, 하나님은 이전과 같이 그들을 대하셨다. 무엇이 달라졌는가? 그들이 바뀌었다. 그들이 자신의 위치를 바꾼 것이다.

하나님은 우리와 교제하기 원하신다. 그분의 피조물과 소통하며 교류하고 싶어 하신다. 하나님을 떠난 사람들은 그분과의 관계 가운데 고통받게 된다. 하나님은 아담에게 어디에 있는지, 왜 숨어 있는지 물으셨다. 그가 자신에게 무슨 일이 있었는지 설명해 주기를 바라셨던 것이다. 그분은 아담에게 관심이 있으셨다.

시편 기자는 아침에 깨어날 때에도 하나님이 거기서 기다리고 계신다고 말한다. 하나님이 그에게 바라시는 것들은 땅의 모래알보다 많다. 당신 자신에 대해 어떻게 생각하는가? 왜 그렇게 생각하는가? 사람들이 당신을 대하는 방식과 태도 때문이다. 그러나 그들은 당신을 잘 알아서 그런 식으로 대하는 것이 아니다. 그것은 사실 그들이 자기 자신에 대해 생각하는 방식이다. 다시 말해 그들은 자기 자신을 보는 방식으로 다른 사람들을 대하고 있는 것이다.

사람들이 당신을 함부로 대하는 것은 그들에게 문제가 있기 때문이다. 그것은 부당하고 잘못된 것이다. 그런데 그들의 말을 진심으로 받아들인다면, 자신에 대해 실망하고 좋지 않은 감정을 느끼게 될 것이다. 그러면 결국 그 감정을 다른 사람에게 이입하여 부당하게 대하게 된다. 이것이 바로 세대 간에 전이되는 저주이다. 이것을 바로잡는 유일한 방법은 우리를 향한 하나님의 생각과 우리가 그분과 친밀하다는 사실을 아는 것이다.

오늘날 원하는 만큼 주님과 친밀한 관계를 누리지 못하는 이들이 적지 않다. 그런데 그 이유를 깨닫지 못하는 것 같다. 문제는 그들이 사람들에게 부당한 대우를 받기 때문에 하나님도 같은 생각을 하실 거라고 여기는 것이다. 그러나 그것은 사실이 아니다.

나는 예수님과 함께 있을 때 이것을 알게 되었다. 그분과 여러 차례 많은 시간을 함께 보냈는데, 늘 나를 존귀하게 대해 주셨다. 훈계도 나를 사랑하셔서 바로잡아 주기 위해 하셨을 뿐이다(히 12:6). 예수님은 듣고 싶지 않지만 꼭 들어야 하는 것들을 말씀해 주셨다.

몇 차례 주님께 칭찬을 받은 적이 있다. 그중 몇 가지를 나눈다면, 아마 많은 이들이 부러워하며 그 비결을 물을 것이다. 사실 나는 올바른 결정을 내리기 위해 많은 대가를 치렀다. 이것은 은밀히 행한 것의 결과로, 누가 인정해 주는 것이 아니었다. 하나님은 나에게 은총을 베푸시며 칭찬해 주셨다. 그리하여 나는 주님과 더 깊은 관계를 누리고 있다.

누구나 그런 관계를 누릴 수 있지만, 모두가 그것을 위해 대가를 치르고 싶어 하는 것은 아니다. 주님이 우리를 생각하고 계시므로, 우리는 용납받고 있음을 느끼게 된다. 용납받는 것은 거절당하지 않는 것이다. 그 결과 우리는 더 이상 거절감으로 행동하지 않고, 용납받은 자답게 행동한다.

우리가 받은 성령님은 양자의 영, 곧 자녀 삼아 주시는 영으로(롬 8:15), '용납의 영'으로도 번역할 수 있다. 우리는 그리스도의 피로 용납받았다. 우리는 선택받은 자녀가 되었다. 그래서 한 핏줄을 타고난 자녀처럼 대우받고 있다.

예수님의 눈 속에

내주하시는 성령이 지속적으로 아버지께 부르짖으셔서 우리는 용납받는다. 거절감을 느끼더라도, 거절당하지 않는다. 천국에 있을 때, 이 세상에 하나님으로부터 오지 않은 것들이 있다는 것을 깨달았다. 그것들은 사탄으로부터 왔다. 이 시편 구절이 진리임을 깨달았기 때문에 나는 이 땅으로 돌아오고 싶지 않았다. 예수님이 나에 대해 생각하시고, 이 일들을 계획하신 후 나를 어머니의 태에 불어넣으셨다. 그분이 이 과정을 시작하신 후, 나는 그분이 생각하신 그대로 태어났다.

예수님과 함께 서 있을 때, 주님이 그분의 눈 속으로 들어갈 수 있게 허락해 주셨다. 나는 그분의 눈으로 들어가서, 내가 태어나기 전에 일어난 모든 일을 지켜보았다. 하나님은 나라는 존재가 지금 하고 있는 일들을 하도록 미리 정해 놓으셨다. 그러나 나는 그때까지 그분이 바라시는 일들을 하나도 이루지 못한 상태였다. 그럼에도 나는 천국에 가서 상급을 받게 될 것이었다.

주님이 나를 이 땅으로 돌려보내시면서 그 일들을 다시 이룰 수 있는 기회가 주어졌다. 다시 말해, 이제 더 많은 것을 이룰 수 있게 되었다. 나는 책과 동영상을 제작하고 온라인 강의를 통해 전 세계에 말씀을 전하고 있다. 그 일을 제대로 이룰 기회가 한 번 더 주어졌기 때문이다. 이 모든 것을 하나님의 말씀으로 깨달아야 했는데, 그렇게 하지 못했다.

이제 나는 당신을 도우려 한다. 나는 예수님의 눈으로 걸어 들어가서 그분이 우리에 대해 생각하시는 과정을 보았다. 그분이 우리의 이름을 부르시고, 어머니의 태에서 몸을 조성하신 후 영을 불어넣어 주셔서 우리는 살아 있는 사람이 되었다. 하나님은 우리가 이 땅에 태어나기를 바라셨다. 그래서 우리를 창조하기로 마음먹으셨다. 그리고 천국의 책에 우리가 행하게 될 모든 아름다운 일들을 기록하셨다.

천국의 책에 기록된 아름다운 일들의 성취 여부는 우리의 이해와 지식, 믿음과 관련이 있다. 우리가 깨달으면, 천국의 책에 기록된 일들을 행하게 된다. 행함이 없는 믿음은 죽은 것이다. 우리가 믿음으로 행하면, 하나님의 계획이 우리의 삶에 나타나게 할 수 있다.

내가 예수님의 눈에서 본 것도 동일한 것이었다. 단순히 믿기만 하는 것이 아니라 믿음의 행위가 내 삶 가운데 드러나야 했다. 이것을 깨달으면서 그분이 지속적으로 나에 대해 좋은 것을 생각하고 계시다는 것을 알게 되었다. 주님은 결코 나에 대해 의심하거나 좋지 않은 말을 하지 않으셨다. 나에게 아무 제한도 두지 않으셨다. 모든 한계와 제약은 이 땅에서 가하는 것이었다.

하나님은 한 번도 나를 제한하신 적이 없고, 천국의 어느 누구도 나를 제한하지 않는다. 예수님은 천국에서 우리를 제한하는 존재는 없다고 말씀하셨다. 모두가 우리를 믿는다. 우리를 담당하는 천사들 모두 우리를 믿으며 우리에 대해 이야기한다. 주님은 천국이 내가 누구인지 알고 있으며, 나에 대해 이야기하고 있다고 말씀하셨다.

나는 그렇게 생각하지 않았지만, 예수님은 내 믿음과 성품이 온전하다고 말씀하셨다. 이런 것들은 이 세상에서 찾아보기 어렵다고 하시며, 내가 천국에 있는 이들에게 말을 걸면 아마 내가 누구인지 알아볼 것이라고 말씀하셨다.

또한 좁은 길을 걷기 위해 내가 희생한 것들이, 전 세계가 하나님이 나에게 맡기신 사역을 알고 받아 누리게 될 것을 의미한다는 사실에 감동받았다. '좁은 문'은 드러나게 행하는 것이 아니라, 겸손하고 은밀하게 일을 이루어야 한다는 의미였다. 이렇게 하면 절대로 알려지거나 드러나지 않을 수도 있는데, 세상은 이런 것들이 우리에게 가치 있다고 가르친다.

마태복음 6장 4절에서 예수님은 "네 구제함을 은밀하게 하라 은밀한 중에 보시는 너의 아버지께서 갚으시리라"고 말씀하셨다. 여기에는 믿음이 필요하다. 나는 은밀한 곳에서 많은 일들을 행했다. 그리고 속이거나 조작하지 않고 정당한 방법으로 행하기 위해 더 큰 대가를 지불하는 경우도 있었다. 주님이 그렇게 기록해 놓으셨기 때문에, 그분이 갚아 주고 계신다.

하나님의 깊은 것들

세상이 하나님과 우리의 관계에 대해 뭐라고 말하든지, 그분이 우리에 대해 생각하고 계시고, 절대로 우리를 의심하지 않으신다는 사실로 그것을 판단하라. 그분은 결코 우리가 실패할 것이라고 생각하지 않으신다. 우리를 지켜보며 강건하게 하시고, 그분의 뜻을 행할 수 있게 능력을 주려 하신다. 또 천사들을 보내어 돕고 싶어 하신다.

그러므로 주님의 모든 생각이 귀하다. 그분이 우리에 대해 생각하시는 모든 것이 상상을 초월한다. 우리의 생각으로는 그것을 이해조차 할 수 없다. 바울이 하늘에 들려 올라가서 본 것이 바로 이것이다. 그는 고린도전서에 다음과 같이 기록했다.

> 기록된 바 하나님이 자기를 사랑하는 자들을 위하여 예비하신 모든 것은 눈으로 보지 못하고 귀로 듣지 못하고 사람의 마음으로 생각하지도 못하였다 함과 같으니라 오직 하나님이 성령으로 이것을 우리에게 보이셨으니 성령은 모든 것 곧 하나님의 깊은 것까지도 통달하시느니라 (고전 2:9-10)

본문에서 바울은 하나님이 우리의 이해나 지식을 초월하는 아름다운 일들을 많이 행하셨다고 말한다. 그런데 이것을 아는 방법이 한 가지 있다. 바울은 성령으로 그것을 알 수 있다고 말한다. 성령님은 하나님의 깊은 것까지도 통달하시는 분이다.

고린도전서 2장 전반부에서 바울은 고린도 성도들에게 그가 설득력 있는 지혜의 말이 아니라 성령의 나타남과 능력으로 왔다고 말한다. 자신은 바리새인 지도자 문하에서 가르침을 받은 바리새인 중의 바리새인, 곧 배운 사람이지만, 그러한 지식과 지혜를 가지고 오지 않았다는 사실을 밝히고 있다. 대신 성령의 나타남과 능력으로 왔다는 것이다.

우리가 성령님 없이는 아무것도 아니라는 사실을 이해하게 될 것이다. 성령님은 우리에게 초자연적인 문을 열어 주고 싶어 하신다. 그러나 육신(몸)이나 생각은 영적인 일들을 받아들일 수 없다. 영적인 일들은 영으로 분별해야 한다. 이 사실을 붙잡으라. 성령이 우리의 삶에 얼마나 중요한지 배우기 위해 천국에 갈 때까지 기다리지 말라.

성령님이 우리를 소명으로 인도해 주셔야 한다. 그래서 그분 없이는 아무것도 할 수 없다는 사실을 깨달아야 한다. 성령님이 우리를 데려가 주시도록 허락해 드려야 한다. 그분이 우리를 이끌고 그 문을 통과하실 것이다. 그런데 그 문을 통과한다고 인정받는 것은 아니다. 그래도 괜찮은가?

우리가 행하는 선한 일들은 성령께서 명하신 것이다. 우리에게 더 좋은 길이 있거나 우리의 방식으로 그 일을 이루려는 그런 것이 아니다.

성령 안에서 행한다고 하면서 자신이 원하는 일을 한다면, 성령의 인도함을 받는 그리스도인이 될 수 없다. 하나님의 생각이 우리의 생각과 다르다며 우리의 생각을 불쑥 끼워 넣을 수도 없다. 우리의 삶을 향한 하나님의 뜻은 영적인 것이다. 우리가 태어나기도 전에 기록된 책은 영적으로 분별해야 하는 책이다. 우리의 책이 기록될 때, 하나님은 우리의 의견이나 정보를 구하지 않으셨다. 우리는 그 자리에 있지도 않았고, 내용을 덧붙일 수도 없었다.

천국의 책은 하나님의 지혜가 말씀하시는 것과 그분이 우리와 우리 세대에게 바라시는 것에 기초하고 있다. 우리가 아무리 시시하고 보잘것없어도, 온 세대에 영향을 미치게 될 것이다. 하나님은 우리를 의미 없는 존재로 여기지 않으신다. 하나님은 천국의 책에 기록된 모든 것을 이 세대는 물론 미래의 세대에도 영향을 미칠 완전한 계획의 일부로 보신다.

우리는 이전 세대의 기도 응답이다. 날마다 이 세대를 위해 중보한 이전 세대 그리스도인들의 기도 응답이 될 기회가 우리에게 주어진다.

하나님의 능력의 나타남

하나님의 능력은 하늘의 지혜로 나타나게 된다. 이것은 사람의 지혜가 아니라 하나님의 능력이 증거되는 것이다. 우리는 다른 차원과 연결되어야 하는데, 인간의 이해를 초월하면 그렇게 할 수 있다. 우리는 성령님이 계시해 주시는 곳으로 가야 한다. 그러면 그 계시 가운데 행하게 된다.

예를 들어, 하나님이 독생자 예수님을 보내 주셔서 구원과 용서를 받았기 때문에 그리스도인은 반드시 베푸는 삶을 살아야 한다. 그래서 예수님은 우리가 용서받았으므로 용서해야 한다고 말씀하신 것이다. 먼저 용서받았기 때문에, 어떤 상황이든지 용서하라는 것이다. 우리 삶의 다른 모든 일도 마찬가지이다.

그리스도인이 보여야 할 기본적인 특성들이 있다. 하나님이 이미 우리를 위해 그러한 특성들을 보이셨기 때문이다. 우리는 나누고, 용서하고, 사랑해야 한다. 예수님이 육신이 아닌 성령 안에서 행하셨으므로, 우리도 성령 안에서 행해야 한다. 예수님은 마귀를 쫓아내셨다. 그러므로 우리도 마귀를 쫓아내야 한다. 그분이 병든 자에게 손을 얹으시면, 그들이 나음을 입었다. 따라서 우리도 아픈 자에게 손을 얹으면, 그들이 치유될 것이다.

주님은 믿는 자들이 '더 큰 일들'을 행할 것이라고 말씀하셨다. 우리가 예수님과 같은 일을 계속하게 될 뿐 아니라, 그보다 더 큰 일도 행하게 된다는 것이다. 예수님이 죽은 자 가운데서 사람들을 일으키신 것처럼, 우리도 죽은 자를 일으키게 될 것이다. 또 하나님의 능력이 훨씬 더 크게 역사하는 모습을 보게 될 것이다.

우리의 한계를 넘어서려면 성령의 임파테이션이 있어야 한다. 우리가 경험하는 한계들은 하나님이 정하신 것이 아니다. 그것은 인류가 타락한 결과이며, 우리에게 잘못된 것들을 가르치는 사람들이 가하는 것이다. 따라서 우리가 믿고 있는 것들 가운데 옳지 않은 것들도 있다는 사실을 잘 분별해야 한다.

하나님은 우리를 소중히 여기신다. 그래서 우리를 향한 그분의 생각은 참으로 놀랍고 자비롭다. 그분은 선한 일들을 계획하고 계신다. 그러니 그것을 받아들이라. 아마 그분이 바라시는 것들이 너무나 많고 대단해서 압도당할 것이다. 그렇게 생각되지 않는다면, 우리의 몸과 생각이 이 땅에 연결되어 있어서 우리의 생각과 느낌에 집중하기 때문이다.

모든 정보는 몸을 통해 들어온다. 우리는 보고 듣고 생각하고 느끼는 것으로 받아들이는데, 여기에 우리의 감정과 의지가 개입하게 된다.

우리는 모든 정보를 받아들이고 있으며, 그것에 근거하여 스스로에 대한 결정을 내린다. 이런 이유로 사람들이 우리를 함부로 대하면, 곧바로 자기에게 뭔가 문제가 있다고 생각한다. 그런데 사실은 그들에게 문제가 있는 것이라면 어떻겠는가? 그런 경우가 대부분이다. 사람들은 오직 자기들이 대우받고 있는 태도와 방식으로 우리를 대하고 있는 것이다.

그러나 내가 앞서 말한 계시를 받은 사람은 절대로 사람을 함부로 대하지 않는다. 그들이 사랑받았기 때문에 사람들을 사랑한다. 주님이 그들을 참아 주시고 용서하셨기 때문에 다른 사람들도 그렇게 대한다. 자기들에게도 용서와 인내, 도움이 필요할 때가 있다는 것을 알기 때문이다. 이렇게 하면 생각보다 많은 이들에게 영향을 미칠 수 있게 된다.

하나님이 항상 우리를 향해 선한 일들을 생각하고 계신다는 사실을 잊지 말라. 하나님이 당신을 사랑하지 않거나 당신에게 좋지 않은 생각을 품고 계시는 것 같다면, 마귀가 하나님과의 관계를 단절시키려 애쓰고 있는 것임을 기억하라. 원수가 끼어들어 하나님과 우리를 갈라 놓으려고 속이고 있는 것이다. 이것이 바로 원수가 아담과 하와에게 행한 것이었다.

사탄은 하나님이 하와에게 무언가를 제한하고 계신다고 느끼게 만들었다. 그러나 사실 하나님은 아무것도 제한하지 않으셨다. 아담과 하와는 모든 것을 누리고 있었다. 날마다 하나님이 내려오셔서 그들과 얼굴을 마주하고 이야기를 나누셨다. 하와는 왜 하나님과의 관계를 뱀과 논의한 것일까? 그럴 일이 아니었는데 말이다.

하와는 그 자리에서 벗어나야 했지만, 뱀과 이야기를 나누기 시작했다. 이에 사탄은 하와에게 들은 정보로 그녀를 속이고 생각을 왜곡시킬 수 있었다. 결국 하와는 죄를 짓고 타락하게 되었다.

사탄은 우리에게도 이렇게 하려고 애쓰고 있다. 우리가 놓치고 있는 것이 있거나 하나님이 뭔가를 숨기고 계신 것처럼, 또는 하나님이 우리에게 화가 나신 것처럼 느끼게 하는 것이다. 이런 것들이 바로 사탄이 하나님과 우리를 멀어지게 하기 위해 물질과 정신적 영역에서 행하는 일들이다. 우리는 즉시 이것을 중단시켜야 한다!

하나님은 우리를 사랑하신다. 예수님의 눈을 들여다보면, 오직 사랑만 보인다. 자비와 긍휼이 보인다. 그 속에서 우리를 믿어 주시는 하나님을 만나게 된다.

chapter 11

강한 용사가 당신을 보호하신다

주여, 주를 멸시하는 자들을 내가 어찌 멸시하는지 보지 않으시나이까? 주께 항의하여 들고 일어서는 것을 볼 때 내가 근심하나이다.

(시 139:21, 패션성경)

It's rigged in your favor

한번은 주님이 나에게 어떤 사람의 잘못을 바로잡아 주라고 말씀하셨다. 나는 주님께 순종했지만, 그 일로 가까운 친구를 잃었다. 그는 화가 나서 다른 사람들에게 나를 비방했다. 나는 밤새도록 그를 위해 기도하고, 다음 날 집 근처 공원에서 달리기를 하고 있었다. 그런데 갑자기 주님이 검을 든 용사의 모습으로 나타나셨다. 그것은 열린 환상이었다. 주님은 빨갛고 파란 옷 위에 금으로 된 전신갑주를 입고 계셨다. 환상 가운데 그분께 다가가고 있었기 때문에, 내가 계속 달리고 있다는 것을 깨닫지도 못했다.

주님은 나의 사랑과 순종에 고마워하시며 위로해 주셨다. 내가 그분을 증거했기에 주님도 나를 위해 증거하시겠다고 말씀하셨다. 그분은 손잡이에 보석이 박힌 아름답고 큰 검을 뽑으며 "네가 내 편에 서 있으니, 이제 내가 네 원수들과 맞서 싸울 것이다"라고 말씀하셨다. 그리고는 돌아서서 떠나가셨고, 나는 계속해서 달렸다. 주님은 우리를 위해 싸우기 원하신다. 그분이 강한 용사로 우리와 함께하시니 힘을 내라!

주님은 다양한 방법으로 자신을 계시하신다. 나는 주님을 여러 차례 뵈었는데, 매번 그분의 다른 모습을 보았다. 주님이 우리에게 자신을 계시해 주실 때는 새로운 모습과 속성을 보게 된다. 주님은 다양한 속성을 지니고 계신다. 그래서 그분을 온전히 알 수 있는 방법은 없다. 이 책을 읽는 동안, 하나님이 새롭고 다양한 방법으로 자신을 드러내고 계시해 주셔서 힘과 용기를 얻기를 바란다.

> 오 하나님, 오셔서 피에 굶주린 잔인한 자들을 멸하소서! 내가 부르짖기를 "너 악한 자들이여 내게서 떠나라!" 하였나이다. 저들이 주의 거룩한 이름을 어찌 더럽히며 주 앞에서 스스로를 어찌 헛되이 높이는지 보소서! 주여, 주를 멸시하는 자들을 내가 어찌 멸시하는지 보지 않으시나이까? 저들이 주께 항의하여 들고 일어서는 것을 볼 때 내가 근심하나이다. 저들을 향한 내 마음은 오로지 미움과 경멸뿐이오니 주의 원수는 내 원수가 될지어다! (시 139:19-22, 패션성경)

모든 것이 우리에게 유리하게 되어 있다는 것에는 하나님의 자녀가 되는 혜택도 포함된다. 우리는 부모님이 가진 것을 물려받는다. 따라서 그것이 무엇이든, 그 혜택을 누릴 수 있다. 우리는 자라는 동안 누군가의 돌봄을 받는데, 하나님의 자녀가 되면 전능하신 하나님의 권위 아래 있게 된다. 아버지께서 예수 그리스도를 통해 우리에게 이 일을 행하셨다. 하나님과의 교제를 회복하는 데 필요한 모든 요건을 예수님이 충족시키신 것이다.

우리는 성령님과 예수님의 보혈로 하나님과 교제할 수 있다. 그러므로 하나님과 동행하며 이것을 깨닫고 이행하는 자리로 나아가야 한다. 우리를 대적하는 원수들은 이제 하나님의 원수가 되었다. 이 언약을 소유한다는 것은 전능하신 하나님의 은혜를 입게 된다는 말이다.

원수들이 우리를 대적하고 있다면, 하나님을 대적하고 있는 것이다. 바울이 다메섹으로 가는 길에 말에서 떨어졌을 때, 예수님은 그에게 "왜 나를 박해하느냐?"고 말씀하셨다. 바울은 "주님, 제가 언제 당신을 박해했습니까?"라고 물었고, 예수님은 주님의 자녀들을 박해하는 것이 자신을 박해하는 것이라고 말씀하셨다.

저주로부터의 자유

우리는 지금 언약 안에서 아버지 되신 하나님을 경험하고 있다. 그분은 우리의 원수들에게 다음과 같이 말씀하고 계신다. "잘 들어라. 너희가 그들을 괴롭히고 있다면, 나를 괴롭히는 것이다. 그러므로 내가 그들을 보호할 것이다." 하나님이 친히 우리를 돌보신다는 것을 매일의 기도와 고백 가운데 인정하라. 누구든지 우리를 대적하는 사람이 있으면, 주님이 가서 그 일을 처리하실 것이다.

내가 피해의식을 가지고 성장했다는 것을 깨달은 지 얼마 되지 않아 이 일이 일어났다. 하나님이 언약을 통해 나에게 행하신 것으로 바꾸고 변화되지 않았다면, 나는 계속 피해자로 남아 있었을 것이다.

나에게 특정한 일들이 일어나곤 했는데, 그것은 마치 저주 같았다. 항상 저주와 나쁜 일들이 나를 따라다녔다. 그러던 어느 날 성령님이 그것을 원수에게 돌려주라고 말씀하셨다. 주님은 내가 자라면서 괴롭힘 당하는 모습을 보여 주셨다. 무시당하고 거절당할 때도 있었다. 이것은 흔한 일이지만, 주님은 악한 영들이 그것이 저주가 되게 할 정도로 깊이 뿌리 내릴 수도 있다는 것을 보여 주셨다. 당신의 삶 가운데 그런 일이 일어나고 있다면, 지금 그것에 대해 다루려 한다.

믿고 싶지 않겠지만, 우리를 담당하는 악한 영들이 있다. 어쩌면 "우리는 그리스도인이기에 하나님이 보호하고 계신다"고 말할지도 모르겠다. 그렇다면 왜 바울은 영적 전쟁과 우리에게 필요한 무기나 전신갑주에 대해 이야기했을까? 분명 영적 전쟁이 벌어지고 있다. 그러므로 우리는 하나님이 우리에게 주신 것을 행사하는 모습을 보여 주어야 한다. 저주를 가하는 악한 영들의 능력을 멸하기 위해 우리가 받은 무기들을 사용해야 한다. 천사들이 와서 복을 풀어놓게 해야 한다. 우리가 주님을 따르고 있고 성령의 능력 안에서 그분을 경외하며 동행하기로 선택했다면, 하나님이 천사들을 보내셔서 복이 임하게 하실 것이다.

또한 우리가 경로에서 벗어나게 하려고 애쓰는 악한 영들도 있다. 그들은 우리를 저지하거나 하나님이 우리의 삶 가운데 역사하시지 못하게 방해한다. 때로는 공격을 받을 수도 있지만, 이것이 그리스도인이라면 누구나 경험하는 일이라는 것을 분명히 이해해야 한다. 특별히 우리가 하나님의 일을 하고 있다면 더욱 그렇다.

다소 논란이 되는 문제라서 보통은 깊게 이야기하지 않지만, 우리를 대적하는 전략적 공격이 있다. 이것은 우리를 하나님의 부르심에서 떨어져 나가게 하려고 계획된 공격들이다. 사탄에게는 우리를 시험할 권한이 있다. 그래서 그는 하나님을 섬기지 못하게 하여 우리를 탈락시키려고 애쓴다. 그에게는 우리의 한계를 시험하고 유혹할 합법적인 권한이 있다.

우리는 매일 이것을 보고 있기 때문에 사실임을 안다. 악한 영들은 우리의 한계를 시험하며 약점을 찾아내려고 할 것이다. 베드로는 사탄이 우는 사자와 같이 삼킬 자를 찾는다고 경고했다(벧전 5:8).

우리는 스스로 강해져야 한다. 악한 영들은 상대가 강하다고 생각되면, 싸우려 들지 않는다. 우리는 피해자가 되지 않기로 결단하고, 좋지 않은 일들이 일어날 것이라 예상해선 안 된다. 그런 생각이 들면, 즉시 악한 영들에게 명령하여 쫓아내야 한다. 우리가 그들의 정체와 전략을 파악하고 있으며, 그것이 아무 효력도 없다는 것을 일깨워 줘야 한다. 이렇게 하면, 악한 영들은 또 다른 약한 자를 찾아 떠나가게 된다. 우리를 힘들게 싸울 필요가 없는 존재로 여기게 된다. 그러므로 주님 안에 굳게 서라.

> 그러므로 하나님의 전신갑주를 취하라 이는 악한 날에 너희가 능히 대적하고 모든 일을 행한 후에 서기 위함이라 (엡 6:13)

마귀는 우리의 눈을 들여다본다. 그는 우리가 하나님의 부르심을 받은 존재이며, 아버지께서 하늘에서 보호하고 계신다는 사실을 알고 두려워하지 않으면, 뒤로 물러난다. 우리를 가질 수 없다는 것을 알기 때문이다.

모든 사람이 이 과정을 거쳐야 한다. 우리 앞에 서 있는 거인에 맞서야 한다. 굳게 서서 두려움 없이 그의 눈을 똑바로 쳐다보며 "사탄아, 나는 네가 지긋지긋하다. 네가 내 앞에 보내는 모든 것을 거절한다. 너를 묶고 쫓아낸다. 떠나가라!"라고 말하라. 매일 이렇게 하며 지속적으로 강화시키다 보면, 저주가 완전히 사라지고 우리가 더 이상 피해자가 아니라는 것을 깨닫게 된다. 최종적으로는 사탄이 패배자요 피해자라는 것을 인식해야 한다. 믿는 자들은 지속적으로 사탄을 패배자로 만들어야 한다. 삶 가운데 이렇게 하다 보면, 피해자의 위치에서 벗어나게 된다. 어느 날 일어나 보니, 나는 더 이상 피해자가 아니었다. 우리가 이것을 깨달으면, 사탄은 뒷걸음질치다가 떠나갈 것이다.

포기하거나 숨으려 하지 말라. 어쩌면 문제를 일으키거나 마귀를 자극하고 싶지 않다고 생각할 수도 있다. 마귀를 내버려 두면, 마귀도 우리에게 간섭하지 않을 것이라 여기는 것이다. 그러나 그렇지 않다. 악한 영들은 잃어버린 존재가 되었기 때문에, 구원받거나 하나님께 돌아갈 수가 없다. 우리는 하나님의 가족이지만, 그들은 아니다. 그래서 그들이 우리를 이길 수 없는 것이다. 그런데도 악한 영들이 우리의 삶에 손을 대려고 하는 것이 어리석어 보일 수도 있다. 그들은 완전히 패배하겠지만, 그럼에도 나가서 흔들어 놓으려는 것이다. 우리도 나가서 흔들어야 한다. 매일 아침 일어나서 영적 권세로 마귀를 제압하여 쫓아내야 한다.

나는 성령님의 계시로 수많은 통찰력을 얻었는데, 우리가 기도한 후 아무 일도 일어나지 않는 것은 원수가 도둑질해 가기 때문이라는 사실을 알게 되었다. 기도하면, 주님이 들으시고 하늘의 영역에서 응답하시기 시작한다. 천사들이 파송되어 우리에게 오기까지 악한 세력들과 맞서 싸우는데, 이 개념을 붙잡는 것은 대단히 중요하다. 그러면 천사들이 우리를 위해 돌파할 때, 포기함으로 강탈당하지 않게 된다.

또 어떤 것들이 숨겨져 있는 것은, 그것이 우리를 향한 하나님의 사랑의 표현이라는 것을 원수가 알기 때문이다. 하나님이 자녀들에게 무엇을 보내 주시면, 마귀는 그러한 사랑의 표현을 방해하고 싶어 한다. 선하신 아버지는 항상 자신을 계시하시고 필요를 채워 주심으로 사랑을 표현하려 하신다. 한편 사탄은 하나님에 대해 왜곡하고 오해하게 하려고 물질적인 영역의 이러한 공급과 사랑의 표현을 숨겨 그분을 비방하려 한다.

원수의 정체를 파악하여 폭로하는 것으로는 충분하지 않다. 우리는 그에게 보상을 요구해야 한다. 잠언 6장 31절은 "들키면 칠 배를 갚아야 하리니 심지어 자기 집에 있는 것을 다 내주게 되리라"고 말씀한다. 그러므로 기도 응답을 두고 씨름할 때, 절대로 낙심하지 말라. 원수가 우리의 기쁨을 빼앗아 가려고 애쓰고 있으나 그렇게 되도록 허락하지 말고, 계속해서 진리를 강화시키며 힘을 더하라. 하나님은 절대 우리를 실망시키지 않으신다. 지금 그 일이 이루어지도록 역사하고 계신다. 도둑질하고 빼앗는 원수를 향해 큰소리로 당신을 대적하는 행위를 멈추지 않으면 일곱 배로 보상해야 한다는 사실을 상기시켜 주라.

천국에 있을 때, 예수님은 나에게 기도를 멈추지 말고, 부지런히 기도하는 가운데 말씀과 성령으로 계시된 하나님의 뜻을 강화시켜 힘을 더하라고 하셨다. 예수님은 하나님이 일하고 계시므로, 우리의 느낌이나 생각과 상관없이 계속 성령 안에서 기도해야 한다고 가르치셨다. 포기하지 않고 열심히 기도하면, 그분이 우리를 위해 이루신다. 그러므로 기억하라. 우리가 얼마나 치열한 영적 전쟁 가운데 씨름하고 있든지 포기하지 않는 것이 중요하다. 모든 것이 이미 우리에게 유리하게 되어 있기 때문이다.

예수님은 기도할 때 나의 영적 존재로부터 충격파가 나온다고 하셨다. 내 기도가 효력이 있어서 하나님과 내 마음의 뜻을 이룬다고 하셨다. 성령님은 기적과 이사로 우리의 삶 가운데 하나님의 말씀을 확증해 주신다. 눈을 들어 우리를 위해 하나님이 행하시는 일을 보라!

오늘날 그리스도의 몸 가운데 기도의 열정이 사라진 것 같다. 이전 시대에는 야고보 사도가 말한 것처럼 열정을 가지고 기도하는 법을 알았다. "그러므로 너희는 서로 잘못을 자백하고 치유를 위하여 서로 기도하라. 의인의 효과적이고 열렬한 기도는 역사하는 힘이 많으니라"(약 5:16, 한글 킹제임스성경).

예수님은 나에게 성령이 거하시는 영의 깊은 곳에서 기도하는 법을 가르쳐 주셨다. 우리는 이곳에서 성령님께 순복할 수 있다. 그러면 성령님이 우리의 입을 통해 생수의 강처럼 막힘없이 흘러나오시며, 우리의 환경에 예언하고, 우리의 세계를 구성하는 진리를 선포하시게 된다. 여기에는 불가능이 없고, 우리가 성령으로 말하고 선포한 모든 것이 이루어진다. 다시 말하지만, 우리는 성령님께 순복해야 한다.

예수님은 우리의 환경과 상황이 성장과 발달의 통로가 될 수 있다고 가르쳐 주셨다. 우리는 이 땅에 거하는 동안, 세상의 욕망과 생각을 차단하고, 하나님의 바람과 생각에 집중하여 그것들을 열정적으로 선포하는 법을 배워야 한다. 이 열정은 천국의 제단에서 타오르는 하나님의 불과 직접 연결되어 있다. 그리고 그분의 보좌에서 나오는 권세와 관계가 있어서 성령으로 말하고 선포하는 하나님의 자녀를 지지하고 후원한다. 비유하자면, 막대기를 집어들고 마귀에게 휘둘러야 할 때도 있다는 말이다. 다시 말해, 물리적인 공격도 필요하다는 것인데, 기도에 대한 열심이 이런 역할을 한다.

지금은 작은 전쟁을 벌이며 성령의 검을 사용하여 하나님을 아는 지식을 가로막는 모든 교만을 무너뜨려야 할 때이다! 다음은 내가 자주 묵상하는 공격적 영적 전쟁에 대한 말씀으로, 하나님이 얼마나 효과적으로 우리를 보호하시는지 일깨워 준다. 우리가 하나님 나라의 영향력 있는 대사임을 기억하라.

> 우리가 육신으로 행하나 육신에 따라 싸우지 아니하노니 우리의 싸우는 무기는 육신에 속한 것이 아니요 오직 어떤 견고한 진도 무너뜨리는 하나님의 능력이라 모든 이론을 무너뜨리며 하나님 아는 것을 대적하여 높아진 것을 다 무너뜨리고 모든 생각을 사로잡아 그리스도에게 복종하게 하니 너희의 복종이 온전하게 될 때에 모든 복종하지 않는 것을 벌

하려고 준비하는 중에 있노라 (고후 10:3-6)

우리에게는 하나님의 살아 있는 말씀이 있는데, 활력이 넘쳐 양날 검보다도 예리하게 찌른다. 그것은 혼과 영 그리고 관절과 골수가 만나는 우리의 핵심까지도 뚫고 들어가서 우리 마음의 생각과 비밀스러운 동기를 그대로 해석하고 드러낸다. (히 4:12, 패션성경)

우리가 이 땅에서 예수 그리스도의 대사라는 계시를 받으면, 더 크고 놀라운 권세 안으로 들어가게 된다. 우리가 구원의 자리에서 선포하면 많은 이들에게 구원이 임하고, 치유의 자리에서 선포하면 치유가 임하게 된다. 성령님이 이미 우리 안에 두신 진리로 선포하기에 그 진리가 나타나게 된다. 그 모습은 마치 하나님의 제단에서 타오르는 불과 같다. 하나님의 보좌에서 나오는 권세가 있어서 마치 그분이 친히 선포하고 계시는 것처럼 보인다. 우리가 그분의 대사이며 천국에 기록되어 있는 하나님의 뜻을 선포하고 있기 때문이다.

그래서 우리는 이 진리에 대해 처음으로 생각하고 선포한 그 자리, 곧 하나님의 보좌에서 예언해야 하는 것이다. 하나님이 말씀하시지 않으면 말하지 말고, 하나님이 말씀하시면 말하되, 처음에 그 말씀을 탄생시킨 불에 사로잡혀 말하라.

예레미야 선지자는 이것을 경험하였다. "그때에 내가 말하기를 내가 다시는 그분에 대하여 언급하지 아니하며 그분의 이름으로 말하지 아니하리라 하였으나 그분의 말씀이 내 마음속에 타오르는 불같아서 내 뼈 속에 사무치니 내가 참기에 지치고 가만히 있을 수 없었도다"(렘 20:9, 킹제임스흠정역). 그는 침묵하며 예언하지 않으려 애썼다. 하지만, 하나님의 불길이 그를 사로잡아 그도 이미 모든 것이 유리하게 되어 있기에 예언해야 하는 우리처럼 예언해야 했다.

예수님과 함께 있을 때 알게 된 악한 영의 특징 중 하나는, 자신이 붙잡히거나 걸릴 것이라는 생각을 하지 않는다는 것이다. 그들에게는 실패에 대한 대안이 없다. 그러므로 믿는 자들이 영적인 감각에 집중하는 것이 대단히 중요하다. 특히 영적인 눈과 분별력이 중요한데, 미혹이 교회와 전 세계를 휩쓸고 있는 마지막 때에는 더욱 그렇다.

하나님의 계획은 실패하지 않으며, 우리가 성공하도록 모든 일에 피할 길을 마련해 주신다. 그러므로 우리 눈에 보이지 않아도, 항상 피할 길이 있다. 원수가 우리를 유혹하거나 시험하려 할 때는 항상 하나님이 피할 길을 마련해 주신다. 마귀는 자신이 활동 중이라는 것을 우리가 알고 있다고 생각하지 않는다.

사도 바울은 고린도 교회에 보내는 편지에서 주님이 우리를 원수의 시험과 유혹으로부터 건지신다고 말한다.

> 여러분은 사람이 감당할 수 없는 시험을 당한 적이 없습니다. 하나님은 신실하셔서 여러분이 감당치 못할 시험은 허락하지 않으시며 시험을 당할 때도 피할 길을 마련해 주셔서 여러분이 능히 감당할 수 있게 하십니다. (고전 10:13, 우리말성경)

유혹에 대한 승리

하나님은 이미 우리의 삶에 일어날 모든 일을 알고 계신다. 사랑하는 하늘 아버지의 신실하심이 강한 용사처럼 우리의 삶에 나타나 피할 길을 마련하시도록 허락해 드리면, 주님이 우리의 승리를 확실한 것으로 만들어 주신다. 원수가 유혹하거나 시험하려고 할 때, 다음을 생각하라.

첫째, 우리는 흔하지 않은 힘겨운 유혹이나 시험을 당하지 않는다. 그것이 어떤 식으로 임하고 어디로 이끌든지, 감당하지 못할 일을 겪지 않을 것을 믿으라.

둘째, 하나님은 신실하시다. 그분은 우리에게 임할 모든 문제와 유혹 가운데 지켜주신다.

마지막으로, 구원하시는 주님의 권세와 능력을 온전히 확신해야 한다. 우리가 어떤 상황에 처하든지 견딜 수 있도록 항상 그분의 능력이 함께하신다. 전능하신 하나님이 우리가 겪고 있는 일들보다 훨씬 크고 강하신 분이다. 그분은 우리가 억압을 견디고, 모든 시험이나 유혹 가운데 승리할 수 있도록 피할 길을 주신다.

1. 영적 분별력

분별력 – 분별하는 행위. 거짓과 진실 또는 선과 악 등을 구별하는 능력. 예리한 판단력. 상황이나 생각의 차이 또는 연관성이나 성향 등을 파악하는 능력(웹스터 사전, 1828).

사람에게는 영적인 것을 보고 들을 수 있는 부분이 있다. 성경에서는 그것이 사람의 영이라고 말한다. 데살로니가전서에 따르면, 사람은 세 부분으로 되어 있다. 사도 바울은 다음과 같이 말했다.

> 평안의 하나님께서 여러분을 깨끗하게 하셔서 하나님께 속한 자로 지켜 주시며, 여러분의 온몸, 즉 영과 혼과 육신 모두를 우리 주 예수 그리스도께서 오실 그날까지 아무 흠없이 지켜 주시기를 기도합니다. (살전 5:23, 쉬운성경)

사도 바울은 사람의 영이 그 사람의 생각을 알 수 있다고 말한다. "어떤 사람이 생각하고 있는 것을 그 사람 속에 있는 영이 아니고서야 누가 알 수 있겠습니까? 이와 마찬가지로 하나님의 생각도 하나님의 성령만이 아실 수 있습니다"(고전 2:11, 쉬운성경).

사람의 생각은 의지, 감정과 함께 혼에 속한 영역이다. 혼과 영은 별개의 영역으로, 혼으로는 영적인 세계를 분별할 수 없다. 그러나 혼과 영은 복잡하게 얽혀 있어서 구별하기 어려운 경우가 많다.

우리는 성령님이 악한 영들과 그들의 활동을 분별하는 능력을 주시도록 허락해 드려야 한다. 하나님의 말씀과 성령님이 우리가 이 영역에서 성숙하도록 도우신다. 예수님은 하나님의 말씀이시며, 그분의 입에서 날카로운 검이 나온다. 요한계시록 1장 16절은 "그의 오른손에 일곱 별이 있고 그의 입에서 좌우에 날선 검이 나오고 그 얼굴은 해가 힘있게 비치는 것 같더라"고 말씀한다.

하나님의 말씀과 성령님이 혼과 영을 갈라 하나님께 속한 것과 육신, 혼, 악한 자에게 속한 것이 무엇인지 보여 주시도록 허락해 드리면, 영적 분별력은 더욱 예리하고 날카로워진다.

> 하나님의 말씀은 살아 있고 활동력이 있어서 양쪽에 날이 선 그 어떤 칼보다도 더 날카롭습니다. 그래서 혼과 영과 관절과 골수를 쪼개고 사람의 마음속에 품은 생각과 뜻을 알아냅니다. (히 4:12, 현대인의성경)

2. 영적 인식

> 인식 – 감각에 의한 인상이나 느낌을 인지하거나 받아들이는 행위. 또는 외부에 있는 대상을 보게 하는 생각의 과정이나 행위, 즉 생각이 외부에 있는 사물을 알아차리는 것(웹스터 사전, 1828).

우리 주변에서 무슨 일이 벌어지고 있는지 인식하는 것은 물질적인 영역뿐만 아니라 영적인 영역에서도 대단히 중요하다. 우리는 항상 상황에 따른 영적 환경을 인식하여 원수가 하나님의 백성에게 무슨 계략을 꾸미고 있는지 분별해야 한다. 기억하라. 원수는 우리가 그를 볼 수 있을 것이라는 생각을 하지 못한다. 그에게 우리가 그를 볼 수 있고, 이제 그가 우리와 하나님을 대적하여 행한 모든 일들을 갚아야 한다는 사실을 알려 주라.

믿는 자의 삶에 예수 그리스도가 들어오셨다. 그러므로 우리는 그 빛에 순복해야 한다. 그러면 영적인 것들을 분명하게 인식하고 이해하게 된다. 구원받지 않은 자들과 일부 육적인 그리스도인들(구원은 받았으나 여전히 성령이 아니라 육신에 따라 행하는 사람들)은 하나님과 동행하지 않기 때문에 영적 인식이 필요하다. 이런 사람들은 지각이 어두워져서 주님의 영이 말씀하고 계시는 것을 보거나 들을 수 없다.

> 그들은 지각이 어두워져 있고 무지함과 완악함이 그들 속에 있어 하나님의 생명에서 떠나 있습니다. (엡 4:18, 우리말성경)

거듭날 때 예수님이 성령으로 영적인 인식을 열어 주셨기 때문에, 우리는 영적인 존재들과 그들의 목적, 사명을 보고 구별할 수 있게 되었다. 하나님은 우리가 하나님께 속한 것과 원수에게 속한 것을 구별하기 원하신다. 우리는 마귀들의 정체를 드러내어 쫓아낼 수 있다. 이를 위해 전능하신 보혜사 성령님께 순복하여 영적 인식을 키우고 발전시키라.

3. 영적 지각력

지각력 – 눈앞의 사물이나 상황의 실제 상태를 파악하는 능력. 또는 다른 사람이 표현하거나 전달하려고 하는 생각을 받아들여 깨닫는 능력으로 지적 능력이라고도 함. 바로 이것을 통해 지식과 정보 대부분을 습득함(눅 24:45, 엡 1:18).

완전히 이해하는 것. 다른 사람 또는 글의 생각이나 느낌을 파악하는 것. 배우거나 정보를 얻는 것.

1992년에 치과 수술을 받는 동안, 나는 예수님과 함께하며 여러 차례 그분의 가르침을 받았다. 그분은 놀라운 권위로 말씀하시는 탁월한 교사였다. 그때 알게 된 주님의 성품 중 하나는, 내가 단순히 귀담아듣고 있는지가 아니라 그분이 말씀하시는 내용을 깨닫고 이해하는지에 관심을 가지신다는 것이었다. 주님은 하나님의 말씀을 듣는 것만으로는 충분하지 않다고 설명하셨다. 예수님과 성령님은 내가 논의하는 주제들과 관련된 진리를 온전히 이해하고 붙잡기를 바라셨다. 듣기만 하는 것이 아니라, 행하면서 이해하는 것이라고 말씀하셨다.

그러므로 우리는 삶 가운데 그렇게 진리를 실행에 옮겨야 한다. 위급하거나 어려운 시기에는 어떻게 반응하는지와 더불어 이것을 깨닫는 것이 중요하다. 영적 지각이 있다는 것은, 어떤 상황에 대한 하나님의 마음을 알기에 망설임 없이 삶 가운데 실행에 옮기는 것이다.

> 이렇게 흘러넘치도록 풍성한 은혜가 우리 안에서 이미 능력 있게 역사하면서 우리 안에 온갖 지혜와 실질적인 깨달음(지각)을 풀어놓습니다. 그리고 기름부음 받으신 분의 계시를 통해 그분의 은밀한 바람, 곧 장

기적인 계획의 숨겨진 신비를 우리에게 밝히셨습니다. 그분은 창조 때부터 이 일을 이루시는 것을 기뻐하셨습니다. 그러므로 하나님의 한결같은 목적 때문에 이 세밀한 계획이 모든 시대 가운데 최고의 위치에 있게 될 것입니다. 모든 시대가 성취되고 마침내 그 절정, 곧 하나님이 하늘과 땅에 있는 모든 것을 예수 그리스도를 통해 새롭게 하시는 때에 이를 때까지 말입니다. (엡 1:8-10, 패션성경)

현재 어떤 상황과 과정을 겪고 있든지, 원수는 우리가 그의 존재를 인식하고 우리를 상대로 벌이는 악한 일들을 폭로할 것이라고 생각하지 않는다. 원수의 존재를 알고 있는 것처럼 행동하며 그의 정체가 탄로났다고 말하라. 악한 영들은 우리가 그들을 볼 것이라고 생각하지 않는다. 우리가 물러서지 않으면, 악의 군대가 물러가는 모습을 보게 될 것이다. 모든 것이 우리에게 유리하게 되어 있다.

하나님 나라의 통치권

내가 이것을 말하는 이유는 이 땅의 모든 사람이 피해자나 지배자 중 하나이기 때문이다. 우리가 책임자로 다스리며 통치하는 것이 아니라면 피해자인 것이다. 중간은 없다. 천국에 있을 때, 우리가 왕으로 다스리며 통치하지 않으면 피해자가 된다는 것을 깨달았다.

사람은 하나님을 위해 이 땅을 다스리고 통치하고 관리하도록 창조되었다. 하나님은 아담과 하와에게 땅의 통치권을 주셔서 만물을 다스리게 하셨는데, 이제는 우리가 예수님의 이름 안에서 그 통치권을 소유하게 되었다. 우리가 마귀에게 명령을 내리면, 천사들이 와서 우리를 돕는다. 그들은 우리가 통치하고 다스리며 하나님의 축복 안에서 행하도록 돕는다. 대부분의 그리스도인들이 복을 받지 못하는 것은 통치권을 취하지 않기 때문이다. 믿는 자들이 피해자가 아니라 승리자의 위치에서 마귀와 맞서지 않고 있다.

믿는 자들은 악한 영들 위에 군림하며 다스려야 한다. 우리가 다스리지 않으면, 도리어 악한 영들이 우리를 다스리게 된다. 반드시 누군가가 지배해야 하는데, 그리스도인이라면 원수의 지배를 당해선 안 된다.

사탄과 악한 영들이 이 땅의 하나님의 아들과 딸들이 어떤 존재인지 알아야 할 때가 왔다! 그들은 하나님의 자녀들 위에 충만하게 임한 영광을 경험해 봐야 한다. 주님이 용사처럼 우리를 보호해 주신다. 그러나 그분은 우리가 전세를 역전시키기를 바라신다.

우리는 계시를 받아야 한다. 하나님의 영이 임하여 내가 이야기하고 있는 것들을 볼 수 있게 깨우쳐 주셔야 한다. 바울은 에베소인들을 위해 다음과 같이 기도했다.

> 나는 우리 주 예수 그리스도의 하나님, 영광의 아버지께서 지혜와 계시의 영의 부요함을 여러분에게 주셔서 깊어지는 친밀감 가운데 그분을 알게 하시기를 기도합니다. 하나님의 빛이 여러분을 빛으로 가득 채우셔서 상상력의 눈을 열어 주심으로, 부르심의 소망, 즉 그분의 거룩한

자들인 우리에게 있는 하나님의 영광스러운 유업의 풍성함에 대한 온전한 계시를 체험하기를 기도합니다.

나는 여러분이 지속적으로 무한하신 하나님의 능력이 믿음을 통해 우리에게 역사하는 것을 경험하기를 기도합니다. 이렇게 여러분을 통해 역사하시기에 여러분의 삶이 이 광대한 능력을 널리 알리는 통로가 될 것입니다! 이것이 바로 죽은 자 가운데서 그리스도를 일으키셔서 하늘에서 가장 존귀하고 탁월한 권세의 자리에 올려 주신 하나님의 놀라운 능력입니다! 그러므로 이제 그분은 모든 지배자, 권세, 통치와 능력의 영역 위에 으뜸으로 올려지셨습니다! 이 시대뿐만 아니라 오는 시대에도 찬양받는 모든 이름 위에 영광스럽게 앉게 되셨습니다!

그러므로 오직 그분만이 지도자이시며 교회에 필요한 모든 것의 근원이십니다. 하나님이 모든 것을 예수 그리스도의 권위 아래 두셨고, 다른 모든 이들 위에 군림하는 지극히 높은 지위를 주셨습니다. 그리고 이제 그분의 교회인 우리는 이 땅에서 그분의 몸이요, 그분의 충만한 것으로 충만하게 된 존재입니다! (엡 1:17-23, 패션성경)

지혜와 계시의 영이 임하면, 우리가 그리스도와 함께 하늘의 보좌에 앉게 되었다는 것을 깨닫게 된다. 예수를 죽은 자 가운데서 일으키신 능력이 우리 안에 거하시며, 우리를 소생시키고 계신다. 이 일들은 지혜와 계시의 영으로 이해할 수 있다.

우리는 계시에서 나아가 하나님의 방문을 받는 단계에 이르러야 한다. 그러면 그분이 우리에게 부어 주시는 기름부음을 느끼게 되고 예언의 말씀을 받게 된다. 우리에게 기름부음이 임하는 것을 느끼면서 그 기름부음으로 선포하거나 기름부음이 내면에서 올라와 선포하게 될 수도 있다. 위로부터 임하는 성령이 계시고, 내면에 임하는 성령이 계신다.

계시, 방문, 그리고 내주하심

우리는 계시에서 방문으로 나아가야 하며, 결국 하나님의 영광이 거하는 내주하심에 이르게 된다. 하나님의 영광은 너무나도 강력해서 임재 안에 있으면 우리의 인격과 모든 것이 하나님의 성품과 하나되기 시작한다. 우리가 선포하기 시작하면, 마치 우리를 통해 주님이 말씀하시는 것처럼 들려서 악한 영들도 그것을 알게 된다. 우리가 선포할 때, 이 땅의 물질적 영역이 아니라 다른 영역에서 말하는 것이다. 이것은 우리 모두가 해야 할 일이다.

이것이 어떤 사람에게는 엄청난 발전이요 도약이 될 것이다. 그러나 알아야 할 사실이 있다. 나는 천국에서 모든 것의 본래 모습을 보았다. 그래서 돌아오고 싶지 않았지만, 결국 이렇게 돌아왔다. 그러므로 내가 진리를 말하고 있으며 숨기려 하지 않는다는 것을 알아야 한다. 나는 사람들을 세우고 섬기며 제자 삼아 성령의 충만함에 이르게 하기 위해 돌아왔다. 나는 그들이 하나님의 능력 안에서 행하기를 바란다. 주님이 내가 받은 것을 다른 사람들에게 그대로 전달하여 그들도 능력으로 행하게 되기를 원하시기 때문이다. 이것이 내가 받은 부르심이다. 그러므로 주님의 임파테이션을 받는 것이다. 우리는 방문과 내주하심으로 인도하는 성령의 계시를 받아야 한다.

내주하신다는 것은 하나님의 영광이 임하여 그 영광으로 선포하는 것을 말한다. 계시를 받으면, 우리 위에 그리고 내면에 기름부음이 임하는데, 이 기름부음이 성령님이 우리와 함께하신다는 것을 가르쳐 준다. 그러나 방문을 받으면, 우리에게서 생수의 강이 넘쳐흐르거나 우리 위에 임하는 생수의 강에 잠기게 된다. 방문은 바로 이런 것이며, 우리는 그 안에서 행하고 그것으로 선포하게 된다.

그러나 머지않아 주님이 용사처럼 예배와 개인의 삶에 아버지의 영광을 가져오시는 날이 이를 것이다. 교회에서 예배 드릴 때, 단순히 방문이나 계시 안으로 들어가는 것이 아니라 영광 안으로 들어가야 한다. 우리는 일부 교회에서 이런 단계들을 경험했지만, 이제 '하나님의 영광'이라는 위대한 단계로 넘어가고 있다. 이것은 성령이 운행하시는 단계로, 아버지 하나님이 예배 속으로 들어오셔서 상황을 바꾸시는 것이다. 사람들은 안수를 받을 필요가 없고, 하나님의 능력이 예배 전체를 주관하면서 그분의 영광이 완벽한 흐름을 조성하여 경배에서 설교로, 다시 경배로 돌아오는 식이 될 것이다. 우리는 이것을 위해 준비하고 있으며, 그날이 속히 올 것이다.

피해자가 되지 말아야 한다는 개념으로 돌아가자. 영광 안에서 우리는 피해자가 아니다. 하나님의 영광 안에는 피해자가 없다. 오직 승리자들과 다스리는 통치자들, 왕들과 제사장들 그리고 그러한 실재가운데 행하는 하나님의 자녀들만 있다. 이것이 바로 우리가 고대해야 하는 것이다.

주님이 임하시면, 강한 용사처럼 우리를 보호하실 뿐만 아니라 제자 삼으려 하신다. 홀로 있는 것 같고 일이 잘못되고 있는 것처럼 느껴져도, 굳게 서서 "아니, 나는 하나님의 자녀이고, 하나님이 나와 함께하셔서 바로 이곳에서 다스리고 있다!"라고 선포하라. 그러면 악한 영들이 당신을 버려두고 떠나갈 것이다. 우리는 예수님과 함께 다스리고 통치해야 한다.

당신은 혼자가 아니다

이제는 성경을 묵상하고 이해해야 한다. '그분 안에'라고 언급되어 있는 모든 성경 구절을 찾아 읽으라. 사도 바울은 하늘의 영역으로 들어 올려져서 본 것들에 대해 이야기하는데, 그 내용이 여기서 내가 말하는 것들을 이해하는 데 도움이 될 것이다. 나도 천국에서 그런 것들을 보았다. 다시 말해서 내 영은 이미 이후의 세상을 경험하였다.

나는 이 세상으로 돌아왔다. 그러므로 이 땅의 모든 한계들을 마주하고 있기는 하지만, 이런 실재들 가운데 살아가고 있다. 여러 해를 지나며 나는 더 이상 피해자가 되지 않기로 결단해야 했다. 그러므로 우리는 더 이상 피해자가 되려 해서는 안 된다. 모든 것이 우리에게 유리하게 되어 있다. 하나님은 용사처럼 우리를 위해 싸우는 모습을 보여 주시려고 그렇게 정해 놓으셨다. 그분이 원수들과 싸우실 것이고, 우리도 함께 싸우다가 승리를 확정짓게 될 것이다.

우리는 성령의 계시와 방문을 받은 뒤에 내주하심으로 들어가게 된다. 이렇게 되면, 우리는 항상 영광 안에서 행할 수 있다. 사람이나 환경 때문에 영광에서 벗어나는 일이 없게 하라. 우리에게는 성령님과 함께 머물며, 그분이 말씀하시고 행하시는 것들에 귀기울일 수 있는 가장 좋은 곳이 있다. 우리는 환경을 다스리면서 우리를 탈락시키려 하는 사람들을 차단하는 법을 배우게 된다. 이것은 우리가 육신이 아니라 성령 안에서 행해야 된다는 말이다.

바울은 성령 안에서 행하는 자들은 하나님의 아들들이라고 말했다. 계속해서 그는 육신의 본성으로 행하면 하나님을 기쁘게 해 드릴 수 없다고 한다. 하나님은 육신이 성령의 원수라고 말씀하셨다(롬 8:6-14).

진정한 싸움은 육신 안에서 벌어진다. 우리의 영은 거듭나면서 세워졌다. 즉, 하나님의 영이 우리의 영 안에 거하신다. 그러나 육신과 혼(생각, 의지, 감정)은 영적인 세계에 참여할 수 없기 때문에, 영적인 것들과 맞서 싸운다. 이러한 육신과 혼의 영역이 우리의 관심을 받으려 하지만, 그것들을 무시하는 법을 배워야 한다. 그렇게 하려면 위의 것들에 주목해야 하는데, 그곳에서는 그리스도께서 하나님 보좌 우편에 앉아 계신다.

> 그러므로 너희가 그리스도와 함께 다시 살리심을 받았으면 위의 것을 찾으라 거기는 그리스도께서 하나님 우편에 앉아 계시느니라 위의 것을

생각하고 땅의 것을 생각하지 말라 (골 3:1-2)

주님이 계시는 저 높은 곳에 시선을 두고, 검을 든 용사이신 그분을 바라보라. 그분은 우리를 위해 싸우고 계신다. 주님이 우리의 삶에 승리를 선포하셨다. 그분은 이미 천국에서 우리의 책을 기록하시고 우리가 승리하도록 정해 놓으셨다. 모든 것이 우리에게 유리하게 되어 있다.

우리가 승리하지 못하는 것은 단순히 이 땅에서의 싸움을 이해하지 못하기 때문이다. 사탄은 우리의 육신과 혼에 호소하려 한다. 그는 우리의 감정과 이성이 개입하게 만들 것이다. 우리의 관심을 영적인 것들로부터 분산시키는 것이 사탄의 전략이다.

그러나 우리의 영은 영적인 것들을 본다. 지금도 우리 안에 있는 영의 사람은 육신의 눈으로는 이해하지 못할 것들을 인식하고 보며, 육신의 귀가 듣지 못하는 것들을 듣는다. 우리가 영에 초점을 맞추고 발전시키기 시작하면, 주님이 검을 빼어 우리를 위해 싸우고 계시는 모습을 보게 된다. 우리가 피해자가 아닌 승리자가 되게 하려고 천사들이 파송되었음을 보게 될 것이다. 이런 일들은 영으로 볼 수 있다.

만일 천국의 책을 읽을 수 있다면, 모든 아름다운 일들과 우리의 삶에 어떤 일이 벌어지고 있는지 보게 될 것이다. 우리가 영적으로 승진되고 있다는 사실을 깨닫게 될 것이다. 이어서 하나님의 영광이 우리에게 열리며 돌파가 임하게 될 것이다. 일평생 천국의 책에 기록된 이런 일들이 일어나는 것을 보지 못하는 사람들도 있다. 안타깝게도 사탄이 그들을 작은 공간에 가두어 놓았기 때문이다. 그들은 계시나 방문뿐만 아니라, 내주하심도 경험하지 못한다.

우리에게는 그런 일이 일어나지 않는다! 지금도 하나님의 영이 우리를 방문하고 계신다. 나는 그분의 능력을 감지할 수 있다. 그러므로 하나님의 영으로 말한다. 당신이 태어나기 전에 하나님이 계획해 놓으신 이 모든 것을 볼 수 있을지 염려하지 말라. 이것은 우리가 이기게 되어 있는 게임과 같다.

하나님이 우리를 위해 최후의 수를 예비해 놓으셨다. 그러므로 우리는 사탄과 맞닥뜨릴 때마다 그를 물리칠 수 있다. 그뿐만 아니라, 이 땅에서 성공적인 삶을 살 수 있다. 혼자가 아니기에, 하나님이 함께하시기 때문에 우리는 어렵지 않게 그 일을 이룰 수 있다. 이같이 믿는 이들, 곧 온전한 가르침을 받아 하나님의 뜻을 알고 성경이 말씀하는 것을 이해하는 이들도 적지 않다.

이 장에서 말하고 있는 것을 묵상하고 훈련하라. 주님은 우리를 보호하는 용사이시며, 천사들을 보내어 섬기게 하시는 분이다. 시편 91편은 하나님이 천사들에게 우리의 발이 돌에 부딪히지 않게 붙들어 보호하라는 특별한 명령을 내리신다고 말한다.

> 내가 이르노니 너희는 성령을 따라 행하라 그리하면 육체의 욕심을 이루지 아니하리라 (갈 5:16)

하나님이 우리를 위해 이 놀라운 일들을 모두 계획하셨다. 우리를 향한 그분의 예정과 계획이 무엇인지 생각하기 시작하라. 하나님께 그분의 계획에 대해 말씀드려 보라. 이렇게 기도하라. "주님, 주님의 책에 저에 대해 어떻게 기록되어 있는지 알고 싶습니다. 저는 이 땅에서 효과적이고 생산적이길 원합니다. 가르쳐 주세요."

그러면 성령님이 그 기도 요청을 받아들여 응답해 주시기 시작할 것이다. 그분이 우리의 눈을 열어 주셔서 꿈과 환상을 보게 될 것이다. 나에게도 꿈이 열리기 시작했는데, 밤에 영으로 보는 것을 낮에 만나는 사람들이 확증해 주곤 한다.

이 땅의 모든 일은 단 한 가지, 하나님을 더욱 알기 위해 일어난다. 우리가 그분을 알면 알수록, 그분을 위해 더 많은 일들을 행하게 된다. 그분이 우리를 향한 계획을 가지고 계시기 때문이다. 이것은 단순히 하나님을 이해하는 것이 아니라, 성령의 일을 행하고 그분이 역사하셔서 우리를 통해 나타나시게 허락해 드리는 것이다. 바울은 다음과 같이 말했다.

> 형제들아 내가 너희에게 나아가 하나님의 증거를 전할 때에 말과 지혜의 아름다운 것으로 아니하였나니 내가 너희 중에서 예수 그리스도와 그가 십자가에 못 박히신 것 외에는 아무 것도 알지 아니하기로 작정하였음이라 내가 너희 가운데 거할 때에 약하고 두려워하고 심히 떨었노라 내 말과 내 전도함이 설득력 있는 지혜의 말로 하지 아니하고 다만 성령의 나타나심과 능력으로 하여 너희 믿음이 사람의 지혜에 있지 아니하고 다만 하나님의 능력에 있게 하려 하였노라 (고전 2:1-5)

바울은 이것이 단순한 지혜가 아니라는 것을 알았다. 좋은 말이나 대화도 아니고 성령의 능력이었다. 그곳에 도달하려면, 성령 안에서 행하여 육신의 정욕을 이루는 일이 없게 해야 한다. 우리가 원수의 상을 뒤엎고 승리자로 다스리는 자가 되면, 하나님이 우리의 삶 가운데 높임을 받으시게 된다.

다음과 같이 선포하라. "나는 이 땅에서 왕같이 다스리고 통치한다. 사탄아, 예수님이 너를 패배시키셨다. 그러니 너는 이제 패배자이다. 성경에 따르면, 예수님이 너를 십자가에서 멸하시고 드러내어 구경거리로 삼으셨다." 이렇게 선포하기 시작하면, 마귀들이 즉시 떠나갈 것이다. 이 글을 쓰면서 악한 영들이 당신을 떠나가는 것을 느낀다. 지금도 당신을 괴롭히며 못살게 구는 악한 영들이 있다면 다음과 같이 기도하라.

> 예수님의 이름으로, 모든 권세를 깨뜨린다. 모든 악한 영들에게 명령한다. 예수님의 이름으로 내게서 떠나가라. 주님이 나를 보호하신다. 그분은 나의 용사이시며, 나를 용사로 세우고 계신다. 나를 피해자에서 승리자로 세우고 계신다. 그분이 원수의 상을 엎으신다.

우리가 하나님께 순복하고 마귀를 대적하였기 때문에 원수는 달아나야 한다. '대적한다'는 것은 '밀어낸다'는 것이다. 그래서 우리는 그렇게 하고 있다. 마귀를 대적하여 밀어내고 있다. 하나님의 말씀은 그가 두려워하여 우리를 떠날 것이라고 말한다(약 4:7). 마귀는 우리를 두려워한다!

chapter 12
주님이 당신의 마음을 살피신다

하나님, 내가 청하오니 주의 감찰하는 시선으로 내 마음을 살피소서. 나를 철저히 조사하사 내 안에 숨겨진 것을 다 찾아내소서. 나를 시험하사 내 모든 걱정 근심을 꼼꼼히 살펴 추려내소서.

(시 139:23, 패션성경)

힘을 내라! 주님의 영이 이 책을 통해 역사하고 계신다. 지금 그분의 능력이 강하게 느껴진다. 주님이 우리의 마음을 살피고 계신다. 그분은 우리가 어떤 일을 겪고 있는지 정확하게 아시고, 그분의 말씀으로 격려하려 하신다. 시편 기자는 다음과 같이 기도한다.

> 하나님, 내가 청하오니 주의 감찰하는 시선으로 내 마음을 살피소서. 나를 철저히 조사하사 내 안에 숨겨진 것을 다 찾아내소서. 나를 시험하사 내 모든 걱정 근심을 꼼꼼히 살펴 추려내소서. 혹여 내가 걷고 있는 길에 어떤 괴로움이 있는지 보시고 나를 주의 영광스럽고 영원한 길로 돌이키게 인도하실진대 나를 다시금 주께로 이끄소서. (시 139:23-24, 패션성경)

"유리하게 되어 있다"는 것은 우리가 태어나기도 전에 하나님이 미리 전략적으로 우리의 삶을 계획하셨다는 의미이다. 그 길은 놀라울 정도로 좁은 길인데, 예수님은 극소수의 사람들만 이 생명의 길을 발견한다고 말씀하셨다. 그게 사실이라는 것을 알지만, 나는 이 땅의 사람들에게 이것을 전해야 한다. 이 땅의 한계에 매이지 않으시는 하나님, 실패하지 않으시는 하나님을 생각하게 하는 것이다. 인간은 이 땅 가운데 타락했지만, 하나님은 아니다. 그분은 인간을 창조하시기 전과 동일한 하나님이시다.

사람을 향한 하나님의 계획

하나님은 사람이 타락할 것을 아시고, 예수 그리스도를 통한 구원을 계획하셨다. 예수님은 사람이 창조되기도 전에 이 땅에 오셔서 아버지를 위해 인류를 대속하기로 하셨다. 이 말이 쉽게 이해되지 않을 수도 있지만, 천국에 있을 때 삼위일체 하나님이 목적 없이 사람을 창조하지 않으셨음을 깨달았다. 그분은 목적을 가지고 사람을 창조하셔서 그들의 경배와 찬양과 영광을 받으려 하셨다.

많은 이들이 하나님을 섬기고 싶어 하지 않는다. 그들은 하나님에 대해 그리고 어떻게 살아가야 할지에 대해 그들만의 생각을 가지고 있다. 그리스도인들도 자기들이 믿고 있는 것에 대한 나름의 의견이 있어서 하나님의 말씀을 굳게 붙들지 않는다. 이런 사람들은 자신의 생각을 다른 사람들에게 강요한다. 한편 사람들을 조종하는 그리스도인들도 있다. 그들은 기도하며 하나님의 도움을 구하지 않고, 직접 개입하여 사람들과 상황을 조종한다. 그러나 천국에는 그런 일이 없다. 그래서 사람들에게 하나님의 말씀대로 살아가는 법을 가르치기 위해 내가 이 땅으로 돌려보내진 것이다. 절대로 하나님의 말씀이 아닌 것을 말하지 말라.

사람들의 관심을 받지 못하는 사실이 있는데, 바로 하나님이 모든 것을 아시며 우리의 마음을 살피신다는 것이다. 그러나 사람들은 '하나님이 내가 이렇게 하기 원하신다면, 그 일을 하게 만드실 거야'라고 생각한다. "그게 하나님의 뜻이라면 이루어질 거야"라고 말하는 사람들도 있다. 정말 그렇다면, 에덴동산에서 아담과 하와가 타락하는 일은 없었을 것이다. 하나님이 우리에게 선택권과 자유의지를 주지 않으셨다면, 그분만 섬기며 행복하게 살았을 것이다.

그러나 우리에게는 의지라는 것이 있다. 아담과 하와는 동산의 열매를 먹기로 선택했다. 하나님이 먹지 말라고 하셨는데도 그렇게 하기로 결정했다. 인간에게 자유의지를 주신 것이다.

우리가 이 세상의 유혹을 받으면서 옳지 않은 일들이 일어나게 된다. 그러므로 우리에게 분별력이 있어야 한다. 단순히 "하나님은 모든 것을 아시기 때문에, 그분이 원하시면 그 일을 이루실 거야"라고 말해선 안 된다. 하나님이 우리의 마음을 살피고 들여다보신다. 그러므로 우리의 마음을 아시고, 우리를 완전히 이해하신다. 지금도 우리의 모든 것, 우리가 겪고 있는 일들을 다 알고 계신다. 지금 우리의 마음속을 들여다보고 계신다. 하나님은 모든 일의 진리를 아시지만, 우리가 그분께 순복하려 하지 않으면 아무것도 하지 않으신다.

성령님이 우리를 승리의 여정으로 데려가고 계신다. 우리가 두려움과 질병과 온갖 중독을 극복하고, 모든 일에 마귀를 이기게 하신다. 그런데 이 과정에 순복하지 않는 것은 우리의 자유의지이다. 우리 안에 계시는 '더 크신 분'께 순복하라. 예수님이 보내신 하나님의 영이 우리 안에 거하고 계신다. 그분이 바로 '더 크신 분'이다.

주님이 우리의 마음을 들여다보시고 이해하신다는 것은 좋은 일이다. 그러나 여전히 우리는 그분을 따르며 섬기기로 결정해야 한다. 많은 이들이 하나님의 음성을 듣고 싶어 하지만, 스스로에게 정직해야 한다. 만일 하나님의 음성을 들으면, 그것에 순종하겠는가? 그분은 우리가 예상하지 못하거나 원하지 않는 것을 말씀하실 수도 있다. 하나님이 말씀하신다면, 그분의 말씀을 듣기 원하는가?

자원하는 마음과 순종

사람들이 구하는 것을 얻지 못하여 하나님을 따르지도, 옳은 일을 행하지도 않을 때가 있다. 왜 이렇게 되는 것일까? 그들에게 진정으로 순복하려는 마음이 없기 때문이다.

> 너희가 즐겨 순종하면 땅의 아름다운 소산을 먹을 것이요 너희가 거절

하여 배반하면 칼에 삼켜지리라 여호와의 입의 말씀이니라 (사 1:19-20)

주님께 순종하겠다는 말은 할 수 있지만, 실제로 순종할 마음이 있는가? 즐거이 순종하는가? 이 구절은 의지력 때문에 옳은 일을 행하도록 지도받아야 한다고 말한다. 그렇게 하지 않으면, 이 세상처럼 될 대로 되라는 식으로 말할 것이다. 그러나 그리스도인은 그렇게 말하면 안 된다. 그리스도인은 하나님의 말씀이 뭐라고 하시는지 알고, 그것을 삶에 선포하여 실행에 옮겨야 한다. 사탄이 가만히 앉아 있기만 하는 것이 아니기 때문이다.

주님은 사람의 마음을 들여다보며 철저하게 조사하신다. 그분은 모든 것을 보시지만, 거기에서 멈추지 않으신다. 시편 139편에서는 "내 안에 숨겨진 것을 다 찾아내소서"라고 말한다. 우리가 알지도, 이해하지도 못하는 것들이 우리의 마음속에 있다. 시편 기자는 대부분의 사람들이 안주하는 단계에서 한 걸음 더 나아가, 하나님께 전부를 보여 주시고 잘못된 것들도 드러내 달라고 구한다.

우리에게 순종하고 자원하는 마음이 있으면, 하나님이 우리를 앞으로 나아가게 하실 것이다. 마가복음 10장 17절에서 부자 청년은 자신이 선하여 어려서부터 십계명을 지켰다고 하면서 그것 외에 놓치고 있는 것이 있는지 예수님께 물었다. 그러자 예수님이 그를 사랑하시며 이렇게 말씀하셨다. "네게 아직도 한 가지 부족한 것이 있으니 가서 네게 있는 것을 다 팔아 가난한 자들에게 주라 그리하면 하늘에서 보화가 네게 있으리라 그리고 와서 나를 따르라"(막 10:21).

예수님은 그의 자원하는 마음을 한 단계 더 끌어올리기 원하셨다. 그를 다음 단계로 나아가게 하려고 하셨다. 그런데 그 부자 청년은 그렇게 할 수가 없었다. 자신의 부를 의지하게 되어 그것이 그에게 우상이 되어 버렸기 때문이다. 예수님은 그것을 버리고 그분을 신뢰하라고 요구하고 계셨지만, 그는 그렇게 하지 않았다. 그는 자신의 재물을 더 신뢰했다.

많은 이들이 하나님이 하시는 말씀에 순복하는 법을 배우고 자원하는 마음을 가져야 한다. 순종만 하는 것이 아니라, 기꺼이 순종하려는 마음도 있어야 한다. 하나님이 말씀하시자마자, 즐거이 순종하여 그 일을 할 수 있어야 한다. 주님은 우리의 마음을 살피셔서 숨겨진 것을 보여 주신다. 시편 기자는 다음 단계로 넘어가기를 바라며 이렇게 부르짖었다. "나를 시험하사 내 모든 걱정 근심을 꼼꼼히 살펴 추려내소서. 혹여 내가 걷고 있는 길에 어떤 괴로움이 있는지 보시고"(시 139:23-24, 패션성경).

예수님은 오병이어의 기적을 베푸신 후, 자신을 따르는 자들에게 이렇게 말씀하셨다. "내가 진실로 진실로 너희에게 이르노니 너희가 나를 찾는 것은 표적을 본 까닭이 아니요 떡을 먹고 배부른 까닭이로다"(요 6:26). 그 후 그분은 심오한 말씀을 하신다. "너희가 내게 속하기 원한다면, 내 살을 먹고 나의 피를 마셔야 한다. 그렇지 않으면 내게 속하지 않게 된다"(요 6:53-57 참고).

그날 주님을 따르는 거의 모든 자들이 떠나고 제자들만 남았다. 그분이 제자들에게 "너희도 가려느냐"고 물으시자, 베드로는 "주여 영생의 말씀이 주께 있사오니 우리가 누구에게로 가오리이까"(요 6:68)라고 대답했다. 그들은 전부를 이해하지는 못했지만, 예수님께 붙어 있었다. 그런데 우리가 아는 바와 같이 예수님은 기꺼이 이들을 더 높은 차원으로 데려가려 하셨다!

주님이 우리의 마음을 살피시게 허락해 드리라

많은 이들이 과거의 상처로 고통받고 있다. 인식조차 못할 수도 있지만, 우리의 성품에는 과거의 사건들 때문에 생존을 위한 비상 상태(생존 모드)가 된 부분도 있다. 어쩌면 주저하거나 더 이상은 신뢰하지 않는 특정한 상황들이 있을 것이다. 신뢰하면 안 된다는 것을 가르쳐 준 사건이나 사람들을 경험하여 특정한 상황에 더는 그렇게 할 수 없는 것이다. 이러한 상황이나 상처로 남은 사건들은 우리에게 제한을 가하게 된다.

여기에는 두려움이 개입되어 있다. 걱정, 근심과 싸우면서 스스로가 이해가 되지 않아 '왜 내가 이런 식으로 반응하고 거절감을 느끼는 거지?'라고 생각할 수도 있다. 트라우마(충격적인 사건, 경험)를 경험하면 우리의 의지가 영향을 받아 생존 모드로 있으려 한다. 그러나 주님이 임하셔서 우리의 마음을 살피시며 그러한 영역들을 드러내신다. 구속받지 못한 생각과 의지와 감정 등 우리의 혼에 악한 영들이 결합되어 있을 수도 있다.

우리의 혼은 구원받지 않았지만, 영적인 부분인 우리의 영은 구원받았다. 성령님은 우리의 영에 들어오셔서 완전히 새롭게 하신다.

> 그런즉 누구든지 그리스도 안에 있으면 새로운 피조물이라 이전 것은 지나갔으니 보라 새것이 되었도다 (고후 5:17)

이 구절은 거듭남에 대해 이야기하고 있는데, 이것은 영적인 체험이다. 그러나 정신적·혼적인 것들은 다른 영역이다.

> 너희는 이 세상과 일치하지 말고 너희 생각을 새롭게 함으로써 변화를 받아 하나님의 선하시고, 기뻐하시고, 온전하신 뜻이 무엇인지 입증하도록 하라. (롬 12:2, 한글 킹제임스성경)

우리는 변화를 받아야 하는데, 하나님의 말씀을 묵상하면 그렇게 된다. 말씀이 우리의 감정을 변화시키고 생각하는 방식에 영향을 미치게 되는 것이다. 혼은 생각의 과정을 거치며 사건들을 처리하고 걸러내는데, 트라우마로 인해 우리의 혼에 장벽이 생긴다.

주님은 시편 139편에서 모든 것이 우리에게 유리하게 되어 있다는 것을 보여 주려 하신다. 그분께 모든 근심, 걱정을 낱낱이 살펴 가려내 주셔서 그 원인을 깨닫게 해 달라고 구하라.

나도 이렇게 하여 문제를 처리하게 되었다. 어느 날, 내가 삶 가운데 일어난 충격적인 사건들 때문에 피해자처럼 반응하고 있다는 것을 깨달았다. 그것은 정신(심리)적 영역이 만들어 낸 생각이나 느낌에 불과했는데, 나는 스스로를 보호하려고 애쓰고 있었다. 그것은 참된 내가 아니라 단지 두려움에 대한 반응이었다. 모든 것이 유리하게 되어 있는 삶에 참여하려면, 주님이 오셔서 우리의 마음을 조명해 주시고 하나님이 의도하지 않으신 것이 있는지 보여 주시도록 허락해 드려야 한다.

고통의 길 회복하기

우리가 양육받은 방식이 제한을 가하는 경우도 있다. 그것은 잘못 배운 교리의 문제일 수도 있다. 사람들이 특정한 방식으로 성경을 해석했는데, 그것이 옳지 않은 경우 이러한 교리적 문제들이 우리를 제한하게 된다. 특정한 일들과 관련해서 하나님을 믿을 수 없다면, 그것은 우리가 믿는 교리 때문이다. 우리는 하나님의 말씀 안에서 그분이 뭐라고 하시는지 발견하기 위해 모든 진리의 기초인 성경으로 돌아가야 한다.

그러므로 주님이 "내가 치유자다"라고 말씀하시면, 그것이 진리이다. 예수님은 두루 다니시며 마귀에게 눌린 모든 자를 치유하셨다. 그러므로 우리를 치유하는 것이 하나님의 뜻이냐고 물을 필요가 없다. 성경은 예수님이 오셔서 사람들을 치유하셨다고 분명하게 말한다. 그분은 사람들을 아프게 하려고 오신 것이 아니었고, 결코 누구를 병들게 하시지도 않았다.

예수님은 오병이어의 기적을 목격한 사람들이 그분을 따르는 것은 현상 때문이라고 말씀하셨다. 그들은 보았고 배부르게 먹었지만, 구경꾼에 불과했다. 예수님은 구경꾼들과는 상관이 없다고 말씀하셨다. 그분은 초자연적인 일에 참여하려는 자들을 원하셨다. 내가 천국에서 돌아온 것은 사람들이 변화되어 더 이상 구경꾼으로만 있지 않도록 성령님께 순복하는 법을 알려 주기 위해서이다.

현재 봉착해 있는 고통의 길은 무엇인가? 지금도 내면의 고통을 느낀다면, 당신이 어떤 사람이나 상황들로 인해 상처를 받았기 때문이다. 실망하거나 좌절하여 트라우마를 경험했고, 여전히 그 영향력 아래 있는 것이다. 사탄이 어떤 사람을 통해 우리에게 해를 가하게 한 것일 수도 있다. 이런 충격 때문에 우리는 고통과 상처 가운데 하루하루를 살아가며 왜 이런 일이 일어났는지 궁금하게 여긴다.

그것은 사탄의 공격이다. 우리의 부르심과 천국의 책에 기록되어 있는 것 때문에 공격받은 것이다. 그러므로 고통의 길이 있다면, 시편 기자처럼 다음과 같이 하나님께 구해야 한다. "주님, 혹여 내가 걷고 있는 길에 어떤 괴로움이 있는지 보시고 나를 주의 영광스럽고 영원한 길로 돌이키게 인도하실진대 나를 다시금 주께로 이끄소서"(시 139:23-24, 패션성경).

대부분의 사람들이 고통의 길을 걷고 있다. 그러므로 주님의 손을 잡고 영광으로 들어가서 치유와 해방, 하나 됨, 양자 됨 그리고 용납을 회복해야 한다. 우리는 그분의 보혈 안에서 온전히 받아들여졌고 거절당하지 않았다. 그러므로 하나님은 절대 우리를 거절하지 않으신다. 그분은 생명과 경건에 필요한 모든 것을 우리에게 주셨다. 크고 귀한 약속들을 주셔서 그것들을 통해 신성한 성품에 참여할 수 있게 해 주셨다.

> 하나님과 우리 주 예수를 앎으로 은혜와 평강이 너희에게 더욱 많을지어다 그의 신기한 능력으로 생명과 경건에 속한 모든 것을 우리에게 주셨으니 이는 자기의 영광과 덕으로써 우리를 부르신 이를 앎으로 말미암음이라 이로써 그 보배롭고 지극히 큰 약속을 우리에게 주사 이 약속으로 말미암아 너희가 정욕 때문에 세상에서 썩어질 것을 피하여 신성한 성품에 참여하는 자가 되게 하려 하셨느니라 (벧후 1:2-4)

우리가 진리에 순복할 때, 초자연적인 것을 경험하게 된다. 신성한 성품과 보배롭고 지극히 큰 약속 안에서 행하게 된다. 신성한 성품은 초자연적인 것이다. 사도 바울은 "하나님이 자기를 사랑하는 자들을 위하여 예비하신 모든 것은 눈으로 보지 못하고 귀로 듣지 못하고 사람의 마음으로 생각하지도 못하였다 함과 같으니라 오직 하나님이 성령으로 이것을 우리에게 보이셨으니 성령은 모든 것 곧 하나님의 깊은 것까지도 통달하시느니라"(고전 2:9-10)고 말했다.

성령님이 우리를 섬기며 숨겨진 것을 말씀해 주고 계신다. 그것은 계시되기 전까지 신비에 싸여 있다가 하나님이 계시해 주시면 드러나게 된다. 하나님은 성령님을 통해 우리의 손을 붙잡고 고통의 길이 아니라 영광의 길로 다시 들어가려 하신다.

하나님이 "내가 너를 영광스럽고 영원한 길로 인도할 것이다"(시 139:24, 패션성경)라고 말씀하신다. 그것이 바로 우리가 원하는 것이다. 우리는 승리의 삶을 살아가기 위해 천국에 갈 때까지 기다릴 필요가 없다. 나는 천국에서 이 모든 것이 예수 그리스도를 통해 나에게 주어졌다는 것을 깨달았다. 이것에 대해 누구보다 많이 가르친 사람은 (예수님을 제외하고) 사도 바울밖에 없었다. 그는 신약의 많은 부분을 기록했는데, 자신이 쓴 거의 모든 편지에서 이것에 대해 언급했다.

하나님은 우리를 영원한 길들이 있는 이 영광 속으로 데려가고 싶어 하신다. 바울은 서신서들을 통해 바로 지금 이 영광스러운 길에서 행할 수 있을 정도로 계시를 주었다. 예수님도 요한복음 14-17장에서 하나님의 영 안에서 우리가 어떻게 포도나무에 연결되어 있는지 가르쳐 주셨다.

> 나는 포도나무요 너희는 가지라 그가 내 안에, 내가 그 안에 거하면 사람이 열매를 많이 맺나니 나를 떠나서는 너희가 아무것도 할 수 없음이라 (요 15:5)

주님은 우리에게 "나와 함께라면 너희가 모든 것을 할 수 있으나, 나 없이는 아무것도 할 수 없다"고 말씀하고 계신다. 따라서 우리의 사고를 하나님께 순복시켜 우리를 도우시는 그분을 의지하고 신뢰해야 한다. 그분이 우리를 되돌리시도록 허락해 드려야 한다.

지금 부활의 능력이 감지된다. 치유가 우리에게 임하고 있다. 사랑하는 하늘 아버지께서 지금 우리가 고통의 길을 벗어나 영광스러운 영원의 길로 나아가야 한다는 것을 보여 주고 계신다. 우리는 이제 승리와 치유, 온전한 자유 가운데 걷기 시작해야 한다! 더 이상 어떤 것에도 중독될 필요가 없다. 예수님의 이름으로 그 권세를 파할 수 있다!

우리가 자원할 때, 마음 가운데 일어나는 변화가 있다. 우리는 단순히 순종하는 것이 아니라, 이 모든 영역 가운데 기쁨으로 행하며 순복하게 된다. 주님은 우리의 마음을 살피신 후 알아내신 것을 말씀해 주실 수 있다. 그러면 우리는 그것을 해결할 수 있게 된다.

거부하지 말고 책임을 지라. 하나님께 "저는 당신이 말씀해 주시는 것을 들을 준비가 되어 있습니다. 또 제 삶에서 반드시 제거되어야 하는 것을 보여 주시더라도 감당할 각오가 되어 있습니다. 기꺼이 받아들이겠습니다"라고 말씀드려라.

이렇게 간절히 기도하면, 하나님이 그것들을 보여 주시기 시작할 것이다. 곧 무엇을 제거하고 포기해야 하는지 알게 될 것이다. 시편 139편 24절 하반절에는 "나를 다시금 주님께로 인도하소서"(패션성경)라고 기록되어 있다. 상처 때문에 많은 이들이 잘못된 길로 갔다. 이제 그러한 상처들을 치유받고 주님과 함께 다시 그분을 신뢰하는 자리로 돌아갈 수 있다.

좋지 않은 일이 일어나면, 우리는 먼저 자신이 그런 일을 당할 만한 잘못을 저질렀는지, 왜 하나님은 이런 일이 일어나게 하셨는지 생각한다. 우리에게 일어난 일을 검토하고 정리하여 설명해야만 할 것 같다. 그러나 항상 그런 식으로 해결되는 것은 아니다. 나에게 일어난 일들 가운데 일부는 지금도 그 답을 알지 못한다.

우리는 타락한 세상에서 살아가고 있으며, 마귀는 우리를 미워한다. 하나님을 대적하여 활동하고 있는 타락한 영들도 있다. 우리가 하나님의 자녀가 되는 순간, 하나님의 원수들이 우리의 원수가 된다. 악한 영들은 마치 하나님을 상대하는 것처럼 우리와 싸움을 벌인다. 그러나 그들은 하나님을 두려워하고, 우리가 누구인지 알기 때문에 결국 달아나게 된다.

이 책은 당신을 세워 주님이 주신 권세를 사용하고, 그 권세 가운데 행할 수 있게 해줄 것이다. 이것은 인간의 권세가 아니다. 단호하고 권위적인 태도를 취하라는 말이 아니다. 우리가 하나님의 자녀가 되었으므로 권세가 있다는 사실을 알고 인식하여 깨달을 때, 그리고 아버지의 이름과 예수님의 이름을 언급할 때, 그렇게 된다. 악한 영들은 우리의 말을 들어야 한다. 그들은 우리가 그렇게 하는 방법을 깨달아 자기들에게 행할까 봐 두려워한다.

천국의 형상

우리는 지금 상처의 길이 아니라 영광 안에서 걷고 있다. 미래로 가서 천국에 있는 것과 같은 경험을 할 수 있다고 상상해 보라. 자신이 그 끝에 있다고 생각해 보라. 나는 그곳에 가 보았고, 그곳에서 "모든 것이 우리에게 유리하게 되어 있다"는 것을 깨달았다. 이 모든 것이 다 담겨 있는 기록물이 있다. 천사들은 물론 하나님도 친히 그것에 근거하여 각자의 역할을 하고 계시는데, 바로 하나님의 말씀이다.

하나님의 말씀은 최종적이며 절대적이다. 하나님이 천국에서 우리에 대해 말씀하신 것이 절대적 진리이다. 그러므로 우리는 마귀나 친구들의 말이 아니라 그 말씀으로 판단받게 될 것이다. 삶의 상황이 우리가 누구인지를 좌우하는 것이 아니다. 천국에는 우리가 성령을 통해 이 땅에서 하나님의 일을 하는 특별한 존재로 기록되어 있다. 우리는 실패를 경험할 필요가 없으며 이길 수 있다. 그러나 이것을 위해 반드시 성령 안에 머무는 법을 배워야 한다.

우리를 가로막고 방해하는 특정한 일들이나 상황들이 있는데, 우리는 반드시 상처를 해결하여 용서하고 잊어버리고 놓아 주어야 한다. 쉬운 일은 아니지만, 자기 자신을 위해 그렇게 해야 한다. 하나님이 우리를 용서해 주셨다. 그러니 상처 준 사람들은 하나님께 맡겨 드리고, 당신의 상처를 해결하라. 잘못을 저지른 사람들을 우위에 두지 말라. 당신이 그들을 용서하지 않으면, 그들과 같은 사람이 되고 만다. 그들이 그렇게 된 이유는 상처받았는데 용서하지 않고 있기 때문이다. 바르고 선한 일을 행하는 대신 악하고 나쁜 사람이 되기로 결정한 것이다.

어느 누구도 다른 사람들에게 상처 주고 잘못을 저지르는 사람이 되고 싶지는 않을 것이다. 그러나 마음이 상하면, 우리도 그렇게 될 수 있다. 상한 감정을 버리고 용서하라. 그 감정에서 벗어나고 마음에 담아 두지 말라. 그리고 하나님이 그 상처들을 치유하시도록 내어 드리라. 트라우마는 유쾌한 것이 아니다. 그러나 하나님은 단 한마디의 말씀으로 그 고비를 넘기실 수 있다.

내가 모든 상처와 트라우마를 파쇄하고 악한 영들을 쫓아낸다. 그들이 우리의 상처를 이용하여 잘못된 영향을 미치고 있다. 지금 내가 사탄에게 명하노니, 너는 당장 떠날지어다. 아버지 하나님, 지금 치유의 손길로 사람들을 만져 주셔서 그들의 모든 트라우마와 상처를 치유해 주소서.

지금 당장, 당신에게 잘못한 사람들을 용서하라. "아버지 하나님, 제가 그들을 용서하고 풀어 줍니다. 이 일을 이제 아버지의 손에 맡겨 드립니다"라고 말하라. 한 사람씩 하나님의 손에 올려 드리고 그분이 해결하시게 맡겨 드리라. 하나님이 당신의 손을 잡고 밝고 영광스러운 길로 인도하고 계신다.

다시 우리가 영원 가운데 있다고 상상해 보자. 그 속에서 모든 일이 잘되는 모습을 보게 될 것이다. 우리는 생명의 강가에 하늘 아버지와 함께 있고, 보좌의 방에서 예수님과 함께할 것이다. 천국 나무들의 열매를 먹으며 꽃들의 노랫소리를 들을 것이다. 그곳은 모든 것이 놀랍고 아름답다. 우리는 그곳에서 성경 속의 모든 인물들과 사랑하는 사람들을 만나게 될 것이다. 모든 것이 다 좋을 것이다.

우리는 마음이나 생각 속에 자리잡은 상황과 환경으로 들어가서 지금 당장 과거와 미래에 영향을 미칠 수 있다. 먼저, 미래로 가서 하나님이 말씀하신 대로 자신의 세계를 조성하라. 그러면 우리가 자유로운 존재이기에 충격과 상처를 버려야 한다는 것을 깨닫게 된다. 하나님께 그것을 조명받은 후 그분이 우리의 인생을 살아가시도록 맡겨 드리라.

하나님이 우리의 상처를 해결할 수 있게 빛을 비춰 주고 계신다. 그리하여 우리는 치유받고, 결국 변화되어 성령의 능력으로 사람들에게 사역하게 될 것이다.

충격과 상처를 극복하면, 우리는 능력의 발전소가 된다. 아픈 자들에게 손을 얹게 될 것이고, 악한 영들을 꾸짖으면 그들이 소리를 지르며 사람들에게서 떠나갈 것이다. 이 모든 것이 마음을 치유받게 되면서 시작될 것이다. 악한 영들이 우리에게 영향을 미치지 못하게 되었기 때문이다.

기억하라. 우리를 돕기 원하시는 하나님이 우리의 마음에 빛을 비추고 계신다. 그러므로 바로 지금 성령의 능력으로 치유받기를 구하라. 그러면 우리도 다른 사람들을 섬기며 사역할 수 있게 된다. 그것이 궁극적인 목표이다. 하나님은 모든 사람이 치유받기를 바라신다. 그분은 모든 사람이 이러한 치유 가운데 행하기를 원하신다.

우리는 이 땅에서 승리할 수 있다. 또한 천국에서 얻게 될 영생 안에서 살 수 있다. 바로 지금 그렇게 살아가는 방법이 있다. 여기에는 우리의 마음속에 있는 것을 끄집어내는 것도 포함된다. 우리의 마음이 치유를 받아야 한다. 우리는 더 이상 피해자가 아니다!

chapter 13

전능하신 하나님의 미리 아심

주는 내 맘과 영혼의 움직임을 다 감지하시며 나의 모든 생각을 이해하시되 심지어 내 머릿속에 그 생각이 들어오기도 전에라!

(시 139:2, 패션성경)

It's rigged in your favor

    하나님은 많은 것을 알고 이해하시는 분이지만, 타락한 우리는 아는 것이 거의 없다. 감사하게도 우리는 예수 그리스도를 통해 죽음과 지옥, 그리고 무덤의 저주에서 구속받았다. 우리에게는 여전히 하나님의 신비와 비밀들의 깨우침을 받아야 하는 부분이 있다. 아담과 하와는 알았지만 우리가 이해하지 못하는 것들이 있고, 예수님이 우리를 위해 값을 주고 사신 것들을 지금도 발견해 나가고 있다.

    우리는 하나님의 말씀을 부지런히 공부하고 묵상하지만, 그것을 이해하려면 하나님의 미리 아심이 대단히 중요하다. 우리가 가진 이 땅의 관점 때문에 이해하지 못하는 하나님의 성품이 있다. 그러나 내가 간 곳에 당신도 가고, 내가 본 것을 당신도 볼 수 있다면, 내일을 염려하지 않을 것이다.

나는 종종 이 세상에 열중하다가 하나님이 모든 것을 주관하시는 영원의 세계가 있다는 사실을 망각하고 염려와 근심에 사로잡힌다. 그러나 천국에서는 아무도 염려하지 않는다. 그곳에는 부족함이 없고, 모든 사람이 행복하다. 이 땅도 그렇게 되어야 하지만, 상황은 그렇지 않다.

우리가 이 땅에서 성공적으로 살아가고 영 안에서 행하며 육체의 소욕을 따르지 않으려면, 하나님의 미리 아심을 이해해야 한다. 그리고 우리의 영, 혼, 육에 대해서도 제대로 알 필요가 있다. 우리의 영은 하나님의 미리 아심을 인식할 수 있지만, 혼과 육은 참여하려 하지 않는다.

> 신령한 자는 모든 것을 판단하나 자기는 아무에게도 판단을 받지 아니하느니라 (고전 2:15)

육적인 사람은 절대로 영적인 사람을 판단할 수 없다. 그들에게는 영적인 것에 대한 개념이 없기 때문에 그럴 자격도 없다. 육적인 사람이 영적인 사람을 비난하는 것은 마치 자동차에 대해 아는 것이 전혀 없는 사람에게 정비사가 와서 "자, 당신 차를 고치려면 이렇게 해야 합니다"라고 말하는데, "저는 그렇게 하지 않을 겁니다. 그렇게 해서는 안 됩니다" 하고 고집을 부리는 것과 같다. 잘 알지도 못하면서 아는 것처럼 행동하는 것은 어리석은 짓이다.

교만에서 나오는 어리석음도 있다. 우리가 순복하지 않음으로 어리석게 행동하는 것이다. 그러므로 겸손히 순복하여 하나님이 우리보다 훨씬 더 많은 것을 아신다는 사실을 인정하는 법을 배워야 한다. 그러면 그분은 우리에게 그런 것들을 말해 주고 싶어 하신다.

> 사람의 일을 사람의 속에 있는 영 외에 누가 알리요 이와 같이 하나님의 일도 하나님의 영 외에는 아무도 알지 못하느니라 (고전 2:11)

바울은 이런 것들을 비밀(신비)이라고 말하지만, 성령님은 이런 비밀들과 하나님의 깊은 것들을 살피시는 분이다. 하나님은 그분의 영, 곧 성령으로 이것들을 우리에게 계시해 주셨다. "오직 하나님이 성령으로 이것을 우리에게 보이셨으니 성령은 모든 것 곧 하나님의 깊은 것까지도 통달하시느니라"(고전 2:10). 바울은 하나님이 이 비밀들을 드러내어 보여 주시는 분이라고 말한다. 그분이 예수 그리스도를 통해 이 깊은 것들을 계시해 주려 하시기 때문이다. 바울은 모든 서신서 가운데 오랫동안 감춰졌던 이 놀라운 비밀들을 밝히고 있다. 이 비밀들은 심지어 일부 옛 선지자들에게는 숨겨졌던 것들로, 그들은 지금 우리가 하나님의 영으로 아는 것조차 몰랐다. 그분이 이런 것들을 우리에게 계시해 주셨다.

영과 혼의 움직임

시편 139편 2절은 다음과 같이 기록한다. "주는 내 맘과 영혼의 움직임을 다 감지하시며 나의 모든 생각을 이해하시되 심지어 내 머릿속에 그 생각이 들어오기도 전에라!"(패션성경) 그렇다. 하나님은 우리가 하게 될 말을 이미 알고 계신다. 그분은 우리의 생각을 아신다. 우리가 하나님의 편에 서게 되면, 모든 것이 철저하게 우리에게 유리한 상황이 된다!

여기에서 보면 우리의 혼과 마음 사이에 움직임이 있다. 성경은 양쪽 모두 움직임이 있다고 말한다. 바울은 데살로니가전서 5장 23절에서 우리의 "온 영과 혼과 몸"에 대해 언급한다. 사람은 누구나 다음의 세 영역, 곧 영적인 영역과 정신적인 영역과 물질적인 영역으로 되어 있다. 우리의 몸은 물질적인 영역이며, 혼은 정신적인 영역(생각과 의지와 감정), 영은 영적인 영역이다.

육신, 곧 몸은 이 땅에서 입고 있는 옷과 같은 것으로, 이 몸을 통해 우리의 영이 이 세상과 접촉한다. 혼과 영은 육신 안에서 연결되어 다양한 감정들을 경험하면서 우리가 선택할 수 있게 돕는다. 혼은 이 땅의 의복인 몸과 연결되어 있고, 몸은 물질세계와 접촉하는 부분이며, 영은 영원히 사는 존재로 우리의 참된 자아이다.

우리는 영원한 존재이다. 사람은 누구나 영원히 살게 되는데, 어느 누구도 지옥에 가면 안 된다. 예수님이 이미 대가를 치르셨지만, 많은 사람들이 그분을 인정하지 않아서 거듭나지 못하고 있다. 예수님은 거듭나지 않으면 하나님 나라를 물려받을 수 없다고 말씀하셨다(요 3:3). 우리의 영은 성령 하나님의 재창조를 통해 변화되어야 한다. 그렇게 되면, 우리의 몸은 그 지시와 명령에 따라야 한다.

바울은 "내가 내 몸을 쳐 복종하게 함은 내가 남에게 전파한 후에 자신이 도리어 버림을 당할까 두려워함이로다"(고전 9:27)라고 말했다. 자신의 몸 때문에 인생의 경주에서 실격자가 될 수도 있다는 것이다.

바울은 또한 우리의 생각(마음)을 새롭게 함으로 변화를 받아야 한다고 말했다(롬 12:2). 우리의 생각은 하나님의 말씀으로 변화되어야 한다. 하나님의 말씀은 우리가 어떤 식으로 생각해야 하는지 깨우쳐 준다. 이렇게 사고의 틀을 바로잡으면, 우리의 몸이 따르게 된다. 거듭남으로 우리의 영이 온전해져야 한다. 이를 위해 성령으로 기도하며 가장 거룩한 믿음 안에서 자신을 세워 나가야 한다.

하나님의 말씀으로 생각을 새롭게 하여 당신의 혼이 영의 편에 서게 하라. 그리고 몸을 향해 "이것이 네가 가게 될 길이다. 그리고 우리는 그렇게 하지 않을 것이다"라고 선포하기 시작하라. 이렇게 영과 혼과 육이 함께 움직이는 것이 바로 타락 이전의 방식이다. 처음에는 세 영역이 하나 되어 함께 움직였지만, 아담과 하와가 죄를 짓고 분열되어 서로 싸우고 있다.

바울은 로마서 한 장을 내면의 갈등을 논하는 데 온전히 할애했다. 그는 마음으로는 선을 행하고 싶지만, 그렇게 하지 못한다고 말한다. 우리는 바울의 내면에서 벌어지는 전쟁에 대한 기록을 통해 그의 마음을 엿볼 수 있다(롬 7장).

그리스도인들은 로마서 8장의 삶을 살아가야 한다. 로마서 8장은 우리를 사랑하시는 그리스도로 인해 우리가 모든 것을 넉넉히 이기는 존재라고 말한다. 우리 안에 예수 그리스도를 죽은 자 가운데서 일으키신 능력이 거하고 있다. 우리는 성령 안에서 행하여 육신의 힘을 이길 수 있다.

그리스도인들의 말을 잘 들어 보면, 대부분이 로마서 7장의 삶을 살아가고 있음을 알 수 있다. 바울은 자신이 율법 아래 있으면서 참으로 그 법들에 순종하려 애썼지만, 그럴 수 없었다고 말한다. 그 이유는 그에게 보는 능력이 없었기 때문이다. 이것은 거듭남의 경험으로 임하며, 오순절에 성령 세례를 통해 임한 바로 그 능력이다.

우리 안에 계신 성령님, 곧 영광의 소망이신 그리스도는 생각과 육신을 이기고 승리 가운데 행하게 하시는 분이다. 하나님의 미리 아심이 우리의 영 안에 있다. 하나님은 영이시다. 그러므로 예배하는 자들은 영과 진리로 예배해야 한다(요 4:24). 영으로 기도하는 것은 성령뿐만 아니라 우리의 영 안에서 스스로를 세우는 것이다.

바울은 "방언을 말하는 사람은 사람에게 말하는 것이 아니라 하나님께 말하기 때문에, 그가 하는 말을 알아들을 수 있는 사람이 없습니다. 그 사람은 자기의 영으로 하나님의 비밀을 말하는 것입니다"(고전 14:2, 쉬운성경)라고 말한다. 그는 우리의 생각은 정신적 영역이 영적인 것들에 참여할 수 없다는 사실을 이해하지 못한다고 설명한다. 우리가 영적인 것에 참여하려면 성령님께 순복해야 한다.

하나님의 미리 아심은 영적인 것이다. 그분은 멀리 내다보시며 들으시고 아신다. 하나님은 영이시기에 성령님을 통해 우리와 소통하고 교제하려 하신다. 그분은 생각이나 육신이 아니시기에 우리의 생각이나 몸에 말씀하시지 않는다. 하나님은 영이시다. 그래서 그분의 음성은 마음 깊은 곳에서 무엇을 해야 하는지 말씀하고 계신다. 이것은 영적인 일이다.

하나님의 미리 아심, 곧 그분이 알고 계시는 우리의 미래가 성령 안에 있다. 예수님은 자신을 따르는 자들에게 성령이 오실 것이라고 말씀하셨다. 자신이 떠나면 하나님의 영을 보내 주셔서 그분이 말씀하신 것들을 생각나게 해 주실 것이라고 하셨다.

예수님은 성령께서 스스로 말씀하지 않으실 것이라고 하셨다. 그분은 오직 아버지께서 말씀하게 하시는 것만 선포하신다. "그러나 진리의 성령이 오시면 그가 너희를 모든 진리 가운데로 인도하시리니 그가 스스로 말하지 않고 오직 들은 것을 말하며 장래 일을 너희에게 알리시리라"(요 16:13). 그분은 진리의 영이기에 우리를 모든 진리로 인도하신다.

선(善)을 택하기

예수님은 이미 그렇게 정해 놓으셨다. 우리에게 유리하게 해 놓으셔서 성령이 우리 안에 거하시면서 우리 위에 임하시게 되었다. 그분은 이렇게 두 가지 방식으로 우리에게 역사하고 계신다. 그러나 우리의 생각이 하나님의 말씀과 일치되어야 한다. 성령님이 원하시는 일을 행할 수 있게 변화를 받아 새롭게 되어야 한다.

그런 다음 바울이 말한 것처럼 몸을 쳐서 단련시켜야 한다. 그는 그리스도를 전하는 사역을 한 뒤 버림을 받지 않도록 자신의 몸을 쳐서 단련해야 한다고 말했다. 몸이 자신을 지배하게 허락하면, 버림을 받을 수 있다는 사실을 인정하고 있는 것이다. 몸은 이 세상과 연결되어 모든 것에 만족을 얻으려 한다. 그런 종류의 만족감은 다른 사람들을 생각하지 않기 때문에 이기적인 것이다. 그러나 우리가 사랑 안에서 행하면, 다른 사람들과 그들의 필요를 생각하기 때문에 몸이 원하는 일들을 행하지 않게 된다.

몸이 우리를 지배하도록 허락하면, 다른 사람에게 상처를 주게 된다. 하나님은 미리 아심으로 우리가 원하는 대로 행하며 정욕을 채우게 내버려 두면, 다른 누군가에게 영향을 미치거나 상처를 주게 될 것을 내다보셨다. 우리는 그런 것을 원하지 않는다. 우리가 원하는 것은 사랑으로 행하는 것이다. 그래서 성령 안에서 행하며 육체의 소욕을 이루지 않는 것이다.

시편 기자는 "주는 내 맘과 영혼의 움직임을 다 감지하시며"라고 말한다. 이것은 서로 다른 두 개의 움직임이다. 하나님은 이것을 아시기 때문에 이 구절은 여기에서 끝나지 않고 "나의 모든 생각을 이해하시되 심지어 내 머릿속에 그 생각이 들어오기도 전에라"라고 덧붙여 말한다.

하나님은 우리가 바로 다음에 무슨 생각을 할지 이미 아신다. 그러나 죄를 범하는 것을 막지는 않으신다. 옳지 못한 일을 행하는 것을 내버려 두신다. 우리에게는 의지가 있기 때문에 가서 죄를 지을 수도 있고, 옳은 일을 무시할 수도 있다. 우리의 혼에는 생각과 의지와 감정이 있어서 옳은 일을 선택할 수 있다.

우리는 옳고 그름을 분별하지만, 잘못된 선택을 한다. 선악과를 먹은 아담과 하와도 그랬다. 그들은 선과 악을 구별할 수 있었지만, 악을 선택했다. 선과 악을 분별하고 이해할 수 있는 능력을 제어할 수 없었다. 그때는 죄가 없는 시대로, 아담과 하와는 악을 알 필요가 없었다. 그들이 하나님의 형상으로 창조되어 그분과 동행하고 있었기 때문이다. 오직 하나님만이 선악을 분별하는 능력을 사용하여 선을 택하실 수 있다.

매일의 삶이 선택으로 가득하다는 것을 기억하라. 우리의 결정은 우리 자신뿐만 아니라 다른 사람들의 미래에도 영향을 미치게 된다. 그래서 우리는 성령과 사랑 안에서 행해야 하는 것이다. 하나님은 사랑이시다. 그분은 완전한 사랑 그 자체이시다. 사랑과 하나님은 동일하며 하나이다. 그러나 사랑이 항상 훈계(징계)와 밀접한 관련이 있다는 사실도 기억하라. 하나님은 히브리서에서 사랑하는 자들을 훈계하신다고 말씀하신다.

> 주께서 너를 징계하시는 것은 너를 사랑하신다는 증거이기 때문이다. 주께서 너를 채찍으로 때리시는 것은 네가 하나님의 참 자녀이기 때문이다. (히 12:6, 현대어성경)

주님의 음성을 듣는 자리에 있으라

하나님은 우리를 자녀로 여기시기 때문에 훈계하신다. 우리는 그 사실을 알고 있다. 그러므로 이제 성령 안에서 행하기로 결단해야 한다.

성령님이 우리 안에서 열매 맺으시도록 허락해 드려야 한다. 그분을 신뢰하기만 하면, 원수는 물론 우리에게 불리하게 작용하는 모든 것을 이기고 극복할 수 있다.

하나님을 신뢰하라. 그리고 그분의 가르침을 받으며 무엇을 어떻게 하라고 말씀하시는지 들으라. 이것은 그분이 이미 우리에 대해 알고 계신다는 사실에 기초한다. 하나님은 우리에게 자원하거나 알고 싶어 하는 마음이 없으면, 그 정보를 주시지 않는다. 그분은 우리가 그분의 음성을 듣고 존중하는 자리에 있는지 아신다.

우리가 예수님을 높이고 존중하지 않으면, 그리고 그분이 누구신지 분별하지 않으면, 아무런 성과 없이 살아가게 된다. 하나님은 우리가 그분이 누구신지 분별하여 알기를 바라신다. 모든 것을 아시는 그분을 높이기 원하신다.

나는 주님과 대화를 나누면서 그분 외에는 우리가 호소하고 간청할 분이 없다는 사실을 깨달았다. 그분이 하나님과 사람 사이의 대언자이며 중재자이시기 때문이다. 우리는 그분께 나아가 필요한 것을 구한다. 그러면 그분은 "너는 내 이름으로 아버지께 구할 수 있다. 그러면 아버지께서 그것을 너에게 주실 것이다"라고 응답하신다. 예수님의 이름이 열쇠이다. 우리는 주님 없이 아무것도 할 수 없다. 하지만 그분의 이름을 말하면, 하나님의 미리 아심에 접속하여 모든 것이 유리하게 되어 있음을 확인할 수 있다.

이미 이렇게 정해져 있지만, 우리는 날마다 그 안에서 행해야 한다. 그런데 하나님이 이해할 수 없는 일들을 하라고 말씀하셔서 내면에 갈등이 있을 수도 있고, 가고 있는 방향과 정반대로 이끄실 수도 있다. 그러나 그분은 이미 모든 것을 내다보고 계셔서 자신이 무슨 일을 하고 있는지 정확하게 아신다.

하나님의 미리 아심에 접속하라. 주님의 영은 언제든 기꺼이 우리를 도와주신다. 주님이 성령을 보내셨다. 그분은 우리의 보혜사이며 대변자이시다. 성령님의 유일한 목표와 사명은 우리를 돕고 능력을 더하여 하나님이 명령하시는 대로 행할 수 있는 분위기를 조성하는 것이다. 성령님은 우리가 순종하게 도우실 뿐만 아니라 성공할 수 있게 도와주신다. 우리는 삶 가운데 하나님이 행하시는 일들을 기뻐하고 누릴 수 있다.

천국에 있을 때, 나는 우리의 의사와 상관없이 우리 삶의 모든 것이 다른 사람들에게 영향을 미치게 된다는 사실을 깨달았다. 오늘 우리가 내리는 결정들이 다른 사람들에게 영향을 미치게 된다는 것이다.

나에게는 만나기로 예정된 사람들이 있었다. 이 땅에 돌아와 열두 사람을 만나게 되었는데, 그들 모두와 마주하기까지는 여러 해가 걸렸다. 마지막 사람은 천국에서 돌아온 후 20년 만에 만났다. 이 사람들이 나를 모른다는 사실이 놀라웠다. 그러나 그들은 내가 신실한 사람일 것이라고 확신하고 있었다. 나는 천국에서 돌아와서 이 땅의 삶을 살다가 어느 날 그들을 만나게 되었다. 천사들이 수년간 나를 안내하고 인도하여 결국 그들에게 데려가 주었기 때문이다.

내가 그들에게 말할 때, 다른 영역의 능력이 그들을 강타했다. 그것은 참으로 놀라운 일이었다. 각 사람은 하나님의 능력 아래 사명을 깨닫고 울기 시작했는데, 마치 담요가 그들을 덮고 있는 것 같았다. 그때 내가 자원하는 마음으로 순종할 것을 하나님이 미리 아시고 이 길을 택하셔서 그 자리에 있게 되었다는 사실을 깨달았다.

나는 사람들의 삶이 변화되는 모습을 보게 되었는데, 바로 이것이 그리스도인의 궁극적인 목표이다. 우리는 변화되어 사람들을 도와야 한다. 그리고 세상에 복음을 전해야 한다.

우리가 자원하는 마음으로 순종하여 성령 안에서 행하고 하나님의 미리 아심에 순복하지 않으면, 어떻게 그 일을 하겠는가? 우리는 예수님을 높이고 존중하며 경배해야 한다. 그리고 그분이 우리의 답이요 해결책이라는 것을 알아야 한다. 그렇지 않으면, 우리는 아무 성과 없이 빈손으로 가게 될 것이다.

우리에게는 의지가 있는데, 이 의지 때문에 하나님의 완전하신 뜻에서 벗어나게 될 수도 있다. 우리가 더 잘 안다고 생각하는 곳으로 나아가 하나님의 계획을 완전히 놓칠 수 있다.

나는 지금 천국에서 본 진리를 말하고 있다. 하나님과 얼마나 친밀하게 동행할 것인지는 우리의 선택이다. 전적으로 우리의 결정이기 때문에, 하나님과 동행하지 않는 것을 선택할 수도 있다. 그러나 확실하게 결정하지 않거나 아무것도 선택하지 않으면, 많은 이들에게, 심지어 다음 세대까지 영향을 미칠 수 있다.

우리가 다음 세대의 누군가를 책임지는 모습을 상상할 수 있는가? 기억하라. 하나님은 우리보다 크고 온전한 그림을 보고 계신다. 그분은 세대마다 전략적으로 그 그림을 정립하여 그분의 목표를 이뤄 가신다.

세대를 위해 부름 받다

우리가 이 세대에 충성하면, 다음 세대에 영향을 미치게 된다. 이 책이 내가 세상을 떠난 후에도 여러 해 동안 인쇄되어 출판된다고 생각해 보자. 그렇게 되면, 내가 없어도 이 책은 여전히 사람들의 삶에 영향을 미칠 것이다.

생각해 보라. 우리는 성경에서 사도 바울에 대해 읽는데, 그가 말한 모든 것이 여전히 매일의 삶에 영향을 미치고 있다. 그는 2천 년 전에 이 세상을 떠나 천국에 있지만, 그의 서신은 여전히 전 세계에서 읽히며 사람들의 삶을 변화시키고 있다.

바울은 지금 우리가 그에 대해 이야기한다는 것을 알고 있다. 사람들이 그의 이야기를 하며 전 세계에 복음을 전파하고 있다는 사실을 안다. 그는 자신이 충성되었던 것에 대단히 기뻐하고 있는데, 그것이 미래의 세대에 영향을 미쳤기 때문이다.

당신도 하나님을 위해 그런 일을 하고 싶을 것이다. 가치 있고 중요한 존재가 되고 싶을 것이다. 그렇게 되려면, 당신의 삶이 천국의 책에 기록된 대로 예정되어 있다는 사실을 알아야 한다. 전 세대를 위해 하나님이 기록해 놓으신 내용은 우리의 역할을 다하는 것과 관련이 있는데, 이것이 천국의 책에 기록되어 있다. 우리의 역할과 본분을 다하면 한 세대 전체에 영향을 미칠 뿐만 아니라, 결국 다음 세대에까지 영향을 주게 된다.

또 하나의 놀라운 계시는 우리 세대가 이전 세대의 기도에 실제적으로 응답하고 있다는 사실이다. 우리는 그들이 드린 기도의 응답이다. 하나님은 우리가 태어났을 때, 사람들로 기도하게 하셨다. 우리는 이유도 모른 채 특별한 일을 행하게 되는데, 그것은 누군가 기도 가운데 구하고 하나님을 믿었기 때문이다. 하나님이 이전 세대의 기도를 기억하고 계셔서 우리가 그들의 소원을 성취하고 있는 것이다.

나는 천국에 있을 때 이런 사람들을 보았다. 그리고 이 땅으로 돌아와 그들을 만났는데, 그들은 내가 그들의 삶에 대해 말해 준 것에 대단히 고마워했다. 정말 중요한 것은, 내가 그 사람들을 향한 하나님의 마음을 깨달았다는 사실이다. 내 삶의 방향이 바뀌었고, 나는 그것을 전하기 위해 이 땅으로 다시 돌아왔다. 하나님이 얼마나 사람들을 사랑하시는지 아는 것만으로도 나는 큰 감동을 받는다.

주님이 세상으로 다시 돌아가고 싶은지 물으셨을 때, 나는 "주님은 제가 여기에서 주님과 함께 있고 싶어 한다는 것을 아십니다. 저는 천국에 있고 싶습니다"라고 대답했다. 주님은 내가 돌아가면 실패하지 않을 것이라고 말씀하셨다. 내가 성공하게 될 것이며, 많은 사람들의 삶이 변화되어 바른 길로 나아가는 모습을 보게 될 것이라고 하셨다. 내가 전하고 선포하면, 그들이 깨달아 바른 길로 행하며 하나님의 완전하신 뜻 안으로 들어가게 될 것이라고 말씀하셨다.

나는 실패하지 않을 것이라는 말씀 때문에 하나님의 뜻을 받아들였다. 모든 것이 나에게 유리하게 되어 있다. 또한 모든 것이 당신에게 유리하게 되어 있다. 하나님이 우리와 함께하실 것이며, 우리가 실패하지 않을 것이라고 약속하셨기 때문이다. 하나님의 말씀이 우리의 삶에 이루어지게 하려고 천사들이 항상 대기하고 있다.

성령님이 우리의 영 안에 거하신다. 그분은 삼위일체 중 한 분이시다. 내 안에 거하시는 성령님은 내가 다음에 어떻게 움직일지 이미 알고 계신다. 그래서 지금 내 영을 감동시키며 감화시키고 계신다. 내면 깊은 곳에서는 이미 나의 다음 단계를 알고 있다. 지금 하나님이 내면 깊은 곳에 우리의 다음 단계를 계시하고 계신다.

때로 머리로는 이해되지 않지만, 내면 깊은 곳에서 기쁨을 느끼면서 감정은 슬플 수 있다. 몸이 아픈데도, 영은 기뻐 춤추고 싶을 수도 있다. 하나님이 그곳에 거하시며 우리의 미래를 향해 선포하고 계시기 때문이다.

이제 성령님의 지혜와 분별이 우리의 생각과 소통하며 교류하도록 허락해 드려야 한다. 하나님의 계획과 목적이 우리의 삶에 계시되어 성령님이 그분의 일을 하시도록 허락해 드릴 때이다.

더 위대한 동행

처음에는 우리가 거듭났기 때문에 지옥이 아닌 천국에 가게 된다는 사실에 기뻐한다. 이제 우리는 이 땅에 거하는 동안 예수님과 더 깊이 동행할 수 있다는 것을 깨닫게 되었다. 그러므로 우리는 끝이 올 때까지 그냥 숨어 있는 것이 아니라, 이 땅에서 사탄이 훔쳐간 모든 영역을 다스리고 통치하며 정복해야 한다. 하나님을 위해 그것을 되찾아야 한다. 그렇게 하려면 마귀를 쫓아내고, 복음을 전하며, 잘못된 생각들을 몰아내야 한다. 사람들에게서 한계를 제거하고, 그들의 미래를 보면서 선포해야 한다.

그래서 예언과 지식의 말씀, 지혜의 말씀이 그토록 중요한 것이다. 우리가 예언적으로 선포하며 사람들의 미래에 대해 전하거나, 지식의 말씀을 선포하여 그들이 겪고 있는 일을 정확하게 드러내면, 그들에게 답을 주고 있는 것이다. 하나님의 거룩한 영이 그분의 자녀들에게 주신 언약을 확증해 주고 계신 것이다.

하나님은 우리의 미래에 계시면서, 우리의 현재에 임하셔서 말씀하실 수도 있다. 그분의 사람들을 통해 선포되는 말씀은 참으로 심오하게 보이며 예언적이다. 그분은 우리의 미래에서 말씀하고 계신다. 그러면서 그분의 사람들을 통해 이것이 우리를 위해 그분이 계획해 놓으신 것이라고 전하게 하신다. 그러면 우리는 큰 격려를 받게 된다.

예언의 궁극적인 목적은 그것을 선포함으로 사람들이 그 안에서 걷게 하는 것이다. 그들이 미래 가운데 행하게 하려면, 이러한 관념을 받아들일 수 있도록 하나님이 그들의 사고 과정을 조성하시게 허락해 드려야 한다. 그러면 그들은 미래를 받아들일 준비가 된다.

하나님이 우리의 영에 이런 것들을 주시도록 허락해 드림으로, 우리의 사고를 뛰어넘는 것들을 생각할 준비가 되어 있는가? 하나님은 우리가 구하고 생각하는 것보다 훨씬 넘치도록 주고 싶어 하신다. 내가 만난 주님, 곧 "케빈, 네가 믿는다면 불가능한 일이 전혀 없을 것이다"라고 말씀하신 바로 그분을 마주할 준비가 되어 있는가? 그분이 그렇게 말씀하셨다면, 그런 것이다. 내가 이것을 붙잡고 마음으로 믿으며 그분을 신뢰하면, 절대로 거절당하거나 거부당하지 않는다.

당신은 어떻게 생각하는가? 중요한 것은 지금 당신의 미래를 붙잡고, 그것이 현재로 들어올 때까지 포기하지 않는 것이다. 이것을 가능하게 만드는 것이 바로 기도이다. 예수님은 우리의 미래에 서 계시며, 그분께로 오라고 말씀하고 계신다. 지금 그분께 나아와 미래로 걸어 들어가라고 요구하고 계신다. 성령 안에는 거리나 시간의 제한이 없다.

힘을 내라. 하나님이 능력으로 우리와 함께하신다. 그분은 결코 우리가 실패하게 내버려 두시지 않는다. 우리는 주님께 순복하며 의지를 내어 드려야 한다. 그렇게 할 준비되어 있는가? 미래의 실체들을 붙잡을 준비가 되어 있는가? 하나님이 지금 그것을 예수 그리스도를 통해 성령으로 우리에게 넘겨주고 계신다. 그러므로 바로 지금 받을 수 있다.

아버지 하나님, 예수 그리스도의 이름으로 사람들이 받지 못하도록 대적하는 모든 권세를 파쇄합니다. 아버지, 예수님의 이름으로 아버지의 영을 통해 그들에게 미래의 실체를 풀어 주시기를 구합니다. 성령님, 그곳에 가셔서 실체를 가져와 주시니 감사합니다. 지금 사람들을 그들의 미래로 풀어놓아 주소서. 그것이 얼마나 좋은지 그리고 당신이 얼마나 선한 분인지 알게 하소서. 아버지, 감사합니다. 바로 지금 사람들을 아버지의 완전하신 뜻 안으로 풀어놓습니다. 주님은 "나를 사랑하고 경외하며 내 계명대로 행하는 자들에게는 좋은 것을 아끼지 않는다. 내가 나를 사랑하는 자들과 함께

한다. 나는 지극히 높은 자이지만, 겸손하고 통회하는 마음을 가진 자들과 함께 거하며, 그러한 자들에게 좋은 것을 아끼지 않을 것이다"라고 말씀하셨습니다.

주님이 이렇게 말씀하고 계신다. 지금 그분이 사랑의 능력으로 당신에게 역사하고 계신다. 하나님은 당신을 사랑하시며, 당신에 대해 생각하고 계신다. 우리가 믿으면 불가능한 일이 없다. 하나님의 영이 지금도 사람들에게 역사하고 계시는데, 많은 이들이 치유받고 자유케 되고 있다. 하나님이 예수님의 이름으로 우리를 해방시키고 계신다.

당신의 과거를 풀어놓으라. 하나님이 당신의 미래에 계시니, 지금 그분과 함께 걸으라. 하나님이 당신과 함께하시므로 모든 것이 잘될 것이다. 그분이 강한 능력으로 당신과 함께하시며, 예수님의 이름으로 동행하고 계신다.

하나님의 미리 아심에 접속하라. 주님의 영은 언제든 기꺼이 우리를 도와주신다. 주님이 성령을 보내셨다. 그분은 우리의 보혜사이며 대변자이시다. 성령님의 유일한 목표와 사명은 우리를 돕고 능력을 더하여 하나님이 명령하시는 대로 행할 수 있는 분위기를 조성하는 것이다.

chapter 14
당신은 선택받았다

이것이 너무도 멋지고 심오하며 놀랍도다! 나에 대한 주의 지식이 내 이해의 한계를 넘어서는도다.

(시 139:6, 패션성경)

It's rigged in your favor

　시편 139편은 참으로 놀라운 말씀이다. 하나님은 우리가 이미 아는 놀라운 일들을 말씀하고 계시는데, 오늘날에는 성령으로 비밀들을 계시하고 계신다. 이 모든 진리가 139편에 담겨 있었다니 참으로 놀랍다. 그러나 전에는 이런 진리들이 보이지 않았다. 하나님의 영이 내 눈과 지각을 열어 주셨을 때, 이 모든 것이 드러났다. 천국에 있을 때, 예수님은 모든 성경으로 이 진리들을 차근차근 설명해 주셨다. 이제 나는 이것을 나누려 한다.

　시편 139편 6절은 "이것이 너무도 멋지고 심오하며 놀랍도다! 나에 대한 주의 지식이 내 이해의 한계를 넘어서는도다"(패션성경)라고 말한다. 여기에는 하나님이 우리를 선택하셨다는 개념이 포함되어 있다. 바울은 그리스도 안에서 우리에게 미리 정해 놓으신 모든 선한 일들이 예수 그리스도께서 이루신 일에 이미 포함되어 있다고 하면서 다음과 같이 말한다.

> 우리는 하나님의 걸작품입니다. 그분이 그리스도 예수 안에서 우리를 새롭게 창조하셨습니다. 그래서 우리가 그분이 오래전에 계획하신 선한 일들을 행할 수 있게 되었습니다. (엡 2:10, NLT)

천국이 예정되었다

나는 항상 예정론이 궁금했다. 우리는 예정론에 어느 정도 기여해야 하는가? 나는 지옥에 가는 것이 이미 예정되어 있다고 가르치는 교회에서 성장했다. 그들은 지옥에 가게 되어 있는 사람들에게는 전도도 할 수 없으며, 오직 특정한 사람들만 선택받아 천국에 가게 된다고 했다. 그 후 천국을 방문했을 때, 예수님은 성경의 훨씬 더 깊은 의미를 설명해 주셨다.

이 땅으로 돌아와서 나는 많은 것을 연구하기 시작했다. 그러면서 예정론이 우리가 생각하는 것이 아니라는 사실을 알게 되었다. 우리는 사람들에게 그것을 강요할 수 없다. 하나님도 마찬가지이다. 그분은 우리에게 자유의지를 주셔서 스스로 선택한 대로 행하게 하셨다. 하나님은 우리에게 주려고 준비해 놓으신 것을 제안하며 가장 좋은 것을 제공해 주실 뿐이다.

주님은 우리가 하나님의 영으로 진리를 알 수 있게 도와주신다. 진리는 우리를 자유롭게 한다. 예수님은 진리의 영이 우리를 모든 진리로 인도하실 것이라고 말씀하셨다. 성령님이 우리를 자유롭게 하신다. "주는 영이시니 주의 영이 계신 곳에는 자유가 있느니라"(고후 3:17).

> 그러므로 아들이 너희를 자유롭게 하면 너희가 참으로 자유로우리라
> (요 8:36)

하나님의 영이 우리를 진리로 인도하셔서 우리가 이 자유를 경험하게 된다. 그리고 그 진리가 우리를 자유롭게 한다. 성령님의 계시는 지극히 중요하다. 그분이 우리에게 계시를 가져오신다. 예수님과 함께 천국에 있을 때, 모든 사람이 천국에 가도록 하나님이 예정하셨다는 사실을 알게 되었다. 그러므로 사람들이 천국에 가지 않는 것은 그들이 그것을 선택했기 때문이다.

사람들이 지옥에 가면 안 된다는 사실은 참으로 심오한 진리였다. 예수님은 지옥이 마귀와 타락한 그의 천사들을 위해 만들어졌다고 말씀하셨다. 그곳은 사람을 위해 준비된 곳이 아니었다. 그러나 예수님이 우리를 위해 이루어 놓으신 일들을 거절하기 때문에 사람들이 지옥으로 가게 된 것이다.

바울은 고린도후서 5장에서 이것을 다룬다. 5장 전체가 화목(화해)의 사역에 초점을 맞추고 있는데, 내가 천국에서 예수님께 가르침 받은 그대로이다. 하나님이 이미 계획을 가지고 계시며, 예수 그리스도를 통

해 모든 것이 각 사람에게 유리하게 되어 있다는 것이다. 그분은 창세 전부터 죽임 당하신 어린 양이다. 사람이 창조되어 에덴동산에 놓이기 전부터 예수님은 이 땅에 돌아오셔서 인류를 대속할 것을 계획하셨다.

주님의 미리 아심 가운데 있는 자비

시편 기자는 "이것이 너무도 멋지고 심오하며 놀랍도다!"라고 말한다. 삼위일체 하나님은 인간이 창조되기 오래전에 예수님이 오셔서 죽으심으로 인류를 구속하실 것을 결정하셨다. 그분은 창세전에 이미 우리가 타락할 것을 아셨지만, 우리의 자유의지를 무시하지 않으시기에 그것을 막지 않으셨다. 대신 우리를 위해 피할 길을 예비하셨다. 구속의 길을 마련하신 것인데, 시간이 존재하기 전, 곧 영원전에 그렇게 하셨다. 예수님은 창세전에 죽임 당하신 어린 양이다(계 13:8).

바울은 우리가 그리스도 예수 안에서 특별한 일들을 하도록 예정되어 있다고 말했다. 그것은 구원이라는 종합 선물 세트였다. 예수님을 통해 구원해 주실 뿐만 아니라, 우리가 이 세상과 그리스도의 몸에 선물이 될 수 있게 성령의 은사들도 주시기로 계획되어 있었다는 것이다.

우리가 거듭나고 주님의 말씀대로 행하기로 선택하면, 우리를 위해 기록된 이 모든 아름다운 일들이 이루어지게 된다. 그러나 그렇게 하지 않으면, 악한 영들에게 이용당하게 된다. 구원받지 못한 사람들이나 하나님께 순복하지 않는 그리스도인에게는 악한 영이 들어가서 영향을 미칠 수 있다.

거듭나지 않은 세상 사람들에게는 사탄의 힘에 저항할 방법이 없다. 그래서 그들은 결국 사탄의 명령에 따르게 된다. 반면 그리스도인들은 그를 대적할 수 있다. 그들이 하나님께 순복하고 마귀를 대적하면, 마귀는 그들을 피해 달아나게 되어 있다(약 4:7). 예수님은 "청함을 받은 자는 많되 택함을 입은 자는 적으니라"(마 22:14)고 하셨다. 영생으로 인도하는 길은 좁으나 멸망으로 인도하는 길은 넓다(마 7:13-14).

내가 가르치는 진리에 사람들이 반감을 느끼는 경우가 적지 않은데, 천국에 가면 우리의 생각과 인식이 바뀐다. 이 진리들을 붙잡는 것이 항상 쉬운 것은 아니다. 그러나 나는 계속해서 사람들에게 이 진리들을 가르쳐야 한다.

화목(화해)의 사역

바울은 고린도후서 5장에서 화목(화해)의 사역에 대해 가르친다. 그는 이미 대가가 지불되었고, 우리가 예수 그리스도를 통해 하나님과 화목하게 되었다고 설명한다. 예수 그리스도와 그분이 십자가에서 이루신 일들을 받아들이고, 그분을 당신의 주요 구세주로 모셔 들이라. 그분을 주로 고백하면, 구원받고 거듭나서 천국에 가게 된다. 그런데 천국에 가기 전에 우리는 하나님의 영광을 나타내는 능력의 삶을 살아가게 된다.

우리는 어떻게 하나님의 뜻을 나타낼 것인지에 대해 신중해야 한다. 그리스도인들이 하나님께 영광을 돌리지 않는 경우가 있다. 하나님은 모든 사람의 혼이 잘됨같이 그들이 형통하고 강건하기를 바라신다(요삼 1:2). 이것이 하나님의 말씀이다. 우리는 생각을 바로잡아 경험이나 보고들은 것에 영향을 받지 않게 해야 한다. 하나님이 다른 영역에서 우리에게 선포하시는 말씀대로 생각하고 말해야 한다.

바울은 이렇게 말한다. "우리는 다른 사람들을 설득하여 그분께 돌아오게 하는 것을 우리의 열정으로 삼았습니다"(고후 5:11, 패션성경). 그는 계속해서 화목 또는 화해에 대해 이야기하는데, 하나님이 사람들의 죄에 더 이상 분노하지 않으신다는 것이다. 예수님이 그분의 피로 인류를 대속하심으로 우리의 필요조건을 충족시키셨다. 이 사실을 받아들인 후에는 그것을 다른 사람들도 받아들일 수 있게 알리는 것이 우리의 역할이다. 그들이 받아들이지 않으면 결국 지옥에 가게 되는데, 그곳은 단 한 사람도 가면 안 되는 곳이다.

나는 천국에서 우리가 선택받았다는 것과 모든 사람이 천국에 가는 것으로 하나님이 기록해 놓으셨다는 사실을 깨달았다. 하나님이 그분의 가족을 되찾기 원하셨기 때문이다. 그분은 어느 누구도 지옥에 가도록 예정하지 않으셨다. 우리가 타락하자, 그분은 우리를 다시 사셔야 했다.

오늘날 이 세상과 마귀의 미혹 때문에 사람들이 진리를 받아들이지 않고 있다. 때로는 사람들에게 진리를 받아들이게 하는 것이 대단히 어려운 경우가 있다. 특별히 잘못된 지식이나 교육을 받은 그리스도인들의 경우에는 훨씬 더 그러하다. 그들은 자신들을 제한하는 것들을 붙들고 있는데, 그것은 진리가 아니다. 하나님은 그렇게 말씀하시지 않았다. 그런데도 그들은 그것이 마치 하나님의 말씀인 것처럼 전하고 있다. 그들이 전하는 것은 하나님의 말씀이 아니다.

성경 전체가 하나님의 조언과 권고이다. 그러므로 성경의 모든 내용이 하나로 합쳐진다. 우리의 믿음은 성경의 일부 또는 한 권에만 근거한 것이 아니다. 우리는 성경을 들여다보면서 하나님의 성품을 볼 수 있다. 그분의 길들을 보고 그분을 알게 된다. 그러나 이것은 우리가 제멋대로 휘두르는 성경 일부에 근거한 것이 아니다. 교리는 성경 전체와 그 안에 계시되어 있는 하나님의 성품에 기초한 것이다.

우리는 생명을 위해 선택받은 자들이다. 형통하고 강건하며 승리하도록 선택받았지만, 이 세상이 타락하면서 모든 것이 깨어졌다. 때로는 곤경에 처하고 고군분투하게 되는데, 이 땅에서 영적 전쟁이 벌어지고 있기 때문이다. 그렇다고 우리가 선택받았다는 사실이 바뀌는 것은 아니다. 삶에 임하는 하나님의 지혜와 분별이 우리의 능력이 되기 때문에, 하나님이 창세전에 그리스도 안에서 우리를 선택하셨다는 것을 깨닫게 된다는 사실이 달라지는 것은 아니다.

하나님은 우리를 구속하기로 결정하셨다. 이것은 누구는 지옥에 가고, 누구는 천국에 가게 된다거나 우리는 그리스도인으로 예정되었다는 식의 예정설이 아니다. 전혀 아니다! 하나님이 예수 그리스도를 통해 인류를 대속하셨다는 것, 그것이 전부다!

화해의 사역이 전파되어야 한다. 나가서 복음을 선포하고 병든 자를 치유하라. 죽은 자를 일으키고, 방언을 말하며, 마귀를 쫓아내라. 이것이 바로 하나님 나라의 확장이고 전진이므로, 우리는 이 모든 것을 행해야 한다.

우리는 무엇을 위해 선택받았는가? 이런 질문을 하는 것은 우리의 내면에 갈급함이 있기 때문이다. 우리가 특별하다는 것과 우리를 향한 계획과 목적이 있다는 것을 알고 싶은 것이다. 우리를 향한 그분의 계획과 목적은 우리의 생각과 이해를 초월한다.

우리는 선택받았다

우리는 선택받았다. 천국에는 우리에 대해 특별한 일들이 기록되어 있다. 하나님이 우리의 미래로 가셔서 지금 거기에 서 계신다. 이제 그분은 우리가 미래 가운데 행할 수 있게 철저하게 준비시키신다. 하나님은 우리가 이 땅 가운데 형통하며 맡겨진 일들을 수행하기 바라신다. 이것은 새로운 발견으로, 하나님의 영이 계시하여 밝혀 주시는 과정이다.

성령님은 우리의 친구가 되어 주신다. 그분은 우리 곁에 오셔서 대언자와 후원자, 조력자가 되어 주신다. 우리의 보혜사이시기에 우리에게 말씀하시고, 우리의 삶에 개입하셔서 진리 가운데 걷게 하신다.

하나님은 또한 선택하신 사람의 필요를 채워 주신다. 그러므로 그분은 우리를 그대로 두지 않으신다. 그분께는 우리를 향한 계획과 목적이 있다. "우리가 알거니와 하나님을 사랑하는 자 곧 그의 뜻대로 부르심을 입은 자들에게는 모든 것이 합력하여 선을 이루느니라"(롬 8:28). 모든 것이 우리에게 유리하고 유익하도록 작용하고 있다. 그분은 우리가 절대로 패배하지 않도록 상황과 경로를 변화시키실 수 있다. 오늘 무슨 일이 일어나든지, 하나님은 내일 그것을 뒤집으실 수 있는 분이다. 그분은 환경과 상황을 변화시킬 수 있다.

이처럼 하나님이 하실 일들이 있는 반면, 그분을 구하며 그분이 무슨 말씀을 하시는지 발견하는 것이 우리의 매일의 목표가 되어야 한다. 하나님의 말씀으로 우리의 세계를 세워 나가는 것이 그렇게 하는 것이다. 우리는 그분의 말씀을 공부하며, 조금씩 묵상하고 생각하여 그것이 우리의 일부가 되게 해야 한다.

말씀을 암송하는 것으로는 충분하지 않다. 그것을 삶 가운데 실행하여 삶의 방식이 될 정도로 이해해야 한다. 즉 진리로 살아가야 한다. 하나님의 영이 운행하시는 것을 감지하면, 그분과 함께 움직이며 그분의 능력을 힘입으면 된다. 우리는 지식, 곧 아는 것으로만 능력을 받는 것이 아니라, 하나님이 우리를 택하여 무엇을 하게 하셨는지 이해함으로 능력을 입게 된다.

이 모든 것이 천국의 책에 정리되어 있다. 천사들은 그 책을 읽고, 사명을 받아 우리에게 파송된다. 우리가 원하면, 그들은 천국의 책에 기록된 것들을 실행에 옮길 것이다. 우리는 하나님이 우리를 선택하셨다는 계시를 받아야 한다.

성령의 능력이 지금 사람들에게 역사하고 있다. 그런데 이 책을 읽고 있는 많은 이들이 삶 가운데 일어났던 일들로 인해 자신은 선택받지 못했으며, 특별한 존재가 아니라고 생각하고 있다. 하나님은 이렇게 말씀하신다. "원수는 네가 성공하는 것을 원하지 않는다. 네가 정해진 부르심 안으로 들어가는 것을 바라지 않는다. 네가 그만큼 위협적인 존재이기 때문이다. 사탄은 너를 두려워한다."

사탄은 우리가 의욕적으로 하나님이 맡기신 일들을 시작하면, 자신이 감당할 수 없을 정도로 능력을 입게 될까 봐 두려워한다. 그래서 속도를 늦추게 하거나 두려움에 사로잡히게 만든다. 우리를 불안하고 불확실한 미지의 상황으로 몰아넣으려 한다.

그러나 여기 우리를 잘 '아는 분'이 계신다. 그분은 바로 우리 안에 거하시는 성령님이다. 계시는 그냥 깨달아지는 것이 아니다. 우리가 타락한 세상에서 살고 있기 때문이다. 천상의 영역을 경험한 후에는 이 세계에 있는 것이 상당히 어렵게 느껴진다. 이 땅에는 온전하게 기능하는 것이 하나도 없는 것처럼 보이기 때문이다.

이 땅에는 온전한 사람이 없다. 그래서 하나님이 말씀하셔도, 그에 대한 의견이 저마다 다를 수 있다. 마치 사람들에게 어떤 이야기를 했는데, 잠시 뒤에 와서 무슨 말을 했는지 묻는 것과 같다. 어떤 상황에 대해 세 번이나 말해 줘도 사람들은 여전히 정반대로 행한다. 타락한 세상 때문에 모든 것이 혼란에 빠졌다. 그래서 창조된 본래의 모습과 정반대로 기능하게 된 것이다.

우리는 탁월함을 지닌 완전한 존재로 창조되었다. 창세기 1장 26절은 하나님이 우리를 그분의 형상대로 만드셨다고 말한다. 우리가 그분과 같은 존재라는 것이다. 그러므로 죽은 자 가운데서 예수님을 일으키신 그 능력이 우리를 회복시켜서 성령 안에서 행하도록 이끌고 계신다. 우리는 하나님이 우리를 택하여 그렇게 창조하셨다는 사실을 깨달아야 한다. 그분이 우리를 택하셨기 때문에, 그 무엇도 우리를 대적할 수 없다.

> 그러므로 이제 나는 우리를 하나님의 사랑에서 떼어 놓을 수 있는 것이 이 우주에는 없다는 확신을 가지고 삽니다. 그분의 사랑이 사망과 삶의 문제들과 타락한 천사들과 하늘에 있는 어둠의 권세자들을 이긴다고 확신합니다. 우리의 현재나 미래의 상황 가운데 그분의 사랑을 약화시킬 수 있는 것은 없습니다. 우리 위나 아래에도 하나님의 열정적인 사랑에서 우리를 떼어 놓을 수 있는 것이 이 우주에는 없습니다. 하나님의 그 사랑을 기름부음 받으신 우리 주 예수님을 통해 우리에게 아낌없이 부어 주셨습니다! (롬 8:38-39, 패션성경)

가는 곳마다 선포하라

하나님이 우리의 삶 가운데 그분의 목적을 이루고 계신다. 그러니 힘을 내라. 다른 사람들 때문에 낙심하거나 포기하지 말라. 나는 사람들이 마귀의 말을 하기 시작하면 들으려 하지 않는다. 우리의 일이 끝났다는 것을 알게 되는 순간이 있다. 오직 생명의 말들만 듣고 싶기 때문이다. 그러므로 하나님이 명령하신 일을 나를 위해 해줄 사람이 없다면, 할 수 있는 사람을 찾으려 할 것이다. 당신이 해야 할 일을 할 수 없는 상황이라면, 가서 대신할 사람을 찾으라. 주님은 이렇게 해도 된다고 가르쳐 주셨다. 그러나 우리가 할 수 없는 상황에 처해 있다면, 우리를 도와 그 일을 해줄 사람을 찾아야 한다. 그리스도의 몸은 서로의 필요를 채워 준다.

우리의 삶에는 같은 곳을 바라보며 하나님의 말씀에 뜻을 맞추는 사람들이 있어야 한다. 하나님은 항상 그분의 말씀대로 행하신다. 그래서 그분의 말씀이 선포되면 그것을 인정하신다. 우리가 선택받았다면, 하나님과 같은 곳을 바라보려 할 것이다. 그것이 우리의 선택이라면 그렇게 할 것이다. 그 후에 우리의 삶으로 들어와 선택받은 사람은 누구나 우리와 같은 곳을 바라보려 할 것이다.

사람들이 우리가 가고 있는 방향을 이야기하지 않는다면, 그리고 우리가 어디로 가고 있는지 전하지 않고 있다면, 문제가 있는 것이다. 야고보서에 의하면, 우리의 혀가 배를 조종하는 키이기 때문이다. 우리가 무슨 말을 하든지, 그것이 우리의 방향을 결정한다(약 3:4)는 말이다. 그래서 예수님은 우리 앞에 있는 산을 옮기고 싶다면, 그것을 향해 선포하라고 말씀하신 것이다.

우리가 말하는 대로 된다는 것을 마음으로 믿으면, 기도할 때마다 그것이 이루어지게 된다(막 11:23). 주님은 아직 나타나지 않았어도 우리가 기도한 대로 받는다는 것을 믿어야 한다고 말씀하셨다. 믿음은 머리가 아니라 마음에 속한 것이므로 온전히 확신해야 한다. 다시 말해서 우리는 몸이 아니라 마음으로 믿는다.

그러므로 당신을 방해하고 있는 사람들의 말에 귀기울이지 말라. 가야 할 곳으로 당신을 이끌지 않는 상황이나 말에 반응하지 말라. 우리의 미래를 성취하지 못하게 하는 것들이 있다. 하나님은 특별한 사명이나 과업을 위해 우리를 택하셨다. 그분이 계획하신 특정한 목적을 위해 우리를 그렇게 만드셨는데, 천사들은 이것을 이해하고 있다. 그리고 천국에 있는 모든 성도들과 족장들 그리고 선지자들도 이 모든 것을 이해한다. 그들은 우리가 그것을 이룰 것을 믿고 있다.

우리는 이 세대를 변화시켜 의와 공평의 길로 이끌도록 선택받았다. 우리가 이렇게 할 때, 하나님이 우리를 위해 예비하신 것을 경험하고, 다른 사람들도 동일한 것을 경험할 수 있게 도울 수 있다.

하나님은 보좌에 앉아 계시는데, 그 보좌의 기초가 의와 공평이다. 진리와 신실하심이 그분의 보좌에 있다(시 89편). 하나님은 진리와 공평과 의 위에 서 계신다. 따라서 그분은 말씀하실 때, 진리와 공평과 의에 근거하여 선포하시는 것이다. 그분이 우리의 삶에 대해 선포하시면, 그것이 이미 완전한 것이므로 이루어지게 된다. 주님이 내보내신 말씀은 헛되이 되돌아오지 않기 때문이다.

> 내 입에서 나가는 말도 이와 같이 헛되이 내게로 되돌아오지 아니하고 나의 기뻐하는 뜻을 이루며 내가 보낸 일에 형통함이니라 (사 55:11)

하나님의 말씀을 의심하거나 경시하지 말라. 그분의 말씀은 우리의 삶 가운데 가장 중요한 것이 되어야 한다. 성경에서 가장 심오한 진리는 하나님이 이미 모든 것을 계획해 놓으셨다는 것이다. 그리고 그분은 이 일들을 계획하시며 사람들이 우리를 대적할 것을, 그분의 계획이 이루어지지 않게 깨뜨리려 할 것을 미리 아셨다.

하나님은 이미 이 모든 것을 알고 계셨다. 우리에게 새로운 일자리나 고장난 차를 대신할 새로운 차가 필요할 것을 아셨다. 그분은 이 모든 것을 알고 계시지만, 염려하지 않으신다. 그분은 우리의 필요를 채워 주고 싶어 하신다.

그렇다면 하나님은 어떻게 우리의 필요를 채워 주려 하실까? 그분은 창세전에 미리 필요한 것을 예비해 놓으셨다. 모든 것이 비축되어 있다. 이것이 바로 천국이다. 하나님은 어떤 것에도 놀라지 않으신다. 삶의 어떤 문제 때문에 걱정하고 있는가? 베드로전서 5장 7절은 "너희 염려를 다 주께 맡기라 이는 그가 너희를 돌보심이라"고 말한다.

성령 안에서 기도하고 하나님의 말씀을 묵상하면서 우리의 믿음과 하나님에 대한 신뢰를 세워 나가는 과정이 있다. 이것은 성령 안에서 소통하고 교제하면서 이루어진다. 우리는 육신을 십자가에 못 박고, 성령 안에서 행하며, 우리의 의지를 그분께 넘겨드리는 법을 배워야 한다. 예수님은 그분을 따르려면, 자기를 부인하고 자기 십자가를 져야 한다고 말씀하셨다(눅 14:27).

복음은 바뀔 필요가 없다. 예수님이면 충분하다는 메시지는 지금도 마찬가지이다. 변함이 없다. 동일한 하나님이시며 동일한 진리이다. 예수님을 만났을 때, 그분은 함께 있는 내내 성경을 말씀하셨다. 나에게 나타나실 때마다 성경을 선포하셨다. 주님은 일을 이루실 특정한 방법을 이미 선택하셨다. 그러므로 그분에게는 정해진 길이 있다.

주님은 시대들을 향한 목적과 계획을 가지고 계신다. 그분은 절대로 근심하시거나 시대에 뒤처져 계시지 않는다. 뒤처져서 상황을 지연시키고 있는 것은 바로 우리다. 우리가 타락했기 때문이다. 하나님은 예수 그리스도를 통해 우리의 타락한 본성을 대속하셨는데, 이러한 은택들을 볼 수 있게 나타내는 것이 가장 좋은 방법이다. 우리가 구속받으면 무엇을 얻게 되는지 알아야 한다. 어떤 것을 구입하는 경우, 우리는 정확하게 무엇을 소유하게 되는지, 어떠한 혜택이 있는지, 우리의 삶이 어떻게 달라지며, 어떠한 필요가 채워지고 충족되는지 알고 싶을 것이다.

상품을 고안하려면, 사람들의 필요를 알아야 한다. 하나님도 마찬가지이시다. 그분은 사람들의 필요를 충족시키기 위해 구원을 계획하셨다. 그분이 수많은 법과 규례들을 만드신 것은, 단순히 우리가 그것을 범하며 자신이 얼마나 연약한 존재인지 깨닫게 하시려는 것이 아니었다. 하나님은 우리가 실패자라는 것을 말해 주시려고 율법을 주신 것이 아니었다. 그분이 이 모든 것을 행하신 이유는 우리에게 무엇이 필요한지 아시고 그것을 채워 주시기 위함이다.

지금 삶 가운데 무슨 일을 겪고 있든지, 하나님이 우리를 선택하셨고 우리의 모든 것을 아신다는 사실을 인정하며 그분을 신뢰하라. 이해가 되지 않아도 그분이 우리의 해답과 해결책을 가지고 계시다는 사실을 받아들여야 한다. 아무것도 염려하지 말라! 생각의 틀에서 벗어나는 것은 쉬운 일이 아니다.

주님의 영이 이 땅에서 많은 책들이 기록되어야 한다고 말씀하고 계신다. 하나님은 많은 이들이 간증을 기록하기 바라신다. 사람들이 우리가 하는 말을 들을 수 있게 특정 분야에 대해 기록하기 원하신다. 그리고 아무도 하지 않은 음악을 이 땅으로 가져와야 한다. 우리는 그런 위치에 있어야 한다.

하나님은 우리를 통해 사람들을 돕기 원하신다. 우리의 마음속에 무엇이 있든지, 하나님이 우리에게 무엇을 하라고 하시든지, 우리는 다른 사람의 필요를 채우게 된다. 그분은 우리를 통해 사람들의 필요를 채우기 원하신다.

지금 성령의 임파테이션으로 은사가 나타나도록 풀어놓는다. 성령님이 이 책을 읽는 모든 사람에게 권고하고 계신다. 우리가 깨닫게 도와주고 계신다. 우리의 손을 잡고 우리 안에 있는 은사들을 개발하고 계신다. 우리의 달란트가 무엇인지 그리고 은사들을 발전시키는 데 도움이 되려면 어떤 직업을 택하고, 어떤 방향으로 가야 하는지 보여 주고 계신다. 그분은 우리가 다른 사람의 필요에 대한 해결책, 곧 하나님의 응답이 되는 위치에 있기 바라신다.

하나님이 우리를 사용하고 계신다. 그분이 우리를 만지며 손을 얹고 계셔서 우리의 가치가 높아졌다. 세상에는 많은 필요가 있고, 하나님은 우리를 통해 그 필요들을 채우기 원하신다.

주님이 우리의 가치를 높여 주고 계신다. 모든 사람이 필요로 하는 것이 우리 안에 있기 때문이다. 하나님이 이 책을 읽고 있는 많은 이들에게 이 일을 이루고 계신다.

예수님의 이름으로 당신을 풀어놓는다! 당신은 하나님의 선택을 받았고, 그분은 당신의 삶을 향한 계획을 가지고 계신다. 그러므로 더 이상 의심하거나 두려워할 필요가 없다. 지금 내가 원수의 능력을 파쇄하며, 모든 악한 영들을 쫓아낸다. 내가 너의 권세를 파쇄한다. 하나님의 사람들에게서 떠나라. 예수님의 이름으로 모든 악한 영들을 쫓아낸다. 주님, 지금 예수님의 이름으로 사람들의 몸을 치유하시고 온갖 우울증에서 그들을 자유케 해주셔서 감사합니다.

chapter 15
당신은 마귀보다 오래 버틸 수 있다

아내와 나는 우리의 영적 부모와 함께 중식당에 앉아 있었다. 식사를 하면서 나의 영적 아버지이자 복음사역자로 잘 알려진 제시 듀플란티스는 우리가 어떻게 마귀보다 더 오래 버틸 수 있는지에 대해 거의 한 시간 동안 설교했다. 그는 주님이 말씀하신 대로 "우리가 마귀보다 더 오래 버틸 수 있다"고 선포했다.

주님은 우리에게 불을 붙이셔서 우리가 지금 어디에 있는지, 그리고 결전의 때가 되었다는 것을 깨닫기를 바라신다. 여기서 재미있는 것은 우리에게는 제한이 없지만, 마귀에게는 제한이 있다는 사실이다. 우리는 일평생 미디어나 그 외의 소리, 음성 등을 통해 애쓰고 노력하면 이런저런 일을 할 수 있다고 배웠다. 스스로를 채찍질하고 조종하여 안정된 위치에 이르면, 승진하고 성공할 수 있다는 것이다.

그러나 예수님은 오셔서 "누구든지 제 목숨을 구원하고자 하면 잃을 것이요 누구든지 나를 위하여 제 목숨을 잃으면 구원하리라"(눅 9:24)고 말씀하셨다. 예수 그리스도의 모든 것이 세상의 문화와 반대이다. 그래서 항상 좋게 받아들여지는 것은 아니다.

세상의 조직과 제도는 우리를 실패하게 만든다. 어떻게 해도, 우리는 이기거나 성공할 수 없게 되어 있다. 빚을 갚지 못하도록 정교하게 설정되어 있어서 절대로 청산할 수 없다. 지금까지는 이 사실을 몰랐을 것이다. 그러나 이제 마귀에 대해 이야기하려 한다.

예수님이 오셔서 우리와 하나님을 화목케 하셨고, 우리의 빚을 탕감해 주셨다. 그럼에도 우리는 여전히 빚 가운데 살아가고 있다. 이유가 뭘까? 우리가 이 땅에서 살아가기 때문이다. 그러나 천국에는 빚이 없다. 천국에서는 아무도 우리를 제한하지 않는다. 지금도 허다한 증인들이 천국에서 우리를 응원하고 있다. 그들은 우리가 받은 사명을 온전히 성취할 것을 믿어 의심치 않는다. 그러나 우리는 마귀를 상대해야 한다. 마귀는 우리를 궁지에 몰아넣었다고 생각한다. 모든 것이 자기에게 유리하게 되어 있다고 여긴다. 그러나 예수님이 오셔서 마귀의 상을 뒤엎으셨다.

바울은 예수님이 이루신 일에 대한 많은 정보를 가지고 있는 유일한 사람이었다. 그는 하늘로 붙들려 올라가서 복음을 받은 뒤, 교회들에 편지를 써 보냈다. 그가 아니었다면 우리는 그리스도는 알지만, 그리스도 안에서 우리가 소유한 것이 무엇인지는 몰랐을 것이다. 우리는 몇 개의 떡과 물고기가 있었는지, 그리고 예수님이 매일 어디로 가셨는지는 안다. 전부 복음서에 기록되어 있기 때문이다. 그러나 그리스도 안에서 우리의 위치는 바울을 통해 깨닫게 되었다.

바울은 우리가 무엇을 가지고 있는지 알았다. 그래서 거짓 교리를 전하며 진리가 아닌 것을 가르치러 온 자들을 맹렬하게 대적했다. 사도인 그는 사람들을 바른 길로 나아가게 하기 위해 전쟁을 치러야 했다. 바울은 이면에 있는 것을 보여 주기 위해 휘장을 걷었다.

고린도인들은 여전히 육신적인 사람들이었다. 바울은 그들을 일깨우고 싶었다. 그러나 고린도인들은 스스로 영적이라고 생각했다. 그들은 십자가에 못 박힌 삶을 살지 않았다. 그래서 바울은 무리하게 개입하여 그들이 깨닫지 못하고 있는 것들을 알려 줘야 했다.

예수님은 우리 믿음의 사도이시다. 그분은 우리 믿음의 가장 높은 왕이시다. 주님이 우리 믿음의 시작이며 완성이라는 말이다. 결론은 그분 외에는 아무도 없다는 것이다. 예수님을 만났을 때, 그분이 말씀하시는 대로 하고 싶지 않아도 오직 그분께 간청해야만 했다.

천국에는 건의함이 없다. 그러므로 우리는 무엇이든 철저하게 하나님의 뜻에 맞춰야 한다. 예수 그리스도 외에는 호소할 분이 없기 때문이다. 그분이 우리의 믿음을 시작하신 분이기에, 절대적 진리 안에서 그것을 완성하실 것이다.

히브리서 11장의 인물들이 정복하러 나아가 믿음으로 행하여 승리한 이유는 하나님을 알았기 때문이다. 그들은 '보이지 않는 분'을 보았다. 그들은 하나님이 세우시고 만드신 도성을 바라보고 있었다. 그들은 영적 세계를 들여다보며 참된 것을 발견하는 법을 알았고, 그것을 이 땅 가운데 실행에 옮겼다. 내가 지금 하는 말이 당신의 생명을 구하고 당신을 온전하게 만들 것이다. 예수님은 모든 것을 경험하셨다. 그러므로 그분의 상에 참여하는 자는 누구나 치유받게 되었다. 그러나 원수는 우리가 그 상에 다가가는 것을 원하지 않는다. 그곳에 우리에게 필요한 모든 것이 다 있기 때문이다.

바울은 예수 그리스도를 본 자였기 때문에 권위가 있었다. 그래서 그는 "이후로는 누구든지 나를 괴롭게 하지 말라 내가 내 몸에 예수의 흔적을 지니고 있노라"(갈 6:17)고 한 것이다. 바울은 자신이 믿는 것 때문에 삶의 대부분을 감옥에서 보냈다. 당신도 그렇게 할 준비가 되어 있는가? 이것은 그럴 만한 가치가 있는 일이다.

우리가 통과해야 하는 과정은 죽음을 통해 들어가야 한다. 약속의 땅에 들어간 사람은 누구나 요단강을 건너야 했다. 예수님은 동일한 의를 이루기 위해 요단강에서 세례를 받으셔야 했는데, 그것은 죽음을 상징하는 것이었다. 그러므로 우리는 이 죽음을 통해 약속의 땅으로 들어가는 것이다.

왜 약속의 땅으로 들어가기 위해 죽기까지 기다리고 있는가? 이 땅의 싸움이 힘겨워서 모두가 생존을 위한 비상 상태가 되어 버렸기 때문이다. 그들은 모든 인기 있는 예언 사역자들을 지켜보면서 몇 년 치 비상식량과 물을 비축한 후, '이제 나가서 증거해야 하나? 가난한 자들을 먹이고, 책도 쓰고, TV에 출연하여 세상에 예수님에 대해 전해야 하나?'라고 생각한다.

나는 생존적 사고방식을 조장하지 않는다. 그것은 내가 돌아온 이유가 아니다. 나는 멍에를 씌우는 것이 아니라 멍에를 부러뜨리기 위해 이 땅으로 다시 돌려보내진 것이다.

매년 선지자들이 "올해가 바로 돌파의 해입니다!"라고 말하는데도, 여전히 약을 먹고 있으며 우울하고 치유되지 않고 가난하다면, 뭔가 잘못된 것이다. 하나님이 세우시는 조직과 체계가 있다. 그분은 교회 안에 사도와 선지자, 목사, 교사, 복음전도자를 세우셨다(엡 4:11). 이들은 교회 가운데 하나님의 통치를 실현하는 자들로 세워졌다.

어느 날 갑자기 "나는 사도입니다"라고 하거나 온라인으로 자격증을 인쇄하고 서명하면 사도가 되는 것이 아니다. 내가 아는 사도나 선지자들은 모두 치러야 할 대가가 너무 커서 그렇게 불리고 싶어 하지 않는다. 나는 세상에서 가장 정확하게 예언하는 선지자들을 알고 있는데, 그들은 드러나지 않게 숨어 있다.

나는 많은 사역자들이 하나님의 말씀을 구하러 찾아가는 선지자를 알고 있다. 그러나 나는 그에게 하나님의 말씀을 구하는 것이 아니라 전하려 한다. 그도 사람이기에 친구들과 함께할 필요가 있기 때문이다. 그의 전화를 받으면, 우리는 다섯 시간 정도 대화하며 시간을 보낸다.

그리스도인들은 이 땅에 있는 동안 단순히 살아남는 것에 그쳐서는 안 된다. 우리는 주는 자가 되어야 한다. 그리스도의 몸으로서 서로를 세워 줘야 한다. 선지자와 사도들도 도움이 필요하다. 그들도 하나님의 말씀이 필요하다. 그들에게는 있는 그대로의 우리가 필요하다. 그리스도의 몸이 일어나고 있다. 그러면 우리는 원수의 권세를 파할 수 있다.

그동안 마귀를 수없이 상대해 보았기 때문에 이제 내가 유리해졌다. 마귀가 우리를 몰아넣고 싶어 하는 공간이 있는데, 그것을 드라마 룸이라고 부른다. 그 안에 있으면, 갑자기 육신의 감각이 살아난다. 우리의 모든 것, 생각과 반응 등이 의식되기 시작하는데, 마치 영화 〈쥬라기 공원〉을 보는 것과 비슷한 느낌이다. 영화의 생생한 현장감과 긴장감을 몸으로 느끼게 되어 영화가 끝난 뒤에도 티라노사우루스나 랩터 등을 찾게 되는 것이다. 〈본 아이덴티티〉 같은 영화를 보면, 그것이 마치 현실처럼 느껴진다. 이처럼 영화의 현장감이나 사실적인 표현이 우리의 현실 감각에 영향을 미칠 수 있다면, 사탄도 그렇게 할 수 있다.

우리는 단순히 살아남기 위해 부름 받은 것이 아니라 왕 같은 제사장으로 번성하고 다스리기 위해 부름 받았다. 이것이 우리의 모습이라는 것을 알고 있는가? 나는 천국에서 이 모든 것을 보았기 때문에, 더 이상 머뭇거리지 않는다.

오늘은 그냥 너그럽게 넘기는 날이다. 그래서 모든 탄창을 비우고 있다. 그러나 상황과 흐름을 보기 시작하면, 마귀의 속셈을 알게 된다. 저격수인 마귀는 어슬렁거리다가 목표물을 발견하리라 생각한다. 그러나 누군가 자신을 따라다니고 있다는 사실을 모르고 있다. 그것은 바로 나다. 나는 마귀를 추격하고 있다. 우리의 총구에서 나오는 붉은 빛이 마귀의 뒤통수를 노리고 있다. 마귀가 우리를 피해 달아나게 해야 한다. 우리가 그의 속셈을 눈치챘을 뿐만 아니라 그리스도 예수 안에서 우리의 정체성을 깨달았기 때문이다.

우리는 언제 생각과 영으로 권위 가운데 행하는 성령 충만한 사람이 되려 하는가? 마귀는 우리가 이 땅 가운데 다스리고 통치하며 번성하는 것을 바라지 않는다. 그래서 그는 적그리스도의 모습으로 나타나서 탈취하고 싶어 한다. 이것이 마지막 때에 대한 예언적 가르침의 일반적인 결론이다.

그러나 절대로 주님의 상으로 다가가서 마지막 때의 예언이나 구원을 그냥 취하면 안 된다. 우리는 하나님이 공급해 주시는 모든 것을 먹고 균형을 잡아야 한다. 무엇이든 하나님의 상에 있는 것은 다 합당한 이유가 있다. 나는 예수님의 사역을 하고 있기 때문에, 한 가지에만 집중하려 하지 않는다.

예수님과 함께 있을 때, 왜 아무도 그분의 겉옷을 원한다는 말을 하지 않는지 물었다. 예수님을 만나면, 온 우주에 그분만큼 아름다운 분이 없다는 것을 깨닫게 된다. 은행장에게 직접 말할 수 있는데, 창구 직원을 찾아가겠는가? 누가 나에게 "안 된다"고 말하면, 나는 "된다"고 말하는 사람을 찾는다.

영적 아버지인 제시 듀플란티스가 내게 이것을 가르쳐 주었다. 한 번은 그가 오성급 호텔에 투숙하러 들어갔는데, 예약을 해 두었기 때문에 세 시경에는 방이 준비되어 있어야 했다. 그러나 다섯 시에 도착했는데도, 방이 준비되어 있지 않았다. 그는 속히 조치를 취해 달라고 요구했지만, 청소도 되어 있지 않아서 아무것도 할 수 없다는 답변을 들었다. 결국 그는 이 문제를 해결해 줄 사람을 찾았다. 지배인에게 두 달 전에 그 호텔의 가장 좋은 스위트룸을 예약해 두었는데도 방이 준비되어 있지 않은 이유를 물었다. 그러자 호텔 측에서는 곧바로 깨끗하게 청소된 스위트룸을 그에게 무료로 제공했다.

"안 된다"는 말을 들으면, 더 높은 사람에게 호소해야 한다. 예수님은 이미 "믿는 자에게는 능히 하지 못할 일이 없느니라"(막 9:23)고 말씀하셨다. 그러므로 "믿으면 그 일이 이루어진다"고 말씀하시는 우리 믿음의 최고 경영자에게 나아간다면 어떻게 되겠는가? 예수님은 이미 믿는 자에게 모든 것이 가능하다고 말씀하셨다. 그분은 "내가 능히 이 일 할 줄을 믿느냐?"(마 9:28)고 물으셨다.

> 예수께서 한 동네에 계실 때에 온몸에 나병 들린 사람이 있어 예수를 보고 엎드려 구하여 이르되 주여 원하시면 나를 깨끗하게 하실 수 있나이다 하니 예수께서 손을 내밀어 그에게 대시며 이르시되 내가 원하노니 깨끗함을 받으라 하신대 나병이 곧 떠나니라 (눅 5:12-13)

나는 예수님이 우리가 배운 것보다 훨씬 더 강하고 능력 있는 분이라는 것을 보여 주고 싶다.

미래로 들어가기

아버지와 아들과 성령은 하나다. 그래서 우리는 예수님의 이름으로 아버지께 나아간다. 예수님은 우리 믿음의 최종 목표이다. 그러므로 우리는 그분을 더 깊이 알아야 한다. 그리스도와 더 깊은 관계로 나아가면, 우리의 삶에 불이 붙게 된다. 우리의 믿음이 정금같이 되어 나오게 하려면 불에 단련되어야 한다.

이것은 케빈이라는 사람이 하는 말이 아니다. 예수님이 친히 나를 통해 말씀하고 계신다. 예수님은 내 육신의 주인이시다. 마치 그분이 지금 내 안에서 그리고 나를 통해 그분의 삶을 살아가시는 것 같다. 이것이 바로 참된 그리스도인의 모습이다. 그리스도께서 나를 통해 사시는 것이다.

주님이 우리 자신을 거룩한 불 속에 풀어놓으라고 말씀하고 계신다. 그것이 미래로 들어가는 문이다. 모든 사람이 거룩한 불로 들어가야 한다. 나는 지난 수년간 매일 15시간씩 성경을 연구하는 가운데 이 사실을 깨달았다.

나는 푯대를 향해 나아가고 있다. "푯대를 향하여 그리스도 예수 안에서 하나님이 위에서 부르신 부름의 상을 위하여 달려가노라"(빌 3:14). 이 말을 하는 것은 나의 드라마가 끝났기 때문이다. 드라마는 우리를 가두고 속이며 우리의 관심을 분산시킨다. 이렇게 되면 사람들은 자기 감정에 사로잡혀 그들이 이기고 승리할 수 있는 영의 영역에서 벗어난다. 그리고 마귀에게 유리한 씨름판에 자신들이 서 있는 것을 깨닫게 된다.

불이 붙어 타오르며 사탄을 대적하고 싶은가? 이 땅에서 하나님 나라를 확장해 나가는 사명을 받은 사람들과 함께하기 원하는가? 무서운 속도로 전진하는 하나님의 군사가 되려 한다면, 불이 붙어야 한다. 그러니 불을 거부하지 말라.

우리는 거룩한 삶을 살아야 하는데, 우리 힘으로는 그렇게 할 수 없다. 하나님이 값을 치르고 사셨기 때문에 우리는 그분의 소유이다. 그러므로 우리를 거룩한 불로 정결하게 하는 것은 그분의 일이다. 문제는 이 일이 이루어지도록 하나님께 순복하려 하는 사람이 아무도 없다는 것이다. 사람들은 거룩함에 대해 설교하는 것을 좋아하지 않는다. 그런 설교를 하면, 실제로 큰 교회에서는 성도수가 급격하게 줄어들 것이다. 아무도 살고 싶으면 죽고, 받고 싶으면 베풀며, 이기려면 져야 한다는 설교를 듣고 싶어 하지 않는다.

마귀는 이 세상의 문화를 손에 넣었다고 생각한다. 세상의 문화는 스스로를 드러내며 홍보하라고 말한다. 영광이 나타나지 않아도, 연기를 만들어 내는 기계와 조명으로 분위기를 연출하면 된다고 말한다. 하나님은 우리가 그런 식으로 스스로를 드러낼 때마다 기뻐하지 않으신다. 성경은 다음과 같이 말씀한다. "여러분 자신을 거룩한 산 제물로 하나님께 내어 드리십시오. 그리고 그분의 마음을 기쁘게 해 드리는 모든 것을 경험하면서 거룩하게 사십시오"(롬 12:1, 패션성경). 이것이 "향기로운 제물과 희생제물로 하나님께"(엡 5:2) 드리는 것이다.

하나님의 영광을 원하는가? 교회 가운데 끊임없이 하나님이 운행하시기를 바란다면, 그 일이 이미 일어나고 있는 곳에 가서 받아오라. 옛 선지자들과 믿음의 거장들은 그렇게 했다. 그들은 그 일이 벌어지고 있는 곳으로 가서 그것을 취하여 그들의 세대에 가져왔다. 이처럼 우리는 영광을 운반하는 자가 되어야 하는데, 이것은 쉬운 일이 아니다.

나는 지금 그리스도인이 되는 것이나 천국에 가는 것에 대해 이야기하는 것이 아니다. 역사를 바꾸기 원하는가? 역사를 바꾸는 사람들은 자신을 내어 드리고, 자기 십자가를 지고 예수님을 따르는 자들이다(마 16:24).

나는 이렇게 하여 전부를 드렸다. 1986년에 어느 유명한 하나님의 사람이 나를 가리키며 이렇게 말했다. "당신은 내 사역을 하게 될 것입니다. 그러나 모든 것을 잃게 됩니다. 당신의 자아가 죽을 것입니다." 당시 나는 이미 모든 것을 내려놓은 상태였다. 그래서 그 외에 무엇을 더 포기할 수 있을지 생각해 보았다.

그가 나에게 안수하고 20여 분간 예언을 해줄 때까지 내 안에 그토록 많은 교만이 있었는지 몰랐다. 그날 이후, 오늘날까지 성령님이 내 삶에 역사하고 계신다. 그리고 이제 그가 안수하여 하게 한 일의 권위 아래 서게 되었다. 그 기름부음은 내 안에서 역사하며 나를 강하게 이끌어 가고 있다.

주님은 내게 책을 쓰라고 말씀하셨다. 그래서 나는 주저하지 않고 순종했다. 그동안 여러 권의 책을 썼지만, 3년 전에 시작한 '거룩한 불'이라는 책은 아직 출판하지 못하고 있다. 아직도 이것을 두고 마귀와 싸우고 있기 때문이다. 이 책을 절반 정도 썼을 때, 성령님이 말씀하셨다. 나는 내용이 나쁘지 않다고 생각했지만, 성령님은 그 책이 지금까지 나온 거룩에 대한 책들과 별다른 차이가 없다고 말씀하셨다. 주님은 나에게 그 책을 어떻게 기록하기 원하시는지 들을 준비가 되어 있는지 질문하시고는 그것을 루시퍼의 관점으로 쓰라고 말씀하셨다.

모든 천사와 그룹의 이름에는 가브리엘, 미가엘, 이스라엘 등과 같이 하나님의 이름 '엘'이 포함되어 있다. 나는 하나님이 온전하게 창조하신 루시퍼의 이름에는 왜 엘이 없는지 여쭈어 보았다. 그의 진짜 이름은 무엇이었을까? 성령님이 성경 말씀을 주셔서 히브리어 원문을 직접 찾아보았더니, '헤이렐'heylel이라고 되어 있었다. 이것을 루시퍼로 옮긴 것이다. 왜 학자들은 루시퍼의 진짜 이름이 헤이렐이라는 사실을 숨겼을까? 헤이렐은 '하나님의 밝고 빛나는 자'라는 뜻으로, 성경에 분명하게 드러나 있었다. 루시퍼라는 이름은 바벨론 우상의 이름이었다.

"주 여호와의 말씀에 너는 완전한 도장이었고 지혜가 충족하며 온전히 아름다웠도다"(겔 28:12). 완전함으로는 더 높은 자가 없었다. 헤이렐은 거룩을 알았기 때문에, 불타는 돌들 가운데 걸어 다녔던 것이다. 나는 천국에 있는 그 돌들을 보았고, 그 위를 걸었다. 그 돌들은 블루 사파이어로, 하나님의 거룩과 함께 불타고 있다. 내가 그것들에 발을 딛으려 하자 예수님이 제지하시며 "너는 내게 구하지 않았다"고 말씀하셨다. 그래서 "저는 주님께 거룩하게 구별된 자로, 그리스도 예수 안에서 하나님의 의입니다"라고 대답했다. 이전에 대학에서 배운 믿음의 구절들을 전부 인용한 것이었다. 예수님은 이것은 위치가 아니라 관계의 문제라고 말씀해 주셨다. 에녹처럼 이 땅에서 주님을 경외하며 동행하는 자들만 이 돌들 위로 다닐 수 있다.

나는 "저는 그렇게 배우지 않았습니다. 주님이 값을 치르고 우리의 위치를 회복시켜 주셨다고 들었습니다"라고 말했다. 그러자 예수님은 "이것은 위치가 아니라 주님을 경외하며 행하는 자들의 특권이다. 그래서 관계인 것이다"라고 말씀하셨다. 그리하여 나는 다음 말씀의 진리를 깨닫게 되었다.

나더러 주여 주여 하는 자마다 다 천국에 들어갈 것이 아니요 다만 하늘에 계신 내 아버지의 뜻대로 행하는 자라야 들어가리라 그날에 많은 사람이 나더러 이르되 주여 주여 우리가 주의 이름으로 선지자 노릇 하며 주의 이름으로 귀신을 쫓아내며 주의 이름으로 많은 권능을 행하지 아니하였나이까 하리니 그때에 내가 그들에게 밝히 말하되 내가 너희를 도무지 알지 못하니 불법을 행하는 자들아 내게서 떠나가라 하리라 (마 7:21-23).

이들은 주님과 관계가 없는 자들이었다. 사람들은 이런 메시지를 전하는 것을 좋아하지 않는다. 마음이 상하기 때문이다. 예수님은 "나의 삶으로 들어온 것을 환영한다. 이것은 내가 매일 살아가던 방식이다"라고 말씀하셨다. 진리는 이렇다. 사탄은 하나님과 불타는 돌들 위를 걸어 다니던 때의 내면 상태와 거룩에 대한 최초의 이해를 드러내는 계시는 무엇이든지 대적한다(겔 28장).

우리는 원수에 대해 알아야 한다. 그가 무슨 생각을 하는지 알아야 한다. 그를 알면 예측할 수 있다. 우리가 쫓겨난 자이고, 원수가 선택받은 자라면 어떻게 하겠는가? 우리가 이길 수 없다는 사실을 아는데, 어떻게 그를 멸망시키려 하겠는가? 그렇다. 사탄은 이길 수 없다. 그래서 우리를 멸망시켜 하나님을 괴롭게 하는 것이 그의 유일한 소망이다.

만약 당신이 사탄이라면, 어떻게 그리스도인들을 대적하겠는가? 그는 그리스도인들이 하늘 아버지와의 관계보다는 위치에 집중하게 만들 것이다. 이 위치는 그리스도인들에게 극단적인 은혜를 믿게 만든다.

하나님이 그들을 사랑하시기 때문에 무엇이든 마음대로 해도 된다고 믿게 되는 것이다. 심판의 날에 그들은 이것이 대단히 잘못되었다는 것을 깨닫게 될 것이다.

나는 이것을 전하기 위해 이 땅으로 돌아왔다. 그러나 문제는 아무도 거룩한 불에 순복하려 하지 않는다는 것이다. 우리는 모든 것을 누리고 싶어 한다. 부활을 바라지만, 먼저 죽으려 하지는 않는다. 그러나 부활하려면 먼저 죽어야 한다. "내가 진실로 진실로 너희에게 이르노니 한 알의 밀이 땅에 떨어져 죽지 아니하면 한 알 그대로 있고 죽으면 많은 열매를 맺느니라"(요 12:24). 이 말씀은 하나님의 명령이다.

예수 그리스도의 복음은 매우 단순하다. 그런데 우리가 그것을 매우 복잡하고 어렵게 만들고 있다. 우리 안에 거하시는 성령님을 통해 하나님을 바라보면, 그분은 전혀 복잡하거나 이해하기 어려운 분이 아니다. 우리는 이미 상으로 다가가 먹을 준비가 되어 있는데, 그것을 어렵고 복잡한 일로 만들어서 우리 자신도 참여하지 못하게 되었다. 이것은 마치 예수님 시대 바리새인들의 행위와 같다.

염소들은 마땅히 해야 할 일들을 하지 않고, 모든 것을 거부한다. 그들은 권위에 순복하지 않으며 반항적이다. 우리가 다가가면, 완강히 버틴다. 나도 그런 적이 있기 때문에 잘 안다. 양들은 순순히 우리를 받아들여 이끄는 대로 따라오지만, 염소들은 길들이려고 뿔이라도 잡으면 그 결과를 단단히 각오해야 한다. 예수님을 죽인 것은 그 당시의 종교 체계와 지도자들이다. 그들은 직접 예수님을 죽일 수 없어서 로마 정부가 그 일을 하게 만들었다.

왜 사탄은 거룩에 관심을 보이는가?

어느 날, 한 자매가 전화로 안부를 물었다. 그녀는 나를 위해 기도하던 중 나에게 전화를 해야겠다는 생각이 들었다고 하였다. 나는 그녀에게 '거룩한 불'이라는 책을 써야 하는데, 마치 온몸으로 전쟁을 치르는 것 같아서 어떻게 해야 할지 모르겠다고 설명했다. 그녀는 나에게 그 책을 반드시 써야 한다고 말했는데, 그것이 3년 전의 일이다.

당시 나는 원수에 대해 알아가는 중이었다. 그래서 그를 속이기로 결정하고 몰래 스튜디오로 가서 거룩한 불에 대한 15분짜리 강의 CD를 녹음했다. 그리고 디자인 작업을 마무리한 후 뉴욕으로 보내어 생산에 들어갔다. 그런데 뉴욕에서 모든 것이 엉망이 되었다. 결국 그것은 비 오는 날 집으로 배달되는 과정에 차고 문에 부딪히면서 모든 CD가 길바닥에 쏟아졌다. 아내와 나는 그것을 수거하여 하나하나 드라이기로 말려야 했다. 이 모든 것이 우리가 마귀의 속셈을 눈치챘기 때문에 일어난 일이었다.

마귀는 자기의 의도를 드러내는 것을 좋아하지 않는다. 그는 누구보다 거룩에 대해 잘 아는데, 자신이 천국에 있는 불타는 사파이어 돌들 위로 걸어 다녔기 때문이다. 우리가 절대로 거룩함을 경험하지 못하게 하는 것이 마귀의 목표이다. 그는 우리가 하나님과 동행하다가 사라진 에녹처럼 되지 않게 하려고 애쓰고 있다. 에녹이 하나님을 기쁘게 해 드리자, 하나님은 그를 데려가셨다. DVD나 CCM이 없던 구약 시대의 에녹이 그렇게 할 수 있었다면, 우리도 그렇게 할 수 있다.

우리 팀은 최근에 자체 스튜디오를 마련하게 되었는데, 결국은 모든 것을 통해 복음을 전하게 될 것이다. 이 복음은 땅끝까지 나아가게 될 것이다. 예수 그리스도의 참되고 단순한 이 복음은 무료이다. 나는 이것을 모든 사람에게 전한 후, 내가 있던 천국으로 돌아가게 될 것이다. 그곳이 나의 집이다. 나는 단지 이 땅을 방문한 것뿐이다. 나는 천국에서 예수님과 차를 마시며 우리가 어떻게 원수를 물리쳤는지 이야기하며 웃을 것이다.

하루는 주님이 내가 거룩한 불에 대해 가르치게 될 것이라고 말씀하셨다. 나는 대기하고 있다가 하나님의 때가 되어 어느 날 사역학교 강의로 거룩한 불에 대해 가르쳤다. 당시에는 우리가 운영하는 학교가 존재하지도 않았지만, 나는 믿음으로 그것을 보았다. 원래는 영상을 제작하는 컴퓨터가 있어서 만들려고 했다. 그런데, 세 번이나 작동이 멈춰서 결국 그냥 말씀을 전하겠다고 말했다.

그 후, 뉴저지에 있는 왕의왕교회에서 한참 강의를 하고 있는데, 주님이 진행하던 내용을 중단하고 거룩에 대해 가르치라고 말씀하셨다. 그래서 강의를 멈추고 모두에게 주님의 말씀에 순종하여 거룩에 대해 전하겠다고 말했다. 그러자 곧바로 그 도시 절반의 전기가 나가 버렸다. 나는 칠흑같이 어두운 건물 안에서 전등이나 마이크도 없이 한 시간 넘게 말씀을 전했다. 이날 우리가 하나님이 명령하신 일을 하지 못하게 되더라도, 부름 받은 그곳에 계속 머물러 있어야 한다는 사실을 깨닫게 되었다. 나는 조지 휫필드 목사가 마이크 없이 만 명의 사람들에게 말씀을 전할 수 있었다면, 나도 그렇게 할 수 있다고 말했다.

다음 날 그 교회 목사님이 나에게 함께 나가자고 청했다. 그는 차로 3킬로미터 정도 이동하더니 "이곳이 바로 조지 휫필드 목사가 만 명에게 설교한 곳입니다"라고 말했다. 벤자민 프랭클린(미국 건국의 아버지 중 한 명이자 초대 정치인 – 역자 주)의 일지에 그 지역 주민 만 명이 뒤쪽에서도 다 들을 수 있었다고 기록된 바로 그곳이었다. 나는 우리가 바로 그 지역에 있다는 것조차 모르고 있었다.

최근에 또다시 거룩에 대해 설교하고 있는데, 예배 중에 누군가 뛰어 들어오더니 커다란 상자를 로비에 두고 달아났다. 신고를 받고 온 폭발물 처리반은 건물 전체를 비우고 싶어 했다. 그날 나는 거룩에 대해 하나님과 사탄만 알고 우리는 알지 못하는 무언가가 있다는 것을 깨닫게 되었다. 어째서 거룩이 이렇게 관심의 대상이 되는 것일까?

온전히 이해하지 못하더라도 나는 하나님께 순종해야 한다. 하나님은 사람들이 좋아하지 않아도 거룩에 대해 전하여 마귀를 쫓아내라고 말씀하셨다. 그때 로비에 있는 상자가 눈에 띄었다. 주님은 어느 젊은 여자에게 모형 제트기를 사라고 말씀하셨는데, 그것은 내가 주님께 구하고 있는 비행기의 모형이었다. 그녀는 그 사실을 알지 못했다. 다만 설교를 방해하고 싶지 않아서 로비에 그 상자를 두었던 것이다. 젊은 여자는 순종했고, 모형 제트기는 나의 첫 번째 비행기가 될 동일한 모델이었다.

이제 원수의 상을 뒤엎을 시간이다. 원수가 우리에게 행한 일이 이제 드러났다. 그는 우리를 대적하는 행위를 중단해야 할 뿐만 아니라,

그 보상으로 일곱 배를 돌려줘야 한다. "그러나 그가 일단 붙잡힌다면 자기가 훔친 것의 일곱 배를 배상해야 하리라. 엄청난 대가로 징계와 벌금을 그에게 요구하라"(잠 6:31, 패션성경). 우리는 더 이상 사탄의 희생자가 아니라 하나님의 자녀이다. 예수님이 그를 물리치셨다. 그러므로 우리는 예수님의 이름으로 사탄에게 명해야 한다!

> 죄를 짓는 자는 마귀에게 속하나니, 이는 마귀가 처음부터 죄를 짓기 때문이라. 이 목적으로 하나님의 아들이 나타나셨으니, 곧 마귀의 일들을 멸하시려는 것이라. (요일 3:8, 한글 킹제임스성경)

예수님이 그분의 생명으로 우리의 값을 치르고 취하셔서 인류를 유업으로 아버지께 돌려 드리셨다. 우리를 위해 놀랍고도 위대한 일을 행하셨다. 그래서 모든 것이 우리에게 유리하게 되어 있다고 하는 것이다. 이 강력한 구원으로 우리는 하나님의 자녀의 모든 혜택을 상속받게 된다. 지금은 우리의 삶 가운데 대단히 중요한 시기이다. 우리가 빼앗긴 것을 주님이 보상해 주시도록 허락해 드리면, 소망하는 모든 것이 이루어질 수 있다. 우리는 하나님의 가족이 되었고, 우리의 유업은 상상을 초월한다.

사도 바울은 하나님의 가족이 되는 것에 대해 다음과 같이 썼다.

> 그것은 율법 아래 있는 사람들을 구원하고 우리를 하나님의 자녀가 되게 하기 위해서입니다. 여러분이 아들이기 때문에 하나님은 성령을 우

리 마음 가운데 보내셔서 "나의 아버지"라고 부르게 하셨습니다. 그러므로 이제는 여러분이 종이 아니라 하나님의 아들입니다. 여러분이 아들이기 때문에, 하나님은 여러분을 상속자로 삼으신 것입니다. 전에 여러분이 하나님을 알지 못했을 때는 실제로 있지도 않은 신들에게 종이 되었습니다. 그러나 이제는 여러분이 하나님을 알고 하나님도 여러분을 아십니다. 그런데 왜 여러분은 약하고 무가치하며 유치한 율법으로 되돌아가 다시 종이 되려고 하십니까? (갈 4:5-9, 현대인의 성경)

하나님은 우리를 그분의 유업에 참여하도록 허락해 주셨다. 그러나 더 놀랍고 위대한 것은 그분이 우리를 향한 사랑으로 귀한 약속들을 주셨다는 사실이다. 이 약속들을 통해 우리는 신성한 성품에 참여할 수 있게 되었다.

이로써 그 보배롭고 지극히 큰 약속을 우리에게 주사 이 약속으로 말미암아 너희가 정욕 때문에 세상에서 썩어질 것을 피하여 신성한 성품에 참여하는 자가 되게 하려 하셨느니라 (벧후 1:4)

원수는 우리에게 순종해야 한다. 그는 우리가 말하는 대로 해야 한다. 그에게 지극히 높으신 하나님의 자녀를 대적한 행위를 일곱 배로 갚으라고 명하라. 우리는 예수님의 이름으로 자유롭게 되었기 때문에 이렇게 하여 마귀가 우리를 위해 일하게 만들 수 있다. 이제는 우리가 아니라 마귀가 고통받아야 한다.

불 가운데 있지만 소멸되지 않는

우리는 지금 거룩한 불을 통과하고 있다. 이것이 우리를 삶 가운데 갈망하고 믿어 온 모든 것으로 데려가 줄 것이다. 거룩한 불 속으로 들어가야 한다. 그러나 그 불은 우리를 상하게 하지 않을 것이다. 신기하게도 불꽃이 일며 타오르지만, 소멸되지는 않을 것이다. 소멸되는 것이 무엇이든지 우리에게 필요한 것은 아니다. 지금 우리의 소명이 풀어지고 있다. 우리는 특별한 존재이므로, 하나님이 주신 사명에 계속 집중해야 한다.

하나님 아버지께서는 구약에서 이렇게 말씀하셨다. "주님께서 길을 예비하시러 내 미래로 가셨으며, 그 인자하심으로 내 과거의 모든 해로움에서 나를 지키셨습니다. 주님의 사랑의 손으로 내 인생에 안수하셔서 나에게 축복을 베풀어 주셨습니다"(시 139:5, 패션성경). 이처럼 그분은 우리를 돌보아 주신다. 우리의 과거와 미래의 모든 길을 예비해 놓으신다.

시편 139편 5절이면 그리스도인의 삶을 마무리할 수 있다. 종교 지도자들처럼 염소가 되려 하는가, 아니면 예수님이 돌아오셔서 회복하고 구원하실 어린 양과 같이 될 것인가? 결정은 당신의 몫이지만, 시간이 그리 많지 않다. 이제 이 땅에서 일어나게 될 일들은 어쨌든 우리에게 그 문을 통과하라고 요구할 것이다. 그러나 우리는 아직 그 사실을 모르고 있다.

하나님은 이미 나에게 모든 교회에서 무슨 일이 벌어질지 보여 주셨다. 나는 사람들이 교회 안으로 들어가려고 기다리는 모습을 보았는데, 예배에 참석하면 치유받는다는 말을 들었기 때문이다. 하나님은 예배 가운데 모든 사람이 치유되는 모습을 나에게 보여 주셨다. 나는 교회에 들어가려고 줄을 서서 기다리는 사람들 사이에 있었다. 그들은 구원받지 못한 이들이었다. 그들은 예배당 맨 끝자리에만 앉아도 하나님이 실제로 말씀하시는 소리를 들을 수 있다는 소문을 들었다. 어째서 머뭇거리는가? 우리는 하나님이 우리의 찬양 가운데 거하시도록 분위기를 조성할 수 있다.

> 그때에 여호와를 경외하는 자들이 피차에 말하매 여호와께서 그것을 분명히 들으시고 여호와를 경외하는 자와 그 이름을 존중히 여기는 자를 위하여 여호와 앞에 있는 기념책에 기록하셨느니라 (말 3:16)

그들의 소리를 귀기울여 들으신 주님은 우리의 소리도 들으신다. 기록하는 천사들이 기념책을 기록했다. 한번은 나를 담당하는 천사를 만난 적이 있는데, 당신도 그럴 수 있다. 우리가 과부나 고아, 어린아이 또는 스스로 갚을 능력이 없는 사람을 도와주면, 우리의 담당 천사가 그것을 기록한다. 오늘을 위해 계속 주님을 경외하며 그분의 이름을 묵상하라.

> 지극히 존귀하며 영원히 거하시며 거룩하다 이름하는 이가 이와 같이 말씀하시되 내가 높고 거룩한 곳에 있으며 또한 통회하고 마음이 겸손

> 한 자와 함께 있나니 이는 겸손한 자의 영을 소생시키며 통회하는 자의 마음을 소생시키려 함이라 (사 57:15)

하나님은 지금도 여전히 거룩하시다. 변함없이 거룩하신 분이다. 그분은 지극히 높고 존귀하신 분이지만, 마음이 겸손하고 통회하는 마음을 가진 자들과 함께 거하신다. 교만한 자가 아니라 겸손한 자의 영을 소생시키신다.

우리는 세상 문화가 어떻게 하고 있는지 볼 수 있다. 사탄은 우리를 교만하게 하여 하나님의 은택에 참여하지 못하게 만들었다. 하나님은 교만한 자와 함께 거하실 수 없기 때문이다. 사도 바울은 우리에게 많은 스승들이 있지만, 아버지들은 많지 않다고 말했다(고전 4:15).

나는 당신을 사랑하기에 지켜보고 있다. 목사가 아니라 진리를 전해야 하는 사람으로서 당신에게 책임이 있기 때문이다. 하나님은 오직 겸손하며 통회하는 사람들과 함께 거하신다. 그리고 그들을 소생시키고 싶어 하신다. 우리가 소생되지 않으면, 하나님이 우리와 함께 거하지 않으시는 것이다. 나는 우리의 위치에 대해 말하는 것이 아니라, 관계에 대해 이야기하고 있다. 우리는 여전히 천국에 가게 될 것이다. 그러나 하나님이 우리를 아시고, 우리는 하나님을 아는가?

하나님은 영원 가운데 거하시지만, 영원이 그분을 정의하거나 규정하는 것은 아니다. 그분은 영원 너머에 계시는 분이다. 영원 속에 거하시지만, 그것이 그분을 주관하지 못한다. 예를 들어 하나님이 21일 전에 우리를 위해 어떤 일을 해주기로 하신 것을 잊으실 수 있다. 그러면 그분은 21일 전으로 돌아가서 그 일을 이루어 주실 수 있다. 그런데 우리는 그분이 그렇게 하셨다는 것조차 모를 것이다. 하나님은 그분의 보좌에서 벗어나지도 않고 그 일을 행하실 수 있다.

예수님은 수술실에 나를 두고 떠나시다가 돌아보며 말씀하셨다. "네가 나를 위해 돌아가면, 그것이 가산점으로 여겨질 것이다." 이것이 26년 전 일이다. 나는 말씀을 전할 때마다 그리고 가는 곳마다, 그곳에서 계신 예수님과 수술대를 본다. 수술대 바로 뒤쪽으로 영광으로 들어가는 밝은 문이 보인다. 그리고 수술대 위에 있는 내 몸이 보이는데, 이 장면은 26년이 지나도 변하지 않는다. 성령으로 말할 때마다, 나는 영으로 그 수술실로 간다.

마침내 그곳으로 가서 주님과 함께하면, 처음 환상 가운데 본 것과 동일한 문으로 예수님 뒤에 있는 내 모습을 발견하게 된다. 예수님은 돌아서서 말씀하실 것이다. "네가 나와 함께 가기로 결정했구나." 정말 놀라운 진리는, 가산점을 받기 위해 이 땅으로 돌아가게 하려고 그분이 내게 주신 여분의 시간이 전 세대에 영향을 미치는 데 사용되었다는 것이다. 나는 마귀보다 더 오래 버티기로 결정했다.

우리는 이 땅의 삶 가운데 승리할 수 있다. 절대로, 절대로, "모든 것이 당신에게 유리하게 되어 있다"는 사실을 잊지 말기 바란다!

구원을

위한

영접 기도

주 하나님, 제가 죄인임을 고백합니다.

저에게는 주님의 아들 예수님이 필요합니다.

주님의 이름으로 저를 용서하여 주소서.

주 예수님, 주님이 저를 위해 죽으신 것과

지금도 살아 계셔서 저의 기도를 듣고 계심을 믿습니다.

이제 제가 죄에서 돌이켜 주님을 제 마음에 모십니다.

오셔서 제 삶을 주관하여 주소서.

주님이 원하시는 사람이 되게 해 주소서.

이제 주님의 성령으로 저를 채우셔서

어떻게 주님을 위해 살아야 할지 보여 주소서.

이 시간 주님을 저의 구원자요, 주님으로 인정합니다.

예수님의 이름으로 기도합니다. 아멘.

IT'S RIGGED IN YOUR FAVOR
:How would you live if you knew you wouldn't fail?

by Kevin L. Zadai

Originally published in the USA by
Destiny Image a division of Nori Media Group
Shippensburg, PA
Under the title
It's Rigged in Your Favor
Copyright ⓒ 2020 Kevin L. Zadai

Korean Translation Copyright ⓒ 2021 by Pure Nard
2F 16, Eonju-ro 69-gil Gangnam-gu, Seoul, Korea

The Korean edition is published by arrangement with Destiny Image.
All rights reserved.

본 저작물의 한국어판 저작권은 Destiny Image와의 독점 계약으로 '순전한 나드'가 소유합니다.
저작권자의 허락 없이 이 책의 일부 또는 전체를 무단 복제, 전재, 발췌하면 저작권법에 의해 처벌을 받습니다.

모든 것이 당신에게 유리하게 되어 있다

초판 발행 | 2021년 3월 15일
2쇄 발행 | 2023년 4월 20일

지 은 이 | 케빈 제다이
옮 긴 이 | 서은혜

펴 낸 이 | 허철
책임편집 | 김혜진, 김선경
디 자 인 | 이보다나
제   작 | 김도훈
총   괄 | 허현숙
인 쇄 소 | 예원프린팅

펴 낸 곳 | 도서출판 순전한나드
등록번호 | 제2010-000128
주   소 | 서울특별시 강남구 언주로69길 16, (역삼동) 2층
도서문의 | 02) 574-6702   팩   스 | 02) 574-9704
홈페이지 | www.purenard.co.kr

ISBN 978-89-6237-328-8 03230